MILENA
Verlag

ANDREAS KUMP

ÜBER VIERZIG

ROMAN

MILENA

At the age of 37
She realized she'd never ride
Through Paris in a sports car
With the warm wind in her hair.

Marianne Faithfull, The Ballad of Lucy Jordan
Text: Shel Silverstein

ROLAND

Am Donnerstag bewegten sich die Temperaturen bereits gegen Mittag auf die vierzig Grad zu. Damit folgten sie den Vorhersagen der Meteorologen. Bislang noch nie gemessene Werte waren für den späteren Tagesverlauf in Wien angekündigt, heißer als in Athen und Madrid sollte es heute werden, und die Ursache dafür kam von weit her. Angekurbelt von einem Tiefdruckwirbel über der Biscaya hatte eine südwestliche Höhenströmung zu Wochenanfang Luft aus der Sahara bis nach Österreich getragen. Seitdem heizte sich vor allem im dicht bebauten Wien die Lage zunehmend auf. Auch weil die Lüftung nicht wie gewohnt funktionierte. In der oft windgeplagten Stadt, wo ganzjährig hinter jeder Ecke eine Bö lauern konnte, hingen die Blätter seit Tagen schlaff von den Ästen, nachts kühlte es wegen des abgestellten Luftstroms hingegen kaum ab. Die Zentralanstalt für Meteorologie und Geodynamik hatte deshalb für Ostösterreich die Hitzewarnstufe Rot ausgerufen. Wer nicht unbedingt musste, so die staatsbehördliche Empfehlung, sollte heute in den sonnenintensivsten Stunden das Haus besser nicht verlassen.

Nun, Roland blieb keine andere Wahl. Er musste raus. Unbedingt. Daran führte für ihn kein Weg vorbei. Das war jedoch allein seine Schuld. Eine Folge eigener Versäumnisse und vor sich hergeschobener Termine. Nichts von dem, was es für ihn heute zu erledigen galt, war ursprünglich für diesen Tag vorgesehen gewesen. Jedes der anstehenden Vorhaben sollte längst abgehakt und aus der Welt sein. Der Zahnarztbesuch genauso wie die Rückgabe der Astschere. Aber mit dem Abhaken hakte es neuerdings in Rolands

Leben. Konkret seit jenem Tag Anfang Juni, an dem ihn ein Notarztwagen von seinem Arbeitsplatz bei *Twentyfoursevendotnet* mit Blaulicht ins Allgemeine Krankenhaus befördert hatte. Knapp zwei Monate war das her, und seitdem erhielt jeder, der Roland eine E-Mail an die Firmenadresse schickte, postwendend eine Abwesenheitsnotiz: »Einstweilig nicht erreichbar.« Und seitdem unternahm Roland selbst alles, um kein weiteres Mal in den Zustand zu verfallen, der seine besorgten Arbeitskollegen damals die Notrufnummer hatte wählen lassen. Darum unternahm er in letzter Zeit am liebsten: nichts.

Panikattacken. Natürlich, davon hatte er vorher immer wieder einmal gehört und gelesen. Ohne sich groß darüber Gedanken zu machen. Panikattacken zählten für ihn zu der Art Programmfehler, die ausschließlich anderen Leuten passierte. So wie Leukämie, Multiple Sklerose, Morbus Parkinson und so weiter. Darum überraschte es Roland an besagtem Junitag doppelt, dass dem nicht so war. Plötzlich war er davon betroffen. Von einer Minute auf die andere fühlte er sich unruhig, seine Handflächen wurden schwitzig, das Herz morste ungewohnte Schlagfolgen an das Hirn. Die Nachricht glaubte er im Nu enträtselt zu haben: Herzrasen bis zum Infarkt. Seine Pumpe war im Begriff zu übersteuern, gleich würde er hopsgehen. Herzinfarkt, dachte er noch, darf denn das wahr sein? Damit rutschten sonst Neunzigjährige am Ende eines erfüllten Lebens vom Stuhl, aber doch nicht er, Roland Libert, fünfundvierzig, Leiter des Sysadmin-Teams bei Twentyfoursevendotnet, verheiratet, Vater eines kleinen Sohnes namens Lukas. Er wollte nicht so jäh und unvollendet abtreten. Minutenlang sah es jedoch genau danach aus. Der Tod war dabei, einen großen Fehler zu machen. Aus dem Off hörte er bereits Neil Young mit goldgelber Engelsstimme »Comes a Time« singen, während sich das Tamtam des Herzens weiter steigerte. Das Panikgefühl eskalierte. Roland machte sich zur Abreise fertig. Er lag rücklings auf dem Parkett und starrte in Erwartung seines Exitus die weiße Zimmerdecke an. Die Stimmen der um ihn herumstehenden Kollegen nahm er nur noch gedämpft wahr. Dann war auch schon der Notarzt zur Stelle. Er wurde auf eine Trage gehoben. Beim Transport ins Krankenhaus begann er zu hyperventilieren. Er bekam eine Atemmaske übergestülpt und …

Panikattacken. So unerwartet sie kommen, so schnell gehen sie vorbei. Das wusste Roland seither. Und dass es sich dabei um eine Alarmreaktion des Körpers handelte. Eine drastisch geäußerte Kritik der Psyche an der Haushaltsführung, wenn man so will. Über den daraus resultierenden, an ihn adressierten Forderungskatalog machte er sich keine Illusionen: weniger Stress, weniger Deadlines, weniger Jazz mit Mona, weniger Espressi doppi am Morgen, weniger Postings, Pins und Pizzaservice untertags, weniger Bier nach Dienstschluss, weniger durchgespielte Nächte in *World of Warcraft* (als Zwerg).

Sein Leben ging zwar weiter, sah nun aber anders aus. Inzwischen gab es darin Dr. Follath, einen Neurologen, der ihm bei der ersten Konsultation gleich dreißig Filmtabletten des rasch wirkenden Angsthemmers Xantyl verschrieben hatte, nur einzunehmen bei neuerlichem Aufflackern der Symptome, außerdem noch Dr. Eller, Psychotherapeutin, die Roland ihrerseits Tricks beibrachte, wie sich die irrige Annahme eines Herzinfarkts schon im Ansatz und ohne Medikation vertreiben ließ. Was mehr als nur Vorsichtsmaßnahmen waren. Die vorläufig bis Jahresende geltende Freistellung von seinem Job war an die Befürchtung gekoppelt, trotz alledem eine weitere Panikattacke erleiden zu können. Die Schockerfahrung des ersten Mals saß bei Roland tief. Oder um es mit den ungeschönten Worten von Dr. Eller zu sagen: »Das ist wie ein Sprung im Glas. Das geht nicht mehr weg.«

Vierzig Grad Celsius, das kann noch eine heiße Sache werden, befürchtete Roland. Jetzt nur keine Panik. Bloß nicht auf falsche Gedanken kommen. Auch wenn ihn die Kombination aus Hitze und runterknallender Sonne dazu verleitete. Seit mehreren Minuten stand er an einer Fußgängerampel am Margaretenplatz und wusste nicht: vor oder zurück. Die Luft hatte etwas Geleeartiges, Hinderliches, in ihr schwamm ein fremdartiger, schwerer Geruch. Die Ampel wechselte auf Grün, zum vierten Mal seit Roland hier wartete, aber er trat auch diesmal nicht aus dem schützenden Schatten der Markise. Gestern Abend, während der Wettervorschau, war ihm bei der Erklärung des Satellitenbilds mulmig geworden. Die Prognose vertrug sich nicht mit seinen Plänen für den heutigen Tag. Aber das half nichts. Umzudisponieren kam nicht infrage. Ein Seitenblick zu Mona hatte ihn sofort eines Besseren belehrt. Es gab keine Ausflüchte mehr, drückte sie durch ihre Körperhaltung ihm gegenüber aus. Diskutieren zwecklos. Er sah und spürte es. Monas Nachsicht mit seinen Schwächen war erschöpft. Morgen würde er auch bei Saharaluft aufbrechen müssen. Und nun war morgen heute und es war exakt so heiß und atemraubend, wie die Wettermoderatorin im Fernsehen behauptet hatte.

Während Roland an der Ampel überlegte, wie sich die augenblickliche Lähmung überwinden ließe, sah er auf der anderen Straßenseite Oleg auftauchen, den ukrainischen Eigentümer und Barista des angehipsterten Ladens *Kaffee von Oleg* in der Schönbrunner Straße. Ein fröhlicher, gutmütiger Kragenbär von einem Kerl. Breite Schultern. Vollbart. Dichter Pelz im V-Ausschnitt eines weißen T-Shirts.

»Challo Roland!«, schallte es von gegenüber. Roland atmete tief ein, winkte mit der rechten Hand zaghaft zurück, dann trottete Oleg auch schon heran.

»Roland, was machst du immer?«, begrüßte ihn Oleg mit ausgebreiteten Armen. »Warum kommst du nicht mehr auf Espresso vorbei?«

»Hmm.« Roland senkte den Blick, als stünde er unter Anklage.

»Magst du Kaffä von Oleg nicht mehr?«

»Aber sicher, Oleg. Dein Kaffee ist der beste der Stadt, aber … es ist … das Herz.«

»Cherz? Was chast du mit Cherz? Chast du Liebeskummer?«

»Nein, äh … Herzrasen.«

»Ah! Rasen! Zu schnell, ja?« Oleg schlug sich mit der Faust im flotten Takt auf die Brust.

»Ja, genau. Zu schnell.«

»Kein Koffä-in, ja? Kein Doppio, ja?«

»Nein, besser im Moment kein Koffein.«

»Aber ich chabe keinen koffä-infreien Kaffä. Tut mir leid«, brummte der Ukrainer.

»Weiß ich, Oleg.«

»Ist Prinzip von mir, verstehst du? Das ist nicht Kaffä, wenn kein Koffä-in. So wie Birr ohne Alkohol ist auch nicht Birr.«

»Ja, ja.«

»Aber kommst du wieder, wenn Cherz gesund?«

»Klar.«

»Mach's gut, ja?«

»Ja, ja.«

Der ukrainische Barista drückte ihm aufmunternd den Oberarm und trottete dann die Margaretenstraße stadteinwärts davon.

Roland blieb mit trockenem Mund unter der Markise zurück.

Selbst im Schatten wurde es langsam ungemütlich. Die Schweißperlen in seinem Nacken schwollen gefühlt auf Golfballgröße an. Trotzdem rührte er noch immer kein Bein. Er fühlte sich weiterhin gefangen im Für und Wider, im Vor und Zurück, wo ein Gedanke den anderen in Schach hielt, bis gar nichts mehr ging. Er fragte sich: War es wirklich schlau, zur Mittagszeit eines auf Rekordhitze zusteuernden Sommertags durch windstille Großstadtstraßen zu laufen? In seinem zurzeit mehr als dünnen Nervenkostüm? Er überlegte fieberhaft. Nach Hause waren es keine fünf Minuten, er wohnte nur zwei Straßen von hier – aber umzukehren, das traute er sich nicht. Die Sorge, Mona hinterher erklären zu müssen, warum er heute ein weiteres Mal gescheut hatte, verbaute ihm den Rückweg.

Roland blieb unschlüssig. Normalerweise würde er um diese Uhrzeit längst im Kongo planschen. So hatte er jedenfalls seit seiner Krankschreibung die meisten sonnigen Tage verbracht. Im Kongressbad, dem Kongo, wie die eingesessenen Wiener dazu sagten. Es hieß *das* Kongo, nicht *der*. Der Kongo war ein Staat in Zentralafrika, das Kongo ein städtisches Freibad im Westen von Wien. Dorthin zog es Roland freilich auch heute wieder. Vorher musste er sich aber in die flimmernde Pilgramgasse vorwagen und andere Orte in der Stadt aufsuchen, endlich erledigen, was von ihm erwartet wurde, Antriebsarmut hin oder her.

Der erste Weg des Tages galt seinem Zahnarzt. Vierundzwanzig Minuten blieben Roland noch, um den bereits mehrfach verschobenen Termin pünktlich wahrzunehmen. »Diesmal fix. Definitiv. Letztgültig. Damit wir uns richtig verstehen, Herr Libert!« Ihm klang noch deutlich im Ohr, was ihm die Assistentin des Zahnarztes letzte Woche auf die Mobilbox gesprochen hatte. Er wusste, das eigens für ihn angefertigte Ersatzteil musste heute auf den vor Wochen zurechtgeschliffenen Zahn. Sonst … Ja, was sonst? Er hatte nicht vor, das herauszufinden.

Und auch das zweite, oft angekündigte, bislang nie verwirklichte Vorhaben zog sich seit geraumer Zeit hin. Die Rückgabe der Teleskop-Astschere an Christian. Ein echtes Profigerät, Traum jedes Hobbygärtners. Roland hatte es sich in einem Anflug von Tatendrang im Frühling bei seinem Schwager ausgeliehen, dann aber nie benutzt. Achtlos war die Astschere bei ihnen im Vorzimmer gelehnt, zum wild wuchernden Ärger Monas. Roland hatte seiner Frau gestern hoch und heilig geschworen, er erledige heute beides. Zahnarztbesuch und Rückgabe der Astschere. Nicht zum ersten Mal freilich. Aus Monas resignierender Reaktion schloss er aber, er sollte diesmal besser Wort halten.

Nur keine Panik, dachte Roland. Du hast alles unter Kontrolle. Netzwerkswitches erneuern, Bugs fixen, Patches einspielen – als Systemadministrator konnte er das im Schlaf. Er musste es anstatt im Job nur bei seiner Psyche anwenden. Das war einer von Dr. Ellers Tricks: an den eigenen Fähigkeiten festhalten, Routinen vertrauen. Half das nicht, um seine Angstwallungen zu vertreiben, musste er pragmatisch zur nächsten Methode greifen. Sich wie die Kinder beim Fangenspielen ins »Boot« retten, an einen Ort, an dem man sich geborgen fühlt. Oder auf seinen prominenten »Rhythmushelfer« hören. Rhythmushelfer? Roland verstand zunächst nicht, was Dr. Eller mit diesem Vorschlag meinte. Aber als ihm die Psychotherapeutin erklärte, die Imagination eines unfehlbaren Taktgebers diene dazu, ihn beim Einbremsen seiner Herzschlagfrequenz zu unterstützen, ließ er sich bereitwillig darauf ein. Er entschied sich, ohne lange zu überlegen, für Buddy Rich, den Jazz-Schlagzeuger, virtuos und entspannt wie kaum ein zweiter an diesem Instrument. Als er später durch einen Zufall herausfand, dass Buddy Rich an einem Herzinfarkt gestorben war, hielt er trotzdem an dem erwählten Rhythmushelfer fest. An sich war Roland kein Typ für Autosuggestion. Auch Entspannungstechniken lagen ihm nicht sonderlich. Yoga etwa, wie von Dr. Eller als Ausgleich vorgeschlagen. Yoga kam für ihn nicht infrage. Genauso wenig schaffte er es, unter Anleitung zu meditieren. Sobald ihm jemand zuflüsterte, er fühle sich leicht, rieb ihn schon der Flüsterton auf, und es war mit der Übung bereits im Ansatz vorbei. Sich leicht zu fühlen, fiel ihm schwer. Überhaupt fällt einem vieles schwer, wenn sich immer wieder die in Angst ausufernde Unrast meldet. Ja, er hatte jetzt häufig Panik vor der Panikattacke. Panikattackenpanik, wie er es selbst nannte. So verrückt war das mitunter.

Auf der Suche nach dem passenden Bewegungsimpuls ging Roland unter der Markise das weitere Repertoire Dr. Ellers durch. Was war noch im Köcher?

»Selbstvergewisserung, Perspektivenwechsel vornehmen«.

Ah, das schien ihm in diesem Moment am zielführendsten zu sein. Er tat einen Schritt aus dem Schatten, blinzelte kurz in das Gleißen, ließ seine Wahrnehmung drohnengleich in die Höhe steigen und besah sich seine Situation objektiv von oben. In der Sülze der Saharaluft erkannte er: sich, einen mittelalten Mann, hagere Figur, Bauchansatz, kurzes, an den Schläfen angegrautes Deckhaar. Ein im Grunde nicht weiter auffälliger Typ, bekleidet mit Bermudashorts, fransigem Muskelshirt und Flipflops. Eine sommerliche Lässigkeit ging von der freizeitlichen Kleidung aus, in einem Sommer, den im aufgeheizten Wien kaum noch jemand als lässig empfand. Über der rechten Schulter führte der Mann einen Stoffbeutel mit sich, in der linken Hand hielt er eine Teleskop-

Astschere, unterarmlang, metallisch glänzend. So weit, so gut. So selbstkritisch sich Roland auch prüfte, er bemerkte kein Schwanken oder Wanken, sah kein Anzeichen dafür, warum dieser aufrecht am Straßenrand stehende Mann nicht gegen die Wüstenluft und die auf ihn niederknallenden Sonne gewappnet sein sollte. Das erfüllte ihn mit neuer Zuversicht, und er nahm nun tatsächlich Bewegung auf. So schnell, wie es die billigen Plastiktreter an seinen Füßen eben zuließen. Flip-flop, flip-flop. Schmatzende Geräusche orchestrierten seine Schritte.

Zwölf Uhr mittags war der denkbar ungünstigste Zeitpunkt, um an einem Hochsommertag auf der Pilgramgasse unterwegs zu sein. Die Sonne stand zu dieser Stunde am Zenit und kostete ihre Strahlkraft erbarmungslos aus. Da der Himmel heute blank geputzt war, gab es keinen Schutz vor ihr, denn die Straße verlief minimal gekrümmt nach Norden. Eine dreistöckige Schlucht ohne Schattenränder. Allgegenwärtige Hitze, unausweichliches Licht. Roland schritt trotzdem weiter aus.

Vorbei am Eissalon, dem Handyshop, am Reisebüro, in dessen Schaufenster sinnigerweise ein Poster mit einer Sanddüne hing, am Budapest Bistro. An der nächsten Ecke angelangt, atmete er erst einmal tief durch. Autos rasten in hoher Geschwindigkeit vorbei, der Lärm der Motoren hallte nach. Im Nacken kullerten weiter Golfbälle. Der Odor des Straßenrands stieg ihm in die Nase. Ein schweres Benzin-Luft-Gemisch, das direkt ins Gehirn durchkroch. Er sah auf seine am Handgelenk klebende Armbanduhr. Noch zwanzig Minuten, um es zum Zahnarzt im Neunten zu schaffen. Knapp, aber machbar. Vorausgesetzt, die U-Bahn ließ nicht lange auf sich warten.

In der U-Bahn ertappte sich Roland anschließend beim heftigen Schnaufen. Kein Wunder, denn die Luftverhältnisse waren kritisch. Gekippte Fenster saugten einen nur dünnen Wind ins Wageninnere. Eine andere Kühlung gab es nicht. Wie die meisten Wohnungen, waren auch die älteren U-Bahn-Garnituren in Wien nicht klimatisiert. Bis vor einigen Jahren stellte das kein großes Problem dar. Aber nun gab es anders als früher kaum noch Sommertage, an denen die Temperaturen nicht über dreißig Grad stiegen. Wobei die aktuelle Hitzeperiode noch einmal andere Maßstäbe setzte. Roland blickte in abgekämpfte, fiebrige Gesichter. Der Zug rüttelte lärmend von einer Station zur nächsten. Im Wagen stank es nach gekochter Kotze. Zombies, dachte er, die Leute um mich herum sehen wie in schlechten Zombiefilmen aus, verschwitzt, käsig, stumpf auf ihre Handys starrend. Und er selbst? Da machte er sich nichts vor. Er sah kein bisschen besser aus. Er war von den Kräften gezeichnet, die ihn aus der Berufslaufbahn geschleudert hatten – und jetzt kam auch bei ihm die Hitze dazu, die ihn schlauchte. Aber er hatte nach wie vor Buddy Rich, den guten, alten Buddy, bei dem jeder Schlag pünktlich auf die Eins kam, und darum behielt er während der gesamten Fahrt den Glauben an sein Durchhaltevermögen. Die Saunaluft in der U-Bahn ließ sich mit der Unterstützung seines Rhythmushelfers ertragen. Monas Tribunal, würde er im letzten Moment schwächeln und gleich ins Kongressbad fahren, hingegen nur schwer. Aber nicht daran denken, nahm er sich vor. Nur keine Panik schieben. Sonst passiert wer weiß noch was.

Roland fühlte sich erleichtert, als er an der U-Bahn-Station Rossauer Lände wieder an die Oberfläche trat. Hitzeschwaden lungerten vor dem Ausgang herum. Eine leere, in der Mitte abgeknickte Red-Bull-Dose lag glänzend auf dem Gehsteig. Der verdorrte

Grasstreifen am Fahrbahnrand flehte vergebens um Wasser. Mit nochmaligem Blick auf die Armbanduhr bog Roland in die Seegasse ein: Ihm blieben drei Minuten für die letzten fünfhundert Meter. Das hieß sprinten, sonst würde er es nicht pünktlich schaffen. Roland begann zu laufen, schneller und schneller. Die Aussicht, nach Wochen der Lethargie erstmals wieder ein selbstgestecktes Ziel erreichen zu können, setzte plötzlich Adrenalin in ihm frei. Das Klatschen der Plastiktreter begann sich in der Gasse zu überschlagen. Rhythmische Geräusche, die Roland bei seinem Lauf anspornten.

Die Ordinationshilfe nahm keine Notiz von ihm. Seit mehreren Minuten stand Roland bei der Anmeldung und wartete darauf, dass sie endlich vom Computer hochsah. Es war angenehm kühl in der Zahnarztpraxis, ein Standventilator führte halbkreisförmige Bewegungen aus. Trotzdem transpirierte Roland übermäßig. Nachschwitzen. Eine Folge des Sprints. Das Muskelshirt klebte ihm am Körper, die kurzen Haare hingen ihm nass in die Stirn. Unter den nackten Sohlen sammelte sich Salzwasser. Roland vertrieb sich die Zeit, indem er die Ordinationshilfe beim Tippen beobachtete. Sie war ein paar Jahre älter als er und trug eine weiße Bluse, dazu ein seidenes, blau-gelb gestreiftes Halstuch. Korrekt sitzende Haare ließen erahnen, dass er eine Frau vor sich hatte, die es in allen Belangen genau nahm.

Langsam wurde Roland ungeduldig. »Guten Tag«, sagte er etwas lauter.

Als fühle sie sich bei Wichtigem gestört, sah die Ordinationshilfe unwillig zu ihm auf. Der Versuch eines Lächelns passte nicht wirklich zu ihrem Gesicht. Es folgte eine kurze Musterung von oben herab, bei der ihr immer abschätziger werdender Blick auf halbem Weg hängen blieb. Ihre Stirn kräuselte sich bedenklich.

»Was ist das?«, näselte die Frau.

»Das?«, fragte Roland.

»Ja, das.«

»Eine Teleskop-Astschere«, sagte er und hob sie demonstrativ hoch.

»Ach, ist das eine?«

»Ja.«

»Und wozu, glauben Sie, ist derlei Gerät bei Ihrem Termin nötig?«

Die Zunge in Tinte tauchen und durch die Nebenhöhlen sprechen. Das konnte nicht jeder. Die Ordinationshilfe konnte wiederum gar nicht anders. Roland beeindruckte das negativ. Er spürte, wie Buddy Rich in seinem Brustkorb gleichklingend das Tempo anzog. Am liebsten wäre er prophylaktisch gegangen. »Ich habe sie zufällig dabei«, hörte er sich stattdessen antworten.

»Zufällig? Sie erscheinen *zufällig* mit einer Astschere beim Zahnarzt?« Die Ordinationshilfe lachte gekünstelt. Sie blickte hinter ihn, wo die anderen Wartenden saßen, Gemurmel kam hinter seinem Rücken auf.

Roland war die Situation unangenehm. Er suchte nach einer filmreifen Antwort. Ihm fiel nur spontan keine ein.

»Wie heißen Sie?«, wurde er im Gegenzug gefragt.

»Roland Libert.«

»Aha, Libert!«, kam es zurück.

Aha? Was wollte sie ihm damit sagen?

Die Ordinationshilfe tippte mit Elan auf der Tastatur herum. Ihrem Gesichtsausdruck war zu entnehmen, dass sie daraus Befriedigung zog. Es konnte nicht zu seinem Vorteil sein, was sie schrieb. Er unterließ es, nachzufragen. Als sie endlich ihre Aufzeichnungen fertig hatte, wandte sie sich ihm neuerlich zu. »Stellen Sie das Gerät in den Schirmständer« – sie wedelte mit langen Fingern in Richtung der Eingangstür –, »und dann nehmen Sie bei den anderen Patienten Platz. Sie werden aufgerufen.«

Er tat wie geheißen.

Neunzig Minuten später in Ottakring. Christian hatte sich vor der Sonne verbarrikadiert. Die Fenster in der Wohnung am Yppenplatz waren luftdicht geschlossen, die Jalousien heruntergelassen, alle Vorhänge zugezogen. Genutzt hatte es wenig. Drinnen war es fast genauso heiß wie draußen. Schwitzend hockte Christian am Küchentisch. Der schwarze Haarschopf wies ungezähmt in alle Himmelsrichtungen, Schwaden von Zigarettenrauch zogen durch das abgedunkelte, ungelüftete Zimmer. Vis-à-vis von ihm: Roland. An der Wand hing eine alte Uhr, deren Zeiger sich nicht bewegten. Darunter ein Poster mit vierzig vom Aussterben bedrohten Fischarten. In der Wohnung nebenan dröhnte ein Fernseher, dem Vernehmen nach eine türkische Seifenoper. Vorsichtig nahm Roland einen Schluck Mineralwasser, die linke Wange noch taub von der Narkose. Dann tupfte er mit der Zungenspitze auf seinem neuen, künstlichen Backenzahn herum. Viel fühlte er dabei noch nicht. Gerade hatte er Christian von seiner Behandlung berichtet. In sämtlichen Details. Nun wartete er auf die Reaktion seines Schwagers.

»Das ist doch absolut daneben, oder?«, sagte Christian nach einer kurzen Pause.

Was genau war damit gemeint? Roland fragte sich, wie er auf Christians unklaren Kommentar reagieren sollte. Nicken oder den Kopf schütteln?

»Muss man sich jetzt schon wegen einer Astschere dumm anreden lassen? Das kann doch nicht sein.«

Roland gab ihm mit einer Geste recht, erleichtert darüber, dass es nicht die verspätete Rückgabe war, die Christian aufbrachte. Seine Nachlässigkeit war damit vorerst vom Tisch. Darauf hatte Roland während des Erzählens gehofft. Er wusste schließlich, dass sein Schwager überhebliches Getue auf den Tod nicht ausstehen konnte. Christian hasste jede Form von Standesdünkel. Es ging ihm ums Prinzip – und seinem Prinzip nach waren alle Menschen gleich, egal wie viel sie verdienten oder was sie darstellten. Und da der großbürgerlich konnotierte Hochmut einer willfährigen Gefolgsfrau des Medizineradels seine eigene Astschere betraf, fühlte er sich zusätzlich herausgefordert. »Habsburger Hurerei!«, platzte es in der Folge aus Christian heraus. So verbissen und kurzatmig, wie er an seiner selbst gedrehten Zigarette sog, war zu erkennen, dass er jeden Augenblick Betriebstemperatur erreichen würde.

»Wiener Charme«, sagte Roland.

Christians Mund wurde schmal. »Ja, genau! Der berühmte Wiener Charme!«, sagte er. »Wie ist es denn wirklich? Wenn du in dieser Stadt keinen Titel oder kein bekanntes Gesicht hast, fahren sie dir zur Begrüßung mit dem Arsch ins Gesicht.«

Roland nickte beiläufig. Er hatte solche und ähnliche Brandsätze schon oft von Christian bei Gesprächen auf der »Kruste« gehört. Kruste, so bezeichnete Christian den bis in die letzte Ecke zugepflasterten Yppenplatz vor seiner Haustür. Auf diesem Platz führte er mit anderen Dissidenten seit Jahren im selben ranzigen Schuppen Diskussionen über lokale und globale Miseren. Dass es auf der Kruste inzwischen neue Lokale gab, die hauptsächlich von zugezogenen Gutverdienern frequentiert wurden, ließ die Diskutanten um die leistbaren Mieten im Viertel fürchten. Würde ihn die Sonne heute nicht hinter Mauern zwingen, wäre Christian jetzt mit absoluter Sicherheit dort zu finden gewesen. Beim Biersüffeln und Beschweren. Über den historischen Glanzlack, der diese Stadt erstickte. Die Konsumscheißwelt. Die Saturierten in der Parallelwelt des ersten Bezirks. Roland kannte die Bandbreite der Biertischthemen. Doch während er Christians Tiraden für plattes Frustablassen hielt, hörte er auch die tiefer sitzende Tragödie dabei heraus. Dass da einer, der alles über biologischen Landbau und das Gartenhandwerk wusste, es auch nach Jahrzehnten nicht schaffte, in der Wiener Erde anzuwurzeln. Eine üble Laune der Natur. Schließlich war Christian einer, der ohne Internet wusste, wie man Hainbuchen pflanzt, Brot bäckt und Schafe schert. Ein Typ, der den Kopulationsschnitt aus dem Effeff beherrschte, die Finesse beim Veredeln von Obstbäumen. Der Küchenabfälle zu Gartendünger kompostierte, auf japanische Art, in einem Bokashi-Kübel, gegen den erklärten Willen seiner Frau Hanna. Und so einer in der Großstadt, im zweiten Stock eines Zinshauses, Wand an Wand mit anderen, umzingelt von Häusern und noch mehr Häusern, auf versiegeltem, verlorenem Boden?

Bis zu seiner Panikattacke war Roland dem ökologischen Treiben Christians mit größtem Desinteresse gegenübergestanden. Grüner Daumen, schön und gut, ein vor sich hinfaulender japanischer Abfallhaufen in der Wohnung entsprach jedoch wirklich nicht seiner Vorstellung eines gemütlichen Zuhauses. Rolands Desinteresse an grünen Themen weichte sich erst auf, als er nach der Panikattacke über sein Leben nachzudenken begann. Er fragte sich dabei, wo er die letzten zwanzig Lebensjahre verschwendet hatte. Bei Twentyfoursevendotnet, kam er zur Erkenntnis. Virtuelle Probleme hatten ihn beschäftigt gehalten. Es gab nichts von ihm eigenhändig Erschaffenes, hervorgegangen aus ehrlicher, körperlicher Arbeit wie vor hundert Jahren. Nur Einser und Nullen. Er verstand nun besser, warum sich Büromenschen verstärkt nach

Bauernhöfen oder Gartenparzellen sehnten, wo sie Beete anlegten, säten und ernteten.

Mit seinen eigenen Händen ein Haus bauen – Christian konnte das. Und er? Nein, er konnte das nicht. Was konnte er denn schon? Programmieren. Was half ihm das, sollte die Apokalypse eintreten? Die Energieversorgung gekappt, alle Systeme zusammengebrochen, die Supermärkte geplündert. Christian würde das nichts ausmachen. Der wüsste sich sofort selbst zu helfen. Aber Menschen wie er? Säßen dann vor erloschenen Bildschirmen, darauf wartend, dass jemand das Internet wieder anmacht. Wir sind eine Generation, die entfremdet von der Natur aufgewachsen ist, dachte Roland. Uns ist die Serverfarm näher als der Bauernhof. Wir weiden uns daran, bestens ausgebildet zu sein, sind dabei aber völlig nutzlos. Genau darum beneidete Roland seinen Schwager. Er besaß nutzbringendes Wissen. Er konnte, wenn er wollte, autark leben, sich selbst ernähren. Schon jetzt verdiente er sich sein Nötigstes in den Gärten anderer Menschen, tat dort, was andere nicht mehr konnten oder wie Roland nie gelernt hatten. Gartenarbeit. Feldarbeit. Waldarbeit. Handarbeit. Mit sichtbaren Früchten seines Tuns. Gab es Erfüllenderes?

»Wie gehen bei dir eigentlich die Geschäfte?«, fragte Roland.

Sein Schwager tat zwei Züge an seiner Zigarette, ließ sich mit dem Antworten Zeit. »Gut und schlecht«, sagte er dann. »Meine Nummer kursiert gerade bei reichen Urban-Gardening-Heinis. Die gepamperte Abteilung, weißt du.« Vielsagend blickte Christian ihn an. »Es wurde geerbt, oder die Eltern zahlen eine Eigentumswohnung, und jetzt spielen sie ein bisschen punky. Jede Woche ruft einer an, damit ich die nächste Dachterrassenplantage maniküren komme. Bio, bio, bio. Alles muss auf einmal nachhaltig und urgesund sein. Bis vor zwei Jahren haben sie noch von Wodka-Red-Bull gelebt. Und jetzt? Ayurvedische Kraftsuppe und so. Die stehen auf ihrer Terrasse herum und erzählen mir von ihrer Läuterung. Eh keine Ahnung von irgendwas, aber groß blabla, Selbstversorgen und so. Das möchte ich sehen, sage ich denen dann immer. Zieh dir einmal deinen Jahresbedarf an Karotten selber hoch. Viel Spaß dabei. Und warum soll das überhaupt jemand tun, wenn der Sack Biokarotten im Diskonter einen Euro kostet?«

Roland musterte seinen Schwager. »Ich versteh dich gerade nicht, Christian. Das wolltest du doch immer – dass sich die Leute wieder mehr für die Umwelt und die Lebensmittel interessieren. Warum beschwerst du dich also jetzt darüber?«

»Weil mich das Gequatsche der Typen nervt. Die sind so bieder, dass es wehtut. Alle offiziell keine Hallelujafans, aber ihre Kinder lassen sie taufen, selbstverständlich. Ihre Sponsoren erwarten das, verstehst du? Und das erzählen sie dir in einem Deutsch, da glaubst du, du hörst Radio Stephansdom. Am Dach ziehen sie sinnlos Biokarotten hoch, und vor der Tür parkt der SUV. Die Hitze heute … logisch. Das muss alles so kommen. Treibhauseffekt, Roland. Alle fahren und fliegen wie die Irren durch die Gegend, blasen Kohlendioxid in die Atmosphäre, als ob es kein Morgen gäbe. Es hat Jahrmillionen gedauert, damit Biomasse zu Kohle und Erdöl wird – und wir verbrauchen sämtliche fossilen Energieträger binnen weniger Jahrzehnte.«

»Das wird sich schon irgendwie lösen lassen«, wandte Roland ein.

»Aber nie im Leben! Wer bitte soll das lösen?«

»Irgendein genialer Entwickler.«

»Technologie? Da muss ich dich enttäuschen. Dass uns irgendwann eine Erfindung retten wird, ist ein Zukunftsmärchen. Was soll Technologie gegen Ressourcenverbrauch und Bevölkerungswachstum ausrichten?«

»Und die Politik?«

»Roland, Politiker wollen gewählt werden, oder? Die Leute wählen Politiker, die ihnen das Blaue vom Himmel versprechen. Mit unbequemen Wahrheiten gewinnst du nur Feinde, aber keine Wahlen. Und auf Einsicht oder guten Willen brauchst du nicht zu hoffen. Alles, was da draußen abläuft, beweist tagtäglich das Gegenteil. Aber das wird sich bald aufhören. Die Welt stößt an ihre Grenzen. Und zwar früher, als die meisten glauben.«

Christian wirkte nicht beunruhigt deswegen. Es glitt im Gegenteil sogar ein kurzes Lächeln über sein Gesicht, als verspreche er sich langfristig eine Verbesserung davon.

»Mit Tempolimits wird es anfangen«, setzte er fort. »Dann kommen die Fahrverbote. Das ist unausweichlich. Es gibt weltweit zu viele Verbraucher, zu viele Autos, viel zu viele Schadstoffe, und niemand will auf irgendwas verzichten. Aber das wird passieren *müssen*. In ein paar Jahren liegen die Maximaltemperaturen noch höher als heute. Dann wird man panisch versuchen zu retten, was noch zu retten ist.«

Bei dem Wort »panisch« war Roland kurz zusammengezuckt. Dass Christian der Menschheit panische Reaktionen voraussagte, bezog ihn doppelt mit ein, schreckte ihn auf. Überhaupt: Je länger sein Schwager redete, umso hitziger wurde er dabei. Mittlerweile war er bei Verteilungskämpfen und Klimakriegen angelangt. In der warmen, sauerstoffarmen Luft schnürten Christians schnell vorgetragene, nach Schwefel riechende Sätze Roland zunehmend den Atem ab. Sein Brustkorb hob und senkte sich blasebalgartig. Christian merkte das nicht. Versonnen strich er sich nach seiner ausgiebigen Schwarzmalerei über die Bartstoppeln. In hohem Bogen warf er dann den Stummel der fertig gerauchten Zigarette zu einem Stapel verkrusteter Teller ins Spülbecken.

Roland war über die Vortragspause froh. »Kann ich noch ein Mineralwasser haben?«

»Sicherlich.« Christian stand auf und ging zum Kühlschrank. »Mit Kohlensäure oder ohne?«

»Mit.«

»Naturtrüben Apfelsaft gäbe es auch.«

»Danke, nein.«

»Oder lieber doch ein kaltes Bier? Ich habe Bio-Zwickl. Wenn du eines trinkst, trinke ich auch eines.« Erwartungsfrohes Grinsen.

Roland überlegte. Reizvolles Angebot. Aber nein, lieber keinen Alkohol. Das würde bei Christian nur noch mehr Öl ins Feuer gießen. »Wasser ist fein, wirklich.«

Enttäuscht von Rolands Wahl stellte Christian eine Flasche Römerquelle auf den Tisch. Er zündete sich eine weitere Zigarette an und begann genussvoll zu rauchen.

»Wo ist Hanna eigentlich heute?«

»Mit den Kindern drüben im Jörgerbad«, brummte Christian.

»Und da bist du gar nicht dabei?«

»Nein, ich bin allergisch gegen Chlor, vergessen?«

»Stimmt. Wärt ihr halt gemeinsam zur Alten Donau gefahren.«

Christian hustete heiser. »Viel zu weit. Haben wir schon ausprobiert. Dauert eine Dreiviertelstunde, bis wir dort sind. Da kriege ich Schweißblattern vorher. Nein, wir haben beschlossen, dass wir morgen bis zum Ende der Hitzewelle aus der Stadt abhauen. Nach Losenstein, zu meinen Leuten.«

»Klimaflüchtlinge!«, scherzte Roland.

»Ja, so weit sind wir schon.«

»Hör mal, tut mir wirklich noch einmal sehr leid, das mit deiner Astschere. Ich … du weißt ja, mir ging es einfach länger nicht so gut.«

»Kein Thema, passt schon«, sagte Christian. Mit angestrengter Miene verfolgte er, wie eine aus seinem Mund entfleuchte Formation Rauchkringel langsam zur Decke hochstieg. Der neue Qualm machte das Zimmer noch stickiger. Roland rang um Luft. Oft gingen seine Unruhezustände davon aus. Eingebildete Atemnot, Erstickungsangst. Er wurde unruhig. Demonstrativ schaute er auf die Uhr. »Ich muss jetzt los«, sagte er. Und weil der Schwager ihn mit zusammengekniffenen Augen zu fragen schien, wohin so plötzlich, fügte er an: »Schwimmen.«

»Ah ja? Ins Kongo, oder? Deine tägliche Waschung.«

»Richtig.«

Christian zuckte gleichgültig mit den Schultern. »Chlorwasser. Selber schuld«, sagte er und erhob sich lässig vom Stuhl. »Ich halte hier die Stellung und kühle mich von innen.« Als er diesmal in den Kühlschrank langte, griff er zum Bier.

MONA

Die zähen Stunden nach der Mittagspause. Schon an normalen Tagen verschlug es in dieser Zeit kaum jemanden in die Filiale von Reprocopy. Wieso sollten also ausgerechnet heute die Kunden angerannt kommen? In den Uni-Ferien, bei über vierzig Grad? Untätig verweilte Mona am Rain elektromagnetischer Felder und blickte – die Gedanken anderswo – nach draußen. Das getönte Schaufenster gaukelte ihr Sepiafarben vor, ein Effekt, der den angejahrten Zinshäusern auf der anderen Straßenseite gut zu Gesims stand. Sie hatte die Straße im Blick. Alle paar Minuten zogen stark schwitzende Fußgänger schwere Nachmittagsschatten an der Auslage vorbei. So wenig Autoverkehr wie heute hatte die Schönbrunner Straße zuletzt während der Ölkrise neunzehnhundertdreiundsiebzig gesehen.

Neunzehnhundertdreiundsiebzig. Das Jahr, in dem Ingeborg Bachmann mit siebenundvierzig in Rom starb und Elvis Presleys Konzert in Honolulu via Satellit als bis dahin größtes weltumspannendes TV-Ereignis in über vierzig Länder übertragen wurde.

Mona hatte Presleys daraus hervorgegangenes Doppelalbum »Aloha from Hawaii«, einen Flohmarktfund, zu Hause im Regal stehen, ebenso einen abgegriffenen Band mit Bachmann-Gedichten, besaß aber keine eigenen Erinnerungen an diese Zeit. Nicht weiter verwunderlich, ihre Eltern schoben sie damals noch im Kinderwagen durch die engen Gassen des schönen Donaustädtchens Krems. Bei dem angenehmen Gerumple über historisches Kopfsteinpflaster verschlief Mona die Höhen und Tiefen ihrer

Frühgeschichte. Manches dabei Versäumte schien sich jedoch nun als Farce in ihrem gegenwärtigen Leben zu wiederholen, oder wie sollte ihr die eigene Ölkrise sonst vorkommen? Ihr Atelier verwaiste. Angeschaffte Leinwände blieben weiß. Die Staffelei war nur noch nutzloses Gestänge. Schon länger fand sie weder Zeit noch Muße, an ihrem aktuellen Bild weiterzumalen – einer gewundenen, sich perspektivisch verengenden Landstraße, auf der zwei Menschen spazierten, deren Köpfe von der schwarzen Linie des Horizonts abrasiert wurden. Blasse, weichgezeichnete Farben, nebelige Grundstimmung. Als Bildtitel schwebte ihr dafür »Am Rand der Welt« vor. Doch wie lange dauerte dieser Schwebezustand eigentlich schon an? Zu lange sicherlich. Ihr erging es wie den zwei Personen auf dem Bild. Sie kam auf ihrem Weg nicht voran. Und mit jedem brachliegenden Tag wuchs sich die Untätigkeit im Atelier zur Infragestellung ihrer Lebensführung aus.

Eine ins Innere des Copyshops geratene Fleischfliege lief langsam die Scheibe entlang. Mona sah ihr dabei zu, wie sie vergebens ein Schlupfloch in der gläsernen Barriere suchte. Spätestens morgen Früh würde die Fliege tot auf dem Fußboden beim Fenster liegen, zur Strecke gebracht vom Elektrosmog, das wusste Mona von zahllosen vorangegangenen Fällen. Die Lebenserwartung eingeschlossener Fluginsekten betrug bei Reprocopy maximal zwanzig Stunden. Dem hier tätigen menschlichen Personal, inklusive ihr selbst, erging es vergleichsweise besser. Es bekam vierzehn Gehälter, war kranken-, unfall- und pensionsversichert, Essensbons für die benachbarten Lokale gab es auch. Ein Klima zum Klebenbleiben. Eine menschliche Fliegenfalle. Obwohl selbst diese Idylle kleine Farbfehler aufwies. Über eine mögliche biologische Wirkung von Elektrosmog auf den Menschen stritten die Fachleute ohnehin. Mona ignorierte diese schleichende Bedrohung aber aus gewohnt draufgängerischen Gründen. Für sie bildete der Elektrosmog den letzten Risikofaktor in ihrer gepolsterten Existenz. Eine letzte Rückkoppelung früherer Drahtseilakte, als auf ihrem Girokonto noch ein vierstelliges Minus klaffte – und das bei Überziehungszinsen im zweistelligen Bereich. Habenseitig hatte sie in jener Urzeit als Künstlerin oft nur die blanke Zuversicht anzubieten, befeuert von der Hoffnung, jeden Tag den Brief des Ministeriums im Postkasten zu finden, der ihr Ansuchen auf ein Auslandsstipendium positiv beschied. Trotz des existenzialistischen Blindflugs und der politischen Großwetterlage im kleinen Österreich dachte sie sehr gerne an die Nullerjahre zurück. Die permanente Bankrottdrohung jagte ihr dazumal keine Angst ein, nein, um ehrlich zu sein: Der Nimbus des Prekären verlieh ihrem Dasein zwischen Gemeinschaftsatelier, Vernissagen und mitternächtlichen Thekenflirts sogar eine verführerische Note. Alle lebten damals so, mehr oder weniger. Zumindest in ihrer Liga, dem Laissez-faire-Championat. Die Bösen ihrer Altersgruppe begannen sich gerade häuslich einzurichten und sich in bedeutungslose Berufstätige zu verwandeln, während Mona und ihre Clique nach Ende des Studiums einfach mit dem »Bitte noch ein Bier«-Refrain an den üblichen Orten weitermachten. Die Bedingungen dafür waren jetzt sogar besser denn je, wo sich die angehenden Betriebswirte und Juristen doch endlich als solche offenbart hatten und, angezogen vom Licht gut entlohnter Posten, die schummrigen Halbwelten ihrer Studentenzeit zu meiden begannen. Mona weinte diesen Abgängen keine Träne nach. Ciao, Fallobst. Wer am Wirtshaustisch sitzen geblieben war, meinte es hingegen ernst. Dem fehlte tatsächlich der Plan. Der lebte die Musik, die er hörte. Der klopfte nicht jede neue Bekanntschaft zuerst auf Beziehungsfähigkeit ab, der wollte wirklich nur Spaß. Für Monas ins Kraut schießende Kunstproduktion war dieser Sumpf ein fruchtbarer Boden. Die atelierfrischen Bilder ihrer Diplomausstellung verkaufte sie en gros an einen in sie verschossenen Mäzen. Von der erzielten Summe ließ es sich eine Weile gut existieren. Hinterher war sie zwar wieder zahlungsunfähig, aber unbesorgt. Wenn sie bei Heimatbesuchen in Krems von ihren Eltern gefragt wurde, wie sie später zu leben gedachte, verscheuchte sie die überflüssige Frage mit einem Lachen und antwortete: »Na, so wie jetzt.« Später blieb aber auch ihr eine Erfahrung nicht erspart, die jeder Absolvent einer Kunstuniversität kennt. Die ersten Jahre nach dem Studienabschluss sind ein schmerzhafter Filterprozess. Von den zweiundvierzig Absolventen ihres Jahrgangs gaben fast alle den Traum vom Künstlersein auf. Weil sich niemand für sie interessierte. Mona forderte das heraus. Sie beschloss, das durchzustehen.

Das Telefon läutete. Sollte es doch. Mona ließ sich davon nicht aus der Ruhe bringen. Betont langsam schlich sie zum Ladentisch zurück. Der Anrufer blieb hartnäckig, es musste schon um die siebzehnmal geläutet haben, ehe Mona endlich den Hörer von der Gabel nahm.

»Ja? … Sind fertig, ja. Sie können sie jederzeit abholen. Wiederhören.«

Der Stimme nach ein älterer Mann. Er würde heute Nachmittag wegen seiner Kopien vorbeikommen. Sie hatte im Ausgabefach nachgesehen. Der Packen lag schon bereit. Den Auftrag musste Jan gestern entgegengenommen und gleich erledigt haben, ihr heutiger Arbeitstag hatte sich, der Aufgaben ledig, bislang auf das Ausheben von Luftlöchern beschränkt. Vom Kraftaufwand her kein großer Unterschied zu geschäftigeren Tagen, wo sie auch nicht mehr als einen Finger zu rühren brauchte, um die ihr anvertrauten Maschinen in Gang zu setzen. Copy und Pest, dachte Mona. Jetzt erlaubte sich das Schicksal tatsächlich diesen Streich mit ihr und ließ sie an vier Tagen der Woche für jeweils fünf Stunden Kopien anfertigen. Dabei war ihr genau das Gegenteil dessen an der Kunstuniversität als erstrebenswert vermittelt worden. Fünf Jahre ging es dort nur um Originale, um originelle Ideen und Sichtweisen. Original, originell, gerne auch umgesetzt in Origami ... Egal was, Hauptsache Ori, niemals Copy.

Und jetzt das: Teilzeitkraft in der Vervielfältigungsbranche! Kopistin. Sie. Mona. So ein Elend.

Es ist ja nur vorübergehend, sagte sie sich. Ich mache das nicht für immer. Maximal ein Jahr noch, bis Lukas in der Schule ist. Dann schüttle ich die künstlerische Lähmung ab und gebe mich wieder dem Eigentlichen hin. Dann tausche ich Arbeitszeiten, verbringe meine Vormittage anstatt im Copyshop im Atelierhaus, malend ... Ja, das *Eigentliche*, natürlich, lange nicht daran gedacht. Herzlichen Glückwunsch, du Gehirnakrobatin. Wärst du also auch heute wieder erfolgreich beim *Eigentlichen* gelandet. Als ob es keine anderen, uneigentlicheren Problemzonen in deinem Leben gäbe, ein paar Nummern kleiner und mit ungleich günstigeren Prognosen. Ich könnte mich ja auch zur Abwechslung einmal fragen, ob es Roland heute schafft, zum Zahnarzt zu gehen oder die Astschere loszuwerden. Er hat es mir hoch und heilig versprochen ... So wie vorgestern schon und letzte Woche auch.

Aber Rolands latentes Panikattacken-Risiko hin, ihre Rücksichtnahme darauf her, allmählich bescherte ihr das Ding im Vorzimmer ein Magengeschwür. Es musste weg. Dringend. Denn so, wie die Astschere da lehnte, unübersehbar, unignorierbar neben der Wohnungstür, wo Mona gar nicht anders konnte, als fünfmal am Tag daran vorbeizugehen, wurde es zum Synonym ihrer ungelösten Probleme. Kam Mona voller Hoffnung von der Arbeit nach Hause und sah sie gleich hinter der Wohnungstür das Gartengerät unberührt herumlehnen, wusste sie: wieder nichts. Abends würde beim täglichen Telefonat mit ihrer Schwester zum hundertstenmal darüber zu reden sein.

»Christian lässt fragen, wann … Christian findet, dass Roland endlich …« Blablabla … Es war frustrierend. Ihr Leben kreiste um die Nachlässigkeiten und Bedürfnisse anderer, mit denen aber SIE, SIE, SIE sich abkämpfen musste.

Sie fischte eine Euromünze aus dem Trinkgeldbecher und holte sich eine Flasche zuckerfreies Cola vom Getränkeautomaten. Damit lehnte sie sich hinter die Ladentheke, wo ihr ein kreisender Ventilator alle sieben Sekunden Wind ins Gesicht blies, und nuckelte leeren Blickes vor sich hin.

Das mit dem Eigentlichen ließ sich in Monas Fall auf eine alles entscheidende Frage reduzieren: »Bin ich eigentlich noch eine Künstlerin, die vorübergehend, zur Bestreitung des Lebensunterhalts, in einem Copyshop arbeitet, oder bereits eine Copyshop-Angestellte, die in ihrer Freizeit Bilder malt?« Eine Hobbykünstlerin also. Gott, wie sie dieses Wort und alles, was damit zusammenhing, hasste. Umso alarmierender, dass es dieser Klärung bedurfte. Aber sich weiterhin davor zu drücken bedeutete, die Tatsachen zu verkennen.

Für das Selbstverständnis als *richtige* Künstlerin sprachen ihr Malerei- und Grafik-Diplom an der Kunstuniversität Wien, als Schülerin von Felicidas Landtmann, ihre beiden Auslandsstipendien und die Talentförderungsprämie des Landes Niederösterreich, weiters ihre Ausstellungsvita sowie ein älterer Text im Spike, der festhielt, in ihren Bildern würde sie, wörtliches Zitat, »bürgerliche Glücksvorstellungen als Fata Morgana entlarven und die Ikonografie des Werbesystems gegen sich selbst in Stellung bringen«. Für das Eingeständnis, eine Hobbykünstlerin zu sein, sprachen ihr aktueller Tagesablauf, das ins Stocken geratene Stürmen und Drängen als Malerin – und nicht zuletzt ihre regelmäßigen Einkünfte aus dem Copyshop.

Sei geduldig, sagte sie sich. Es ist nur vorübergehend. Ich mache das ja nicht für immer.

Aber stimmte das noch? Die Berühmt-werden-Uhr tickte, das ließ sich nicht bestreiten. Dauernd tickten irgendwelche Uhren. Die Stunde der Wahrheit rückte auch in ihrem Fall näher. Mit über vierzig konnte man zwar immer noch groß am Kunstmarkt einschlagen, aber die Zeit dafür wurde weniger. Sie dachte nach. Vierzig ist wirklich kein Alter zum Verzweifeln. Eigentlich wird es dann erst richtig interessant. Das eigene Werk ist so weit gereift, um zum großen Schlag auszuholen. Natürlich spielt auch das Glück dabei eine Rolle. Vom Glück war sie selbst jedoch kilometerweit entfernt. Mona kannte den Streckenverlauf einer Künstlerlaufbahn auswendig. Jedes Vierteljahr, in dem kein neuer Autobahnkilometer an den Karriereweg drangestückelt wird, kommt beim Publikum als Stillstand an oder – fataler noch – als Rückschritt. Hinter dem Teilstück »Stagnation« kam die Ausfahrt »Regression«. Dann landete sie wohl oder übel in der Riege der Verkannten, Übergangenen, Zukurzgekommenen – einem Wühltischgemisch, in dem niemand gräbt außer Journalisten, die für gelegentliche Storys über das Scheitern ausdrucksstarke Gesichter suchen.

Kurzfristig ließ sich für Mona der Teufelskreis ihres Angestellenlebens nicht so leicht durchbrechen. Nicht mehr. Vor einem halben Jahr wäre das noch einfacher gewesen, da scheffelte Roland bei Twentyfoursevendotnet so viel, dass es locker für sie beide reichte. Aber jetzt ließ sich ja nicht einmal hundertprozentig sagen, ob Roland je wieder in seinem alten Job Verwendung fand. Und falls, was sie natürlich hoffte, wann?

Beschissener Zustand jedenfalls: den Ruf der Wildnis hören, aber an der Leine von Monatsgehältern, Mietkosten und Mutterpflichten hängen. Mit einem Mann auf dem Buckel, der es nicht einmal mehr zum Zahnarzt schafft, vom Staubsaugen, Kochen oder dem Beaufsichtigen ihres gemeinsamen Sohnes gar nicht zu reden.

Also weiterhin warten, kopieren, kopieren, kopieren, sich dem Leben anderer unterordnen, das Eigentliche aufschieben.

Die Meisterwerke.

Das Entdecktwerden.

Den Durchbruch.

Die Interviews.

Nie enden wollende Zuneigung der Kuratoren.

Die Cocktailpartys der Sammler.

Kurzum, das eigentliche, wahre Leben.

Ihr Leben. Oh, yeah!

»Mahlzeit.«

Ausgerechnet bei diesem verheißungsvollen Gedankenspiel musste ihr Kollege Jan von seiner Mittagspause retour kommen. Das vorschnelle »Oh, yeah! « geriet ihr bloß zum verkürzten »Oh je!«.

»›Mahlzeit‹ sagen bei uns nur die alten Männer, Jan. Weißt du das noch immer nicht?«, stichelte Mona. Bei Jan handelte es sich nämlich um einen neu zugezogenen Numerus-clausus-Flüchtling aus Paderborn, was Mona mehrmals am Tag zu Kommentaren über sprachliche Unterschiede zwischen Wien und Westfalen herausforderte.

»Echt jetzt?«

»Ja, so wie ›nicht wahr‹ und dein geliebtes ›Servas Gschäft‹, das ist beides beigepulloverig.«

»Und was ist nun das wieder? Beigepulloverig? Das habe ich noch nie von dir gehört.«

»Habe ich gerade erst für dich erfunden. Kennst du den Herbert Prikopa, Spitzname ›Happy‹?«

Jan zuckte mit den Schultern. Natürlich kannte er ihn nicht.

Mona belehrte ihn: »Der saß früher als alter Mann in Kindersendungen im österreichischen Fernsehen herum und redete langweiligen Mist, den kein Kind lustig fand. Und dabei trug er Woche für Woche, sommers wie winters, einen beigen Rollkragenpullover.«

»Okay, ich kenn mich aus«, sagte Jan, »beigepulloverig, alles klar.«

Halbwegs schnell von Begriff war er ja, stellte Mona wieder einmal fest, auch wenn es für die Aufnahme an einer deutschen Universität offenbar nicht ganz gereicht hatte.

Sie wandte sich wieder dem zuckerfreien Cola und ihrer Lebensplanung zu. Warum war ihr früher eigentlich alles ungleich einfacher erschienen? Weil sie damals nichts zu verlieren hatte? Weder Vermögen noch Ruf? Insofern wäre ja auch heute noch alles möglich für sie. Das bisschen Kleingeld auf dem Konto, und was bitte nützte ihr denn der gute Ruf, wenn sie abgesehen von Familie und Freunden sowieso niemand kannte? Freilich, alles auf die Karte der Kunst zu setzen, hieße auch, die sichere Anstellung aufzugeben. Die an den Elektrosmog gebundenen vierzehn Gehälter jährlich. Aber lag nicht genau in diesem Schritt das besondere Momentum? Sich über einen Zustand zu erheben, den sie ohnehin, Hand aufs Herz, abstoßend fand? Von Ballast befreit aufzusteigen ... das sollte doch gerade ihr leichtfallen, wusste sie doch nun aus tiefschürfenden Erfahrungen, dass der fest alimentierte Boden unter ihren Füßen wider Erwarten kein glücklich machendes Gold enthielt. Aber es gab ja noch Lukas. Ein Kind stellt dein ganzes Leben auf den Kopf, das bekam sie schon als Schwangere andauernd gesagt. Da war ihr noch unklar, wie sehr sich das später bewahrheitete. Als ihr Sohn auf die Welt kam, fing es an. Sie verdrängte sich selbst, ordnete alles dem Glück ihres Kindes unter. Sie wollte, dass es ihm an nichts fehlte. Plötzlich traf sie sich auch wieder mit alten Freundinnen, die selbst Kinder hatten, um über unfähige Kindermädchen, Hunde auf dem Spielplatz und den Ausländeranteil an Wiener Volksschulen zu reden. Schrecklich. Bis heute hielt dieses Verdrängen ihrer selbst an. Sie achtete auf alles, was sie tat, und war nur dann frei von Sorgen, wenn es auch Lukas gut ging.

Der Anrufer kam vorbei, um seine Kopien abzuholen. Draußen wurden die Schatten der Passanten nur unmerklich länger. Jan wies eine Frau am Farbkopierer ein, die mehrere Seiten aus einem Kochbuch abgelichtet haben wollte. Weil ihr Kollege ob seines protestantischen Gemüts jegliche Arbeit bereitwillig erledigte, musste Mona den Wendekreis des Ventilators kein einziges Mal verlassen. Der künstliche Wind spielte mit dem Saum ihres Sommerkleids. Auf ihrem linken Schulterblatt verwelkte das Bild einer in jungen Jahren tätowierten Rose. Während vor der Tür Luft und Sonne dem August alle Ehre machten, war in Monas Land schon Herbst.

»All we are saying is give peace a chance.«

In ihrer alten Lkw-Planentasche von *Freitag* begann plötzlich John Lennon zu singen.

»Entschuldigung.« – Sie kramte nach ihrem Handy.

»Neuer Klingelton?«, fragte Jan.

»Fuck, ja. Aber wo ist das blöde Ding bloß?«

»All we are saying is give peace a chance.«

Jan rieb sich über das Kinn. »Von wem ist das noch schnell? Nicht sagen, mir fällt es gleich ein …«

Endlich fand Mona das Telefon. Auf dem Display stand: Schwager Christian.

»All we are …«

»Hi, Christian«, sagte sie mit düsterer Vorahnung.

Jan konnte eine ungewöhnliche Verwandlung an seiner Kollegin beobachten. Die Grübchen auf beiden Wangen vertieften sich, der zunächst skeptische Gesichtsausdruck wurde zu einem Lachen, der Silberring in ihrem linken Nasenflügel bebte, mehrmals strich sich Mona den schwarzen Pony aus der Stirn, und genauso oft fragte sie: »Wirklich?«

Was wirklich? Neugierig versuchte Jan ihre Aufmerksamkeit zu gewinnen und pinselte ein großes Fragezeichen vor ihr in die Luft. Mona machte jedoch keinerlei Anstalten zu antworten.

Während sie telefonierte, betrat hinter ihrem Rücken eine Frau den Copyshop. Eine überaus aparte Person. Brünette, hochgesteckte Haare, kurzärmliges Tenniskleid, eine augenscheinlich echte Prada-Sonnenbrille im Ausschnitt, keine dreißig mehr, aber bestimmt noch nicht viel älter. Unwillkürlich nahm Jan Haltung an.

»Hallo! Ihr druckt doch Kataloge, oder irre ich mich?« Ein Satz mit Musik.

»Ja, das tun wir«, sagte Jan ebenso freundlich, »was brauchst du denn?«

Das joviale Du schien ihm angebracht, die Kundin war zwar top gekleidet, wirkte allerdings ungezwungen. Mona gickste einstweilen weiter ins Telefon.

Die Kundin strahlte Jan an. »Zwanzig digital gedruckte Kataloge, jeweils achtundvierzig Seiten, ein Sonderformat … für die Präsentation meines Kunstprojekts.«

»Verstehe«, versuchte Jan professionell zu klingen. »Da gibt es Folgendes für dich … äh …«

Kurz war er von Mona abgelenkt, die beim Wort »Kunstprojekt«

aufgehorcht hatte und sich mit dem Handy am Ohr zu ihnen umwandte.

Überrascht riss die Kundin den Mund auf. Eine Geste des Erkennens. Sie winkte Mona mit kleinen Handbewegungen stumm zu. Mona, eben noch das Grinsen in Person, erstarrte in der Bewegung, fasste sich aber in der nächsten Sekunde schon wieder, um ihrerseits auf mädchenhafte Art zu winken, was sonst nicht ihre Art war.

Es folgte die Gebärdensprache der mobilen Telefoniererei.

Mona mit Handy am Ohr: Sorry, ich kann noch nicht mit dir reden, spreche nur kurz fertig.

Frau ohne Handy: Freilich. Keine Eile.

Schultergezucke. Grinser. Verdrehte Augen.

Auf Jan achteten die beiden nun nicht mehr.

Als Mona endlich ihr Telefonat beendet hatte, kreischte die Kundin sofort los: »Mona, du verrücktes Huhn, was machst *du* hier?«

»Na ja, arbeiten … manchmal … also, aushilfsweise eher.«

»Jaaa? Wie praktisch. Da sitzt du gleich an der Quelle, wenn du Bios oder so brauchst … Oder gibt es nicht auch so etwas wie Xerox Art?«

Xerox Art, genau. Mona presste die Lippen zusammen. Unverkennbar, dachte sie. Andrea Krischanitz, kurz Krischi. Nicht verwandt mit dem bekannten österreichischen Architekten gleichen Namens. Krischi und sie hatten gemeinsam studiert. Kunstuniversität Wien, derselbe Jahrgang, dieselbe Klasse. Ohne groß miteinander warm geworden zu sein, auch wenn das um dreihundertsechzig Grad drehbare Handgelenk von Krischi vorhin das Gegenteil zu demonstrieren versucht hatte. Mona fuhr sich durchs Haar, versuchte hinter ihrer Theke respektabel auszusehen.

Krischi klatschte in die Hände. »Nein, die Mona, ich pack's nicht. Du hast dich überhaupt nicht verändert. Es ist so schöööön, dich zu seeeeehen.«

Das glaube ich dir, du Herzchen, dachte Mona. Besonders, wo du mich in flagranti bei der Brotarbeit in einem unfunky Copyshop ertappt hast. Sie lächelte aber, als freute sie sich mindestens genauso.

»Erzäääääähl«, forderte Krischi.

Und Mona blieb nichts anderes übrig, als zu erzählen. Von ihrer Heirat mit Roland, von Lukas, von den Auslandsstipendien und Gruppenausstellungen. Die Talentförderungsprämie des Landes Niederösterreich verschwieg sie, ebenso wie das im Grunde doch mickrige Zitätchen im Spike. Wer weiß, dachte sie, was schon alles über Andrea Krischanitz geschrieben worden war, obwohl sie nach dem Studium nie wieder von ihr gehört oder gelesen hatte.

»Na, bitte«, sagte Krischi, was für Mona wie ein anerkennendes Tätscheln klang, ehe sie selbst zum Sprung ins grelle Scheinwerferlicht ansetzte.

»Und du?«, musste sie jetzt natürlich retour fragen.

»Also …«, nahm Krischi Anlauf.

Mona bekam es mit der Angst.

Na ja, halb so wild, dachte sie drei Minuten später, umsonst gezittert, ihre einstige Kommilitonin hatte in den letzten Jahren auch nur mit Wasser gekocht. In Berlin zwar, aber nach Venedig, Kassel, Basel oder Miami, zu den Hotspots der Branche, war sie mit ihrer Kunstproduktion auch nicht gekommen. Eine offenbar stabile Beziehung mit einem deutschen Künstler wurde angeführt, kinderlos bislang, wie Mona mit zweideutigem Blick bekundet bekam, doch jetzt stand erstmals was GRÖSSERES an, was tatsächlich GROSSES, eine Sache, die Krischi schon lange mit sich herumtrug und bei der sie nun ein gutes Gefühl hatte, wie sie bedeutungsvoll anklingen ließ.

»Ach ja?«

»Ja. Und genau deshalb bin ich heute bei euch gelandet.«

Euch? Was sollte denn dieses *euch*? Bin ich etwa eine Kopieranstalt, oder was? Mona ärgerte sich.

»Schau«, sagte Krischi mit einer Mischung aus echtem Stolz und falscher Bescheidenheit. Sie schob Mona ein von Klebestreifen fein säuberlich zusammengehaltenes Konvolut von Seiten über den Ladentisch. »Die Druckdaten hab ich natürlich auf einem Stick dabei, aber nur damit du siehst, wie das fertige Ergebnis werden soll. Ich bin echt gespannt, was du zu der Idee sagst.«

Mona tat interessiert und zog das Manuskript an sich.

»KAUFHAUS ÜBERFLUSS. ICH KAUFE, ALSO BIN ICH.«

Mehr gab es auf dem Deckblatt nicht zu lesen. Mona schlug die erste Doppelseite auf und stieß auf eine so bezeichnete »Synopse«.

Offenbar hatte Mag. art. Andrea Krischanitz das Fach gewechselt. Von der Malerei zur Konzeptkunst, daran gab es nach dem Einleitungsabsatz keinen Zweifel. Der Kern des Projekts war simpel. Krischi plante, ein reales Geschäft in Wien zu eröffnen. Weiß in weiß. Eine Kritik am Sättigungsgrad der Konsumgesellschaft. Der Clou sollte in leeren Regalen bestehen. Auf Stand gehalten durch überflüssige Regalbetreuerinnen, die genauso nach dem Kollektivvertrag entlohnt werden sollten wie die überflüssigen Kassiererinnen, die an Kassen sitzen mussten, bei denen die Förderbänder umsonst in Betrieb waren. Das Vorhaben ging sogar weiter ins Detail. Im Konzept kamen auch leere Lkws vor, die keine Waren anlieferten, was dem Begriff »Leerkilometer« eine neue Bedeutung verlieh, wie im Text extra hervorgehoben stand, außerdem gab es Überlegungen zu einem Filialnetz in der Stadt.

In Mona stürzten ein paar gotische Spitzbögen ein. Sie stürzten ein, weil sie sich seit dem Kunststudium ihr Inneres nicht aus

Fleisch und Blut vorstellte, sondern als spätmittelalterliche Kathedrale, und weil sie das Konzept zwar dämlich, aber aufmerksamkeitsstark und treffend konsumkritisch fand, was sie, die sie doch bürgerliche Glücksvorstellungen als Fata Morgana entlarven und die Ikonografie des Werbesystems gegen sich selbst in Stellung bringen konnte, natürlich sofort begriff. Sie traute Krischi damit zu, als Konzeptkünstlerin durch die Decke zu gehen. Die verkopften Kuratoren, die geldgebenden Beamten in den Kulturämtern von Bund, Land und Stadt und nicht zuletzt das Kunstpublikum liebten so halbgare Späßchen. Nicht zu wild, aber selbstgerecht. Und hatten sowieso nicht längst alle von allem mehr als genug?

Krischi schaute, wie eine Künstlerin dreinschaut, die von ihrer eigenen Idee besoffen ist.

»Nun, wie findest du's?«

»Gut. Wirklich gut.«

Mona wunderte sich, wie standhaft sie nach außen hin blieb, so ohne Spitzbögen und tragende Elemente. Aber sie wollte sich vor Krischi keinen Umfaller leisten. Offen zur Schau gestellter Neid kam nicht infrage. Auch das lernte man an einer Kunstuniversität.

»Dir ist natürlich die Zitierung des White Cube aufgefallen, oder?«

»Natürlich.«

»Ist das schon too much, lenkt das von der Grundidee ab, oder findest du es in der Konsumkritik stringent?«

»Ich weiß nicht ... was willst du damit im Speziellen aussagen?«

»Das berührt die Ebene der Flagshipstores, der Luxusboutiquen …«, sagte Krischi.

Mona nickte lächelnd, so, wie jemand lächelt, der die Pointe eines Witzes bereits mittendrin ahnt und dadurch besonderen Geist beweist.

»… wo im Hochpreissegment oft nur ausgestellt wirkt, was als solches doch Ware ist.«

»Natürlich, ja, klar«, sagte Mona.

Krischi war jetzt in ihrem Element. »Durch diese übersteigerte Ästhetisierung stülpt sich ein Geschäft die Präsentationsform von Galerien über. Für mich ist es so, als würden auf dieser Fläche einerseits Überfluss und auch Überdruss mit dem Erhabenen, also der Kunst, kollidieren und die Offenheit, das Unverkäufliche der Kunst durch Bepreisung und sozialen Ausschluss pervertieren.«

»Ich trau mich auch nie in diese Läden«, mischte sich Jan ein. »Bei einigen auf der Wollzeile bin ich nicht einmal sicher, ob sie mich reinlassen würden.«

»Siehst du«, freute sich Krischi.

Verstohlen lugte Mona auf die augenscheinlich echte Prada-Sonnenbrille und fragte sich, worüber genau sich Krischi jetzt freute.

Als ihre ehemalige Studienkollegin mit einer Auftragsbestätigung und frisch bestätigtem Ego abzog, stellte sich bei Mona das Gefühl des Betrogenwordenseins ein. Wochenlang hatte sie sich nichts sehnlicher gewünscht, als endlich von der blöden Astschere erlöst zu werden, und dann konnte die Freude darüber keine Minute währen, weil Andrea Krischanitz unbedingt am selben Tag zu Reprocopy im Vierten gehen musste, um hier ihre Präsentationsunterlagen für ein saublödes, aber leider auch saugutes Arty-Farty-Projekt drucken zu lassen. Mona schwante Übles. Das Kaufhaus Überfluss lief nicht auf einen eingeschobenen Halbsatz im Spike hinaus, das bedeutete zwei, drei Doppelseiten im Art oder im Monopol, mindestens, Mona sah das alles bereits gedruckt vor sich. Am Ende musste sie deshalb noch ihre eigene Biografie umschreiben:

»… studierte gemeinsam mit Andrea Krischanitz bei Felicidas Landtmann« und so fort …

Das ist alles kein Zufall, dachte Mona. Das muss alles heute zusammenkommen, zusammenfallen, damit ich endlich glasklar sehe. Die Gedanken zum Eigentlichen, das Verschwinden der Astschere, das Auftauchen von Krischi, die Mörderhitze in der Stadt. Wie fest muss der Tritt in den Arsch denn noch ausfallen, damit ich endlich in Bewegung gerate? Wie lange will ich meine Träume noch an das Leben anderer verraten? Nutze den beschissenen Tag, zieh dir eine Line Ärger in die Nase, mach Tabula rasa, spornte sie sich an.

Aber vergiss darüber nicht, Lukas aus dem Sommerkindergarten abzuholen … meldete sich sogleich auch wieder das Muttergefühl bei ihr.

Spätestens bis sechzehn Uhr, bitte.

Sonst ruft dich spätestens um sechzehn Uhr zwei wieder die Kinderdompteurin an.

O Gott, ja! Verdammte Scheiße. Das hätte ich fast übersehen.

Sie schlüpfte in ihre Riemchensandalen, schnappte sich ihre Tasche und ging in kleinen, schnellen Schritten zur Tür.

»Ich muss, Jan. Wir sehen uns morgen!«

»Servas Gschäft!«, übte sich Jan vergebens im Wienerischen. Bei ihm klang die falsche Seite des Weißwurstäquators in jeder Silbe durch.

Mona mochte ihn gerade deshalb. Ein klein wenig zumindest. Aber das musste er nicht wissen.

Von draußen zeigte sie ihm die Zunge.

ROLAND

Zum Teufel mit dem ökologischen Fußabdruck, dachte Roland, ich hätte mir trotz des Vortrags ein Taxi rufen sollen. Einen Mercedes-Schlitten mit schneeweißer Lackierung, klimatisiert bis unter den Kofferraumdeckel. Frech von Christians Küchentisch aus, ungeachtet der vorhersehbaren Beschwerde des Öko-Schwagers: »Was? Ein Taxi? Für den Hüpfer ins Kongressbad?«

Aber erstens lag Rolands Mobiltelefon dort, wo es seit der Panikattacke die meiste Zeit lag: zu Hause, und zweitens wollte er trotz der brütenden Hitze Christian gegenüber nicht schwächlich erscheinen. Also hatte er sich wieder zu Fuß aufgemacht. Ein Fehler, wie sich nun auf der Straße herausstellte. Aus seinen Poren tropfte es wie bei einem Wasserschaden. Zudem war der beleidigte Zahn aus der Narkose erwacht und begann munter vor sich hinzuhämmern. Roland drückte mit dem Daumen auf der betroffenen Wange herum, doch der Schmerz ließ sich nicht so einfach wegmassieren. Die Luft war von Zusatzstoffen angereichert. In der Haslingergasse nahm er den süßlichen Malzgeruch der Ottakringer Brauerei wahr. Wenige Quergassen weiter verbreitete die Süßwarenfabrik Manner in der Wilhelminenstraße den Duft von Schokolade. Alles andere blieb beklagenswert. Von oben drängte Roland die Sonne in die Schattenränder des Gehsteigs. Ein Sadist, der diese Hundert-Millionen-Watt-Birne heute Morgen in den Himmel geschraubt hatte. Er atmete dreimal tief durch, um langsamen Schrittes weiterzulatschen. Gut, dass am Ende des Marsches der Sprung in ein Schwimmbecken auf mich wartet, tröstete er sich über die Mühen der Ottakringer Ebene hinweg.

Über dem Kongo wölbte sich eine mächtige Dunstglocke. Darunter war die milchige Luft von vielstimmigem Kindergeschrei erfüllt. Keuchend kämpfte sich Roland die Rampe zum Eingang hoch. SCHWIMM SONNEN UND LUFTBAD GEMEINDE WIEN stand in eckigen Großbuchstaben auf dem Gebäude. Roland, dem der Schweiß die Augen trübte, las: GELOBTES LAND.

»Na, auch schon auf?« Roland kannte das. Mit Stammgästen pflegte die Matrone an der Kasse einen rüde-vertrauensvollen Ton.

»Ja, leider.«

»Ist es wieder später geworden gestern?«

»Wieso? Schaue ich so schlecht aus?«

»Nicht mehr als sonst.«

»Danke.« In falscher Entrüstung nahm Roland das Wechselgeld entgegen.

Das Kongressbad war ein Ort, an dem Roland sich jedes Mal fern von Wien wähnte. Die rot-weiß gestrichenen Kabinentrakte sahen wie größere Ausgaben schwedischer Musterhäuschen aus. Das Rot der Holzplanken war ein Ochsenblutrot, und weil zwei hochgewachsene Kiefern zum Ensemble zählten, kamen sich Wien und Stockholms Schärengarten in dieser Ecke Ottakrings verdächtig nahe. Dass Roland den schwedischen Kongo als Badeplatz bevorzugte, hatte auch mit der Geografie zu tun. Das alte Fabrikgebäude, in dem Twentyfoursevendotnet angesiedelt war, lag nur wenige Straßen entfernt. Sommers war er nach Arbeitsende oft ins Kongressbad gegangen, um ein paar Bahnen zu kraulen. Häufig synchron mit Anton.

Anton, der Start-up-Unternehmer. Sein alter Freund aus analogen Jugendtagen in Linz. Der immer schon gewiefte, smarte Anton, der Twentyfoursevendotnet Anfang der Neunziger gegründet hatte, da er als einer der Ersten im Land kapiert hatte, welche geschäftlichen Möglichkeiten das Ende des staatlichen Monopols der Datenübertragung mit sich brachte. Derselbe Anton, der in Gesprächen darauf beharrte, sein Erfolg sei nicht mehr als eine Verabredung mit dem richtigen Zeitpunkt gewesen. Einen Businessplan für das Unternehmen gab es bis heute nicht. Und dass just der Sohn eines Linzer Trotzkistenpärchens von der Privatisierungsmanie des Neoliberalismus profitierte, war dabei für Roland nicht ganz unkomisch.

Sein bevorzugter Platz bei den Pritschen am Beckenrand war um diese Zeit längst besetzt. Über die auf dem Wasser treibenden Köpfe der Schwimmer schielte Roland zur Liegewiese hinüber. Kante an Kante lagen auch dort die Handtücher und Decken. Vergebens hielt er nach einer Leerstelle im bunten Puzzle Ausschau. Es dauerte, ehe er endlich einen freien Platz fand. Im hintersten, unattraktivsten Winkel des Areals, wo sich nur die Zuspätgekommenen freiwillig niederließen. Gleich war er wieder auf dem Weg zu den Duschen. Um anschließend eine unliebsame Überraschung zu erleben. Das Wasser im Schwimmbecken musste aus einem gigantischen Teekocher stammen. Nur mit der Saharaluft ließ sich erklären, wieso Menschen ohne Zwang darin schwammen. Zwei Minuten dümpelte Roland freudlos in der Brühe herum, dann gab er der kalten Dusche den Vorzug. Zum Trocknen setzte er sich auf eine Bank und tat das, was er im Kongo am liebsten tat – er schaute. Auch das eine von Dr. Ellers Empfehlungen. »Schauen Sie mehr, und tun Sie weniger.«

Seine Psychotherapeutin redete sich leicht. Vieles bei den Sitzungen leichthin Empfohlene bereitete ihm größte Schwierigkeiten, wie sich bald herausstellte. Dinge tun, die kein Ergebnis kannten. Ein Spaziergang ohne Ziel, Musik hören ohne begleitende Tätigkeit oder einfach nur sein. Selbst nur zu sein war gar nicht so einfach. Besonders, wenn man wie Roland ständig unter Zugzwang zu sein glaubte … in der Arbeit ständig auf dem Sprung und immer erreichbar war, das Leben allgemein im Zeichen der andauernden Effizienzsteigerung stand. Nicht stehen bleiben. Nichts verpassen. Weiter, immer weiter. Flexibel sein. Sich permanent profilieren.

Der ärztlich geratene kalte Entzug von der digitalen Welt wirkte demnach wie ein Schock auf Roland. Tagelang kein Posting. Nichts gelikt. Nichts gepinnt. Kein Selfie. Gab es ihn noch? Nach Wochen des Krankenstands schreckte ihn häufig das Läuten seines Handys auf, obwohl das unmöglich war, lag es doch deaktiviert in der Schublade. Vorgeschlagene Entspannungstechniken wie Yoga und Meditation fielen ihm schwer. Schauen war dagegen eine einfache Übung. Schauen drängte sich ihm an den meisten Orten als förderliche Verhaltenstherapie von ganz alleine auf. Im Kongo etwa. Was sollte er hier schon anderes tun, wenn die digitalen Wundergeräte zu Hause lagen und er beim Lesen mangels Konzentration nie über die Überschriften hinauskam? Also saß Roland und sah. Auch heute wieder. Pubertierende Buben aus Zuwandererfamilien plumpsten vor seinen Augen ins Becken, davon ausgelöste Wellen wogten über junge Mädchen am Beckenrand, die ihrerseits hysterisch kreischten, als reiße sie ein Tsunami fort. Im Buffet wurden zum Spritzer-Weiß fettige Pommes gegessen. Drei Viertel der Badenden verfügten über gestempelte Haut. Tribals, Arschgeweihe, asiatische Schriftzeichen, Sternchen, gestochen scharfe Namen oder ganze Sätze an allen möglichen und unmöglichen Körperstellen. Die gewöhnlichen Akte und Bilder der kongolesischen Freibadsaison.

Und doch war in diesem Sommer etwas entschieden anders als in den Jahren zuvor. Da sitze ich als halbes Wrack, konstatierte Roland. Mit faserigen Nervenenden. Froh darüber, notversorgt zu funktionieren. Noch oder wieder, unwissend, ob auf Dauer oder nur für kurze Zeit.

Die ständige Angst vor einem Rückfall begleitete ihn. Aber wie sollte er zur Ruhe kommen, wo doch die Dinge kein Ende nahmen? Er wusste ja, wie es inzwischen war. Alle dachten schon an das Nächste, während sie noch das Vorherige taten. Nichts war mehr von Dauer, alles eilte, floss, strömte, schwirrte, verlor rasend schnell an Gültigkeit. Immerfort gab es Software-Updates, erschienen neue Hardware-Modelle, ohne die man sich als Mensch rückständig fühlte. Das Einzige, was bei der fortwährenden Getriebenheit fertig wurde: man selbst.

Umso irritierender für Roland, dass plötzlich doch eine Ziellinie aufgetaucht war. Vorzeitig, ansatzlos. Die Panikattacke bescherte ihm die Erfahrung, es kümmere den Tod nicht, ob man vollendet aus dem Leben scheidet. Überhaupt schien ihm nach seinen jüngsten Erfahrungen das Leben keine große Sache zu sein. Im Grunde nur ein Bindestrich zwischen zwei Jahreszahlen. Und das war das eigentlich Neue dieses Sommers – dass er sich dieses pfeilgeraden, sehr kurzen Bindestrichs bewusst geworden war.

Seine Sterblichkeit blieb aber nicht das Einzige, was ihn in diesen Wochen beschäftigte. Noch etwas, ungleich Irdischeres, hatte er bei seinen täglichen Besuchen im Kongo festgestellt: Er kannte niemanden hier. Auch an diesem Nachmittag war er mit fünfhundert oder noch mehr Menschen im Bad und kannte keinen einzigen davon. Nach gut zwanzig Jahren in Wien. Okay, vom Sehen, besser gesagt vom Schauen, war ihm der eine oder andere nach diesem Sommer vertraut. Auf der Pritschenreihe gegenüber las der Typ mit dem Strohhut wie gewohnt in seiner Fantasy-Schwarte. Die untersetzten serbischen Zwillinge mit den goldenen Tigern auf den schwarzen Badehosen pirschten auf Plattfußpfoten ums Becken. Und der nussölbraune Bademeister erlebte die übliche Nachmittagsnot mit denselben vorlauten Halbwüchsigen. Worte hatte Roland aber mit noch keinem aus diesem Kabinett gewechselt. Kein Willkommens- oder Abschiedsgruß, kein Zeichen der Verbundenheit, kein gar nichts. Die Anonymität der Großstadt hatte ihn aufgesogen. Roland wunderte das nicht. Ohne Verabredung lief in Wien kaum etwas. Dazu war die Stadt einfach zu groß, wohnte man zu weit voneinander entfernt und entfremdete einen die Lebensführung. Die meisten derer, die so wie Roland früher im Chelsea oder Flex ein und aus gegangen waren, hockten heute abends zu Hause, hüteten den Nachwuchs, und wenn ihre Kinder endlich schliefen, schafften sie es gerade noch, staffelweise Serien zu schauen. Früher hatte die freudige Selbstauskunft Musiker, Plattenaufleger oder Skater gelautet. Heute gaben sich dieselben Typen als Key Accounter, Quality Manager oder Personalreferent mit Schwerpunkt Recruiting aus.

Noch früher, in Linz, war das Baden für Roland ein soziales Happening gewesen. Ins Parkbad gehen, beim Familienbecken abhängen – und fertig war der herrlichste Tag. Jeder kannte hier jeden. Und alle waren sie da. Absprachen überflüssig. Die Postpunks, etliche Kunststudenten, gegen Abend dann das gerade erwachte Personal der wichtigsten Szenelokale – kurzum, jene unentbehrlichen Protagonisten beiderlei Geschlechts, ohne die eine Stadt wie Linz bloß eine dieser Einkaufsgemeinden im Voralpenland gewesen wäre. Auf dem harten Beton zu liegen, unbekümmert den Schwalben zu lauschen – wie viele großartige Linzer Sommer waren so für ihn vergangen? Alles passé. Übertüncht von den Jahren, von

Umbauten, nicht zuletzt vom eigenen Überdruss. Trotzdem: Im Unterschied zur Vergangenheit fehlt der Gegenwart das Talent zur Idylle, schloss Roland diesen Gedanken für sich ab. Dass ihm all das nicht früher aufgefallen war! Andererseits: wann denn? In den knappen Zeitfenstern zwischen Runterfahren des Arbeitscomputers und Anwerfen des Heim-PCs? Mit ständigem Fokus auf den nächsten Punkt seiner Task-Liste? Er hatte es vor lauter Arbeit nicht gemerkt, aber im Lauf der Nullerjahre hatte Wien mit ihm zu sprechen aufgehört. So, wie ihm zuvor schon die Musik nichts Aufregendes mehr zu flüstern wusste oder die Freunde oder das Nachtleben. Auf all diesen Frequenzen wurden bereits seit Jahren keine geheimen Botschaften mehr an ihn durchgegeben. So war er eben ins Dahinleben verfallen, wie es unweigerlich passiert, wenn der Beruf ergriffen, die Frau gefunden und alle jugendliche Schwärmerei verflogen ist.

Aber nun saß Roland an einem höllenheißen Werktag um sechzehn Uhr auf einer Bank im Schwimmbad und schaute mit einem Mal nachdenklich auf Wien und die Welt. Bis vor zwei Monaten wäre das für ihn undenkbar gewesen. Da war von morgens bis abends Tango bei Twentyfoursevendotnet. Die eiligste Baustelle gefixt, in der Zwischenzeit jedoch sieben neue Aufgaben eingeheimst. Selbst am Wochenende drohte in regelmäßiger Folge der Bereitschaftsdienst. Nicht, dass sich Roland je darüber bei Anton beschwert hätte. In mancherlei Hinsicht ersetzten ihm die bravourös gelösten Notfalljobs die synthetischen Aufheller, die zu Anfangszeiten von Twentyfoursevendotnet zur Firmenkultur gehört hatten. In dem unkonventionell aus Sperrmüll und schwedischen Billigmöbeln zusammengefrickelten Großraumbüro ließ sich in den ersten Jahren kaum trennen, wann die Arbeit aufhörte und die Freizeit begann, zu versponnen war beides. Als Klammer diente die

Musik, das angesagte elektronische Gepumper jener Tage, das die Stadt erweckte und rund um die Uhr auf Trab hielt. Roland erinnerte sich gut an diese Zeit. Auf einen jahrzehntelangen grauen Herbst folgte ein gleißender elektronischer Frühling. Wien zuckte zu völlig neuen Klängen. Bunte Blüten durchbrachen das Pflaster. Überall sprossen kleine Labels, feierte man in Lagerhallen oder unter Autobahnbrücken spontane Partys, legten sich DJs mysteriöse Pseudonyme zu, die bald über die Landesgrenzen hinaus klingende Namen abgaben. Parallel dazu nahm die auf Bits und Bytes basierende Geschäftswelt Gestalt an. Unabhängig von Öffnungszeiten und stofflichen Reglementierungen. Und Antons gerade gestarteter Provider knüpfte das faktische Netzwerk dazu, die Infrastruktur. Es waren entfesselte Zeiten. Digitaler Goldrausch, wohin man hörte und blickte. DSL, die Kurzform von Digital Subscriber Line, für Roland klang das wie LSD. Und er war nicht alleine damit. In der rasch wachsenden Belegschaft von Twentyfoursevendotnet tickten damals alle wie er. Das Internet machte ihnen den Kopf auf, bog ihnen die Scheuklappen zur Seite. Der Horizont galt als ausradiert. Zeitlich und räumlich. Von einem Link konnte man zum nächsten hüpfen, mit zweitausendachtundvierzig Megabit pro Sekunde; achtmal um die Welt in einer einzigen Nacht, wenn man wollte, und natürlich wollte man. Zum ersten Mal seit Magellan und Columbus gab es wieder weiße Flecken auf der Landkarte, was Roland oft zweiundsiebzig Stunden am Stück nicht schlafen ließ. Er wollte bei dem Nonstop-Kirtag im globalen Dorf dabei sein. Er wollte die heute verteufelte Unruhe. Sie erlöste ihn von der Angst, etwas zu versäumen. Tagsüber der Brotjob bei Twentyfoursevendotnet, nächtens computergenerierte Beats per minute, Minimum einhundertzwanzig, der optimalen Pulsfrequenz wegen. An den Wochenenden mit geweiteten Pupillen auf einer Tanzfläche irgendwo in

Simmering stehen, die Birne randvoll mit MDMA. Oder erst recht wieder vor dem Computer abhängen, online, den Feldwegen der Information folgend, im Dunkel des eigenen WG-Zimmers, angestrahlt vom fahlen Glanz des Bildschirms. Mit THC in den Lungenflügeln und einem Lächeln wie kurz vor dem Austritt aus der Erdatmosphäre.

Halleluja. Die seligen Neunziger. Auch die Drogen waren andere gewesen. Damals ging es um Bewusstseinserweiterung, um Fantasie. Jetzt ging es ums Durchhalten. Ein Epochenwechsel. Dabei schien Roland die digitale Gründerzeit gar nicht lange her. Aber das täuschte. Zwanzig Jahre waren eine halbe Ewigkeit, sollte es gut kommen, ein Viertel seines Lebens. Er hatte in der Zwischenzeit Mona geheiratet, Lukas heranwachsen gesehen, mit dem älteren Bruder gebrochen, seine dunkle Haarfarbe und erste Originalzähne eingebüßt – und kürzlich die Nerven verloren.

Die längste Zeit war ihm das Leben wie eine endlose Abfolge von Tagen erschienen. Er hatte nie einen Grund gesehen, groß über seine Existenz zu grübeln. Der Pegelstand auf dem Konto stimmte, sich mehrende Falten nahm er gelassen hin. Von ihm aus hätte es getrost so weitergehen können, auf demselben Level, dreihundert Jahre oder länger.

Tat es aber nicht. Nun war er seit gut zwei Monaten krankgeschrieben, der Pegelstand ging zurück, und sein Hals zeigte sich zunehmend schrumpelig. Nach seinem Reset war er immer noch dabei, die Systeme langsam wieder hochzufahren. Manchmal riefen ihn die Kollegen an, um ihn mit Neuigkeiten aus der Firma zu versorgen und ihn zu fragen: »Du kommst doch wieder?«

»Sicherlich«, sagte er dann.

Ging er entgegen der Empfehlung seines Neurologen Dr. Follath ins Internet, blickte er auf den Abglanz des kurzen erhellenden

Moments von einst. Die Hoffnung war verschwunden, die Ideale hatten sich ins Gegenteil verkehrt.

Diese Website verwendet Cookies.

Bitte beachten Sie, dass Ihr Auftrag nicht mehr storniert werden kann.

Rund-um-die-Uhr-Shopping.

Google-Wissen.

Ein Spiegelkabinett.

Eine von Algorithmen kuratierte Wirklichkeit.

Das war aus den entfesselten Zeiten geworden. Was mit dem Versprechen von Mündigkeit begonnen hatte, machte ihn nur noch müde.

Er war gerade dabei, die Rechnung dafür zu bezahlen. Immerhin konnte er sicher sein, dass ihn Anton dabei nicht fallen ließ. Egal wie lange seine Regeneration dauern würde. Bei Anton gab es kein Feuern nach Belieben. Ungeachtet der Entwicklung von Twentyfoursevendotnet blieb Anton Ausnahmekapitalist. Was aber, sollte er die Firma irgendwann doch an eine größere verkaufen, den Verlockungen eines Investors nachgeben? Hatte nicht jeder eine finanzielle Schmerzgrenze? Verkaufsgerüchte kursierten immer wieder. Vielen in der Branche passte es nicht ins Weltbild, dass Anton an seiner Eigentümerschaft festhielt. Ein Internetdienstleister dieser Größe war gemästet für die Übernahme durch einen Konzern, so hieß es. War da diesmal etwas dran? Bullshit. Ich mache mich unnötig selbst nervös, beruhigte sich Roland gleich wieder. Eher sollte ich aufpassen, mir keinen roten Rücken zu holen. Seine Haut war zwar nach diesem Sommerverlauf schon ordentlich gebeizt, aber wie hieß es immer öfter: Das ist nicht mehr dieselbe Sonne wie früher.

Eigentlich konnte er heute zufrieden mit sich sein. Schließlich war er endlich beim Zahnarzt gewesen und obendrein die verdammte Astschere losgeworden. Die Last von Wochen. Komischerweise fühlte er sich dadurch nicht leichter. Er erhob sich von der Bank und ging zurück zum Handtuch. Fast dort angekommen, entdeckte er doch noch einen Bekannten. Moser! Nicht zu glauben, da hockte tatsächlich Moser. Der verrückte Moser aus der Linzer Kulturfabrik. Roland hatte ihn mitten im Freibadtrubel und trotz beginnender Fehlsichtigkeit sofort erkannt. Von Moser kursierte die Geschichte, er sei Anfang der Achtziger auf LSD hängen geblieben. Von einem Trip ins Innere nicht mehr zurückgekehrt. Und jetzt hockte ebendieser Moser dreißig Jahre später einfach so da. In Wien. Im Kongo. Total mosermäßig. Leicht weggetreten also. Mit Bierdose, Indianeramulett und John-Lennon-Brille auf der Hakennase. Wochentags zur besten Arbeitszeit. Was nur bedeuten konnte, er war immer noch im selben Business wie damals tätig: der gepflegten Untätigkeit.

Verblichene Bilder aus der Kulturfabrik schossen Roland ein. Moser mit einem Rückspiegel am Brillengestell (warum eigentlich?). Moser beim Stagediven, lange bevor es in den USA erfunden wurde. Moser bei Auftritten mit seiner, nun ja, *Band*, dem Zweimannprojekt Arsch & Friedrich. So hieß Moser nämlich mit Vornamen: Friedrich. Und »Arsch« war der Spitzname des rotmähnigen Erich Archer gewesen, wie Roland jetzt wieder einfiel, eines schrägen Soziologiestudenten aus Sankt Georgen an der Gusen, der in der auf Dreck und Distinktion bedachten Atmosphäre der Kulturfabrik unversehens von Archer auf Arsch umgetauft worden war. Arsch & Friedrich, meine Güte. Zwei Verrückte, die einander gefunden und verdient hatten. Irgendwo im Keller lagen bei Roland noch alte Kassetten mit Live-Aufnahmen des infernalen Duos herum.

Roland wollte nicht, dass Moser ihn bemerkte. Reine Vorsichtsmaßnahme. Obwohl sie einander damals regelmäßig quer durchs

Lokal zugenickt hatten, ließ sich schwer einschätzen, ob sich Moser heute noch an ihn erinnern würde. Seit dem Trip ohne Wiederkehr konnte man sich bei ihm nie sicher sein, was passierte. Lichte, nahezu geniale Momente wechselten mit Phasen im Nebel. So war es schon während Rolands Zeit in der Kulturfabrik gewesen. Dem Anschein nach hatte sich das nicht geändert. Die auf geschlossene Anstalt gebürstete Aura Mosers forderte noch denselben Respektabstand wie damals ein. Rund um ihn war die Liegewiese verdächtig leer geblieben.

Roland schielte verstohlen zu dem Relikt aus seiner Vergangenheit hinüber. Wie alt musste Moser jetzt sein? Knapp über fünfzig? Wenn nicht sogar älter. Dafür sah er noch gut konserviert aus. Ein Indiz dafür, dass es bei ihm mit der Erwerbsarbeit nicht weit her sein konnte. Sollte er ihn doch ansprechen? Aber über welche Themen würden sie dann reden? Über früher? Über das, was seither passiert war? Über den Sieg des Kapitalismus? Hey, Moser, weißt du noch, wie wir damals dachten, unsere Scheißdrauf-Lebensführung sei ein starkes gesellschaftliches Statement, und die glatt gebügelten Karrierewichser müssten vor unserem Musikgeschmack in die Knie gehen? Bis Nirvana kamen und den Code dechiffrierten. O Gott. Bloß nicht. Wenn es blöd herging, hatte er dann einen Freak an der geschwollenen Backe, der ihm mehr Stress bereiten konnte, als es Christian mit seinem Schadstoff-Blues vermochte. Außerdem: reden? Mit Moser konnte man nicht einfach so *reden*. Erinnere dich doch, sagte sich Roland. Um sich mit Typen wie Moser zu verständigen, musst du selbst gaga oder dada sein, sonst stimmt die Verzerrung der Welt nicht überein. Du brauchst einen gewissen Freakfaktor, ohne den dringst du gar nicht ins Moser'sche Universum vor. Der versteht dich doch gar nicht. Für den bewegst du nur stumm die Lippen. Das bisschen Panikattacke hilft da keinen

Millimeter. Um sich mit Moser auf Augenhöhe zu unterhalten, braucht es echte, härtere Handicaps.

Roland zog seine Armbanduhr unter dem Badetuch hervor. Es war inzwischen halb fünf Uhr Nachmittag. Er wurde unentspannt. Gleich würden Mona und Lukas hier auftauchen. Nicht dass Roland an einem Familienbadetag gelegen wäre, Mona setzte es einfach voraus. Dagegen zu revoltieren war sinnlos, das wusste er. Roland hatte es zu Sommerbeginn auf subtile Art probiert, sich jedes Mal bei Monas Eintreffen in das Buffet verzogen, was aber ohne Auswirkungen auf ihr Verhalten geblieben war. Tag für Tag holte Mona nach ihrem Job im Copyshop Lukas aus dem Kindergarten und kam mit ihm ins Kongressbad.

Roland konnte nicht mit Bestimmtheit sagen, was genau ihn an Monas Besuchen im Kongo störte. Er verspürte zuletzt einfach das Gefühl, er müsse mehr Zeit mich sich selbst verbringen, verlorene Lebenszeit aufholen. Alleine sein. Nachdenken darüber, woher seine Panik rührte. Sich eine Strategie zurechtlegen, wie er sich von dem Hauptplatinenschaden erholen konnte. Ein Ziel ins Auge fassen. Eine Stoßrichtung für sein in der Breite zerfließendes Leben. Irgend so etwas. Und Monas Anwesenheit hinderte ihn daran. Das hing auch damit zusammen, dass ihre Unterhaltungen keine mehr waren. Es wurde schwieriger mit Mona. Er fand, sie löchere ihn. Sie nannte es Interesse. Vielleicht war es immer schon so gewesen, vor der Panikattacke, und er hatte nie etwas daran gefunden, geduldig auf ihre Fragen zu antworten. So teilten sich die Sphären in ihrer Beziehung auf: Sie war die Künstlerin, er der Computernerd. Sie die Impulsive, er der Gemütsmensch. Neuerdings brachte sie ihn mit ihren Fragen aber regelmäßig aus dem Tritt. Er wollte oft nur dahinreden, ihr von seinem Tag berichten, das Unterbewusstsein auf

Autopilot stellen, aber selbst in sich geschlossene Sätze ließen Mona nachhaken.

»Die Eller war heute schlecht gelaunt.«

»Inwiefern?«

»Schlecht gelaunt einfach.«

»Wie hat sich das geäußert?«

»Dass sie schlecht gelaunt war.«

Diese Fragerei stresste ihn, raubte ihm jede Lust am Erzählen. Weshalb er in ihrer Gegenwart immer häufiger einfach schwieg.

PIA

Pia starrte nachmittagsmüde auf ihren Computerbildschirm. So weit, so normal. Die Kombination aus zu viel Arbeit und zu wenig Schlaf gehörte zu ihrem Jobprofil bei Bausch & Bogen. Bis vor ein paar Monaten hatte sie keine Sekunde lang an dieser Lebens- und Arbeitsweise gezweifelt. Sich bis tief in die Nachtstunden an ihrem Schreibtisch im digitalen Abglanz zu sonnen und am nächsten Morgen pünktlich in der Agentur in der Wiener Siebensterngasse zu erscheinen, war lange Zeit völlig selbstverständlich, in jungen Jahren gar identitätsstiftend für sie gewesen.

»Das Glücklichmachende an der Erschöpfung ist die Illusion, gebraucht zu werden.« Ihr aktueller Ex gefiel sich mit solchen Kalendersprüchen. Na ja. Möglich, dachte Pia. Bei ihr hatte dieser Mechanismus jedenfalls sehr lange tadellos funktioniert. Aber jetzt war nicht sie, die seit Jahren federführende Art-Direktorin bei Bausch & Bogen, die vom Firmenspirit durchdrungene Dauerarbeiterin, wie es lange Zeit anerkennend geheißen hatte, zum neuen Creative Director der Agentur aufgerückt, sondern der vom größten Rivalen TNT abgeworbene Heinz Himmelfreundpointner. Eine Tragödie, fand Pia. Namentlich wie beruflich. Wer so hieß, sollte ihrer Meinung nach in einer Autowerkstatt jenseits von Freistadt den Reifendruck prüfen. Und die beiläufige Bemerkung des alleinherrschenden Eigentümers Harry Bausch, dieses Ausbremsmanöver sportlich zu sehen, machte die Situation noch unerträglicher für sie.

Lächerlich. Wann sah Pia jemals etwas nicht sportlich? Bei Ideen und Layouts sämtlichen Kollegen um Lichtjahre voraus, setzte sie in puncto Präzision intern die Standards und knipste ihre Schreibtischlampe, wenn es darauf ankam, erst nach Mitternacht aus. Was sollte das also? Wieso wurde das, verdammt noch einmal, nicht länger von Harry gewürdigt? Warum gab es jetzt diesen Wunderknaben Heinz?

»Pia, schön, dass du hier bist.«

O Gott. Pia seufzte auf. Das fehlte ihr noch zu ihrem Unglück. Die arglose Praktikantin. Ein blonder, blauäugiger Engel wie frisch aus dem Praktikantinnenkatalog, Seite drei. Porentief reine Haut, spitze Nase. Name unerheblich. Lehnte grundlos fröhlich in der Tür und sonderte den Spruch ab, den im Augenblick alle furchtbar witzig fanden. Die ganze Woche ging das schon so:

»Leonhard, schön, dass du hier bist.«

»Kiki, schön, dass du hier bist.«

»Pia, schön, dass du hier bist.«

»Schön, dass du hier bist.«

Unmöglich, dachte Pia, so reden vielleicht die manipulativen Zucker-in-den-Arsch-Puster von Scientology. Hier hatte so eine Sprache nichts verloren. Als preisgekrönte, ironiebegabte Auskennerin einer in Österreich maßgeblichen Werbeagentur mit über vierzig Mitarbeitern und einem Kundenkreis mit ständig wachsendem Radius stand man über Plattitüden, übte sich in ständiger Distinktion; was umgekehrt auch furchtbar anstrengend war, dauernd etwas erkennen zu müssen, das andere nicht sahen, die ganze Zeit hindurch Influencer-mäßig daherzureden. Aber zumindest das hatte die arglose Praktikantin in ihren ersten zwei Wochen bei Bausch & Bogen schon gelernt: Sie trällerte bereits fleißig mit, was der Rest der Truppe für standesgemäßen Werberhumor hielt. Tat es mit einer glockenhellen Stimme, in deren Obertönen mitschwang, sie habe mit ihren süßen zweiundzwanzig Jahren von karrieretechnischen Untiefen wie »Ausbremsmanövern« noch nie läuten gehört.

Es ist schlimm, wirklich schlimm, dachte Pia. Die Praktikantin sah bei Bausch & Bogen *Freunde* am Werk. Tatsächlich gab es bei ihnen eine Girl-&-Boy-Group des Grafikdesigns. Zusammengecastet aus nicht weniger als zehn Ländern. Bausch & Babylon quasi. Weshalb es häufig erforderlich war, am Konferenztisch die Verkehrssprache zu wechseln, plötzlich amerikanisch eingefärbtes Fernsehserien-Englisch zu reden. Auch die Praktikantin tat das *actually* gerne. Es machte ihren diesjährigen Ferialjob irgendwie noch viel bedeutungsvoller. Kreative Arbeit mit schlagfertigen, ewig fröhlichen Menschen kann ganz schön cool sein, wenn man daran glaubt. Pia wusste um die besondere Aura ihres Berufsstands. Bei Bausch & Bogen mühte man sich nach Kräften, dem zu entsprechen. Die Räume, herrlich heruntergekühlt, hatte ein englischer Innenarchitekt eingerichtet, von dessen Designstudio auch das neue Café Filosof in der Josefstädter Straße stammte. Ein wenig steril sah es aus, aber auch teuer, also nach außen hin gut. Zur anfänglichen Überraschung der Praktikantin lief in der Agentur niemals Musik. Das sei schwer Neunziger, hatte Pia ihr auf ihre unbedarfte Frage hin erklärt. Musik? Hoffnungslos vorbei, kleiner Hase. Dafür gab es in der Küche eine italienische Espressomaschine mit Siebträger. Das nicht von ungefähr meistgekaufte Modell bei Coffee Couture, dem einzigen Laden in Wien, wo es sämtliche essenziellen Kaffeemaschinenmarken zur Auswahl gab.

Apropos.

»Soll ich dir einen Kaffee bringen, Pia?«

Es fiel Pia schwer, die arglose Praktikantin zu hassen. Genauso wie es schwierig war, die niedlichen Endzwanziger aus den zehn Ländern zu hassen, mit denen sie Tag für Tag Werbeagentur spielte. Pia gelang das nur, weil Heinz Himmelfreundpointner, vormals TNT, was übrigens die Abkürzung für den vor Kurzem noch von ihnen allen belächelten Agenturnamen *Tomorrow Not Today* war, bei Bausch & Bogen wie eine Bombe einschlug. Alle, leider wirklich ausnahmslos alle von Pias Kollegen fanden den schleimigen Humor ihres neuen Widersachers witzig. Pia fühlte sich von Feinden umzingelt. Das Arschloch Harry hatte ihr die Konkurrenz ins Haus geholt. Die Gefechtslinie verlief nun durch dasselbe Büro, kleinliche Grabenkämpfe bestimmten ihren Arbeitstag. Ein permanenter Stellungskrieg über die Schreibtische hinweg. In Typografiegewittern, wie sie einmal laut gescherzt hatte. Das machte sie krank.

»Nein«, blaffte Pia, den angebotenen Kaffee ausschlagend.

»Gerne«, flötete die Praktikantin, obwohl man das gar nicht flötet, wenn jemand Ablehnung artikuliert, fand Pia. Vielleicht war aber selbst das gar nicht mehr sicher. Vielleicht waren so biegsame, willige Berufsanfängerinnen heute auf Teufel komm raus auf Harmonie gebürstet. Diese unkorrekte Antwort passte wunderbar in Pias verrutschtes Gesamtbild, erschien ihr doch vieles unverständlich in diesen Tagen:

Ihr Übergangenwerden durch Harry Bausch.

Die permanent an der Vierzig-Grad-Marke kratzenden Temperaturen auf der anderen Seite ihres Bürofensters.

Die wahren Gründe für ihre permanente Abgekämpftheit.

Ich darf nicht aufgeben, sagte sie sich in diesem Augenblick. Ich darf mich nicht unterkriegen lassen. Ich muss besser sein als dieser Heinzwurst. Pia wusste, woher dieser plötzliche Widerstandsgeist kam. Das vorhin eingenommene Xantyl zeigte erste Wirkungen. Gutes, stark machendes Xantyl, lächelte Pia vor sich hin. Mein Schatz! Rauschende Zuversicht sprach aus ihr. Die Probleme schrumpften. Es war richtig gewesen, sich zu Mittag nicht mit einer halben Tablette zu begnügen.

Was noch? Die arglose Praktikantin stand immer noch in der offenen Glastür. Pia lächelte sie jetzt mit ihrem schönsten Xantyl-Lächeln an. Wie eine Katze pfauchen, ich werde gleich wie eine wilde Katze pfauchen und dir mit meinen scharfen Krallen die superelastische Haut an deinen Unterarmen verzieren, gab sie sich ihren Gedanken hin. Schön, dass du hier warst, Spatzenhirn, aber jetzt mach deinen Knicks und hau ab. Husch, husch, ab ins Körbchen. Zwischen uns ist alles gesagt. Pia warf ihre Haare zurück und band sie mit einer geübten Handbewegung zu einem losen Knoten zusammen. Damit zeigte sie an, dass die Audienz bei ihr vorbei war.

Große Runde. Das sah Harry ähnlich, eine große Runde für einen Neukunden einzuberufen. Pia wusste, was das hieß. Es hieß, die Unit zwei der Agentur hatte versagt und binnen einer ganzen Woche keine einzige brauchbare Idee fabriziert, mit der sich Harry morgen Vormittag zum Kunden wagen konnte. Den Termin absagen ging nicht, wie sah das denn aus, im letzten Moment auf Verschiebung zu plädieren; ein Zeichen dafür, dass entweder die Kreativleistung oder die Kapazitätenplanung bei Bausch & Bogen nicht stimmte. Jetzt war also der Einsatz der besten Köpfe gefragt, um das drohende Fiasko abzuwenden. Eine präsentable Idee musste her, damit der Auftrag nicht verloren ging. Pia war es nur recht. Sie sah darin eine Gelegenheit, Harry an ihre Unersetzlichkeit zu erinnern.

Trotz seiner gewagten Hemden und ihrer jüngsten Differenzen, eines musste Pia Harry Bausch lassen: Schaumschläger war er keiner. Er wusste binnen Sekunden, ob eine ihm unter die Nase gehaltene Idee bei den Leuten reinging oder als Irrläufer an deren Bauchgefühlen vorbeischrammte.

Pia kannte die inneren Wahrheiten der Branche zur Genüge. Werbeagenturen gab es solche und solche. Kleine und große. Gespreizte und pragmatische. Einhandsegler und Supertanker. Die einen predigten dieses, die anderen jenes. Es gab welche, die ihre Botschaften an den Kopf richteten, und welche, die damit das Herz anvisierten. Kopf, Herz – Harry hielt von alledem nichts. Wenn ihr den Kunden an seiner schwachen Stelle treffen wollt, müsst ihr auf den Bauch zielen. Tiefer, versteht ihr? Bauchgefühl! Im Bauch und nur im Bauch, so Harry häufig wiederholend, werde die Entscheidung getroffen, ob die Brieftasche gezückt wird oder nicht. Über die Bedeutung des Bauchgefühls konnte Harry endlos referieren. Ebenso wie über Motivforschung und Frequenzen. Über Sigi Freud und Peter F. Drucker und mit wem er sonst noch Lieferverträge für seine bevorzugten Anleihen und Zitate abgeschlossen hatte.

Wer Harry schöngeistig kam, flog raus.

Wer partout den Bauch nicht traf, musste mit seinen Entwürfen zumindest derb am Schwanz ziehen, eindeutig Zweideutiges fand Harry lustig. Der durfte dann so lange bleiben, bis sich ein neuer Narr mit einer noch lustigeren Bewerbungsmappe am Hof des Königs vorstellen kam.

Wenn Pia am Montagmorgen beim allwöchentlichen Kick-off-Meeting in die Runde schaute, stand den meisten im Team bereits das Ablaufdatum auf die Stirn geschrieben. Den Glückskindern, weil sie jung und talentiert waren und es aufregendere Städte als Wien und bessere Agenturen als Bausch & Bogen gab. Den Unglücksraben, weil ihre Anstellung auf dem Missverständnis beruhte, sie kämen mit täglich sechs Stunden Schlaf aus. Im Grunde waren die Regeln in der Oberliga der Branche überall gleich. Wer dabei sein wollte, musste mitmachen. Tagsüber, abends, am Wochenende. Hin und wieder saßen leicht identifizierbare Individualisten mit am Tisch, durchaus fähige und meist hoch sympathische junge Menschen, deren Namen sie sich aber gar nicht erst merkte, da sie aus Erfahrung wusste, dass es Individualisten bei Bausch & Bogen nie lange aushielten.

Und sie selbst, Pia Hermes? Begnadet ob ihres wohlklingenden Nachnamens, gepriesen für ihre prämierten Kampagnen und ihr feines Gespür für Typografien und Bilder?

Sie selbst wurde übermorgen einundvierzig.

Sie hatte keine zu kleinen und keine zu großen Brüste und roch gut.

Sie kam aus kleinbürgerlichen Verhältnissen und aus einer Landgemeinde, die man sich als Auskennerin mit Geschmack nicht als Geburtsort wünschte. Das Bundesland als Ortsangabe tat es auch: Salzburg.

Sie kannte einige der Metropolen und Agenturen, von denen die Glückskinder träumten, aus eigener Arbeitserfahrung.

Sie hatte vor drei Wochen das letzte Mal mit einem Mann geschlafen, mit einem gewissen Florian, einem verheirateten Sechsunddreißjährigen, der sie seither weder anrief noch anskypte, auch keine Nachrichten per Facebook-Messenger oder WhatsApp schickte, der ihr aber, so hoffte sie, zumindest im Internet hinterherspionierte, um zu sehen, mit welcher Granate des Grafikdesigns er da im Bett gelandet war. Wenigstens das.

In ihrer Freizeit war sie meistens allein.

Das hieß, nein, es gab noch ihre Katze.

Schwarz, Pantone sechs C.

Hörte auf Hermes.

Sicherlich, es mutete ein wenig narzisstisch an, sein Haustier mit dem eigenen Namen zu behängen, aber für Pia war das kein Problem. Pia plagten ganz andere Sorgen.

Sonst würde sie ja kein Xantyl brauchen, das gute, probate Xantyl, mit dem sie sich vortrefflich arrangiert hatte, um den Ball hoch zu halten und weiterhin die Pia zu sein, die alle in der Branche als Pia Hermes, erste Art-Direktorin bei Bausch & Bogen, kannten.

»Pia, wir warten.« Na, wer wohl?

Sollte mal anklopfen lernen, die Praktikantin, ärgerte sich Pia. Ich spitze hier ja nicht die Bleistifte, ich entwerfe WELTEN, ringe hochkonzentriert um Nuancen im Erscheinungsbild eines GLOBAL PLAYERS, ziseliere und schöpfe aus dem Nichts, da will ich, wenn es schon sein muss, sanft aus meiner kreativen Trance geweckt werden, nicht mit unhöflichen Ansagen der neuesten Steigbügelhalterin.

Sollen sie ruhig warten, dachte Pia, ich gehe jetzt erst mal aufs Klo. Richtig, Klo! Nicht etwa auf die Toilette oder ins Badezimmer, sondern einfach aufs Klo. Dort angekommen, kontrollierte sie Schminke und Haar im Spiegel, zupfte ihr Top zurecht. Zähne: weißer als weiß. Alle achtundzwanzig in Stellung. Zahnfleisch: rosig, lecker. Du siehst perfekt aus, meine Liebe, gratulierte sie sich selbst. In einer Anwandlung von Mut schob sie ihr Gesicht näher an den Spiegel heran. Auf ihrer Stirn verliefen zarte Linien von Westen nach Osten. Das war es aber nicht, wonach sie Ausschau hielt. Sie suchte etwas ganz anderes: eine Zahl. Acht Stellen, unterteilt durch zwei Punkte und zwei Abstände.

Ihr eigenes Ablaufdatum in der Agentur Bausch & Bogen.

Meetingraum. Kein Fenster nach draußen. Die große Runde. Am Ende der Tafel thronte Harry Bausch in typischer Harry-Bausch-

Pose. Lümmelnd-lehnend, den Oberkörper nach links verschoben, das Kinn auf die Faust gestützt. Deine verdrehte Wirbelsäule zahlt es dir im Alter mit Zinsen heim, dachte Pia, die selbst mit aufrechtem Rücken zu seiner Rechten saß. Außer ihr im erlauchten Kreis der geladenen Chefdenker: Galahad, Tristan und Lancelot. Nein, das war albern von Pia, den Anwesenden sagenhafte Rollen zuzuteilen. Der Vergleich hinkte ohnehin, da sich unerklärlicherweise auch die arglose Praktikantin unter ihnen befand, was die stimmige Analogie ruinierte. Trotzdem amüsierte es sie prächtig, Heinz Himmelfreundpointner zu Lancelot zu erklären, in der literarischen Vorlage bekanntlich ein selbstgerechter Ehebrecher und Verräter am König.

»Wir brauchen eine Idee«, sagte Harry.

»Ah, doch?«, scherzte Heinz.

Die Runde lachte, Pia verhalten. Punkt für Lancelot, ohne Zweifel.

»Ja, ja. Doch!« Harry zwinkerte ihm zu. »Also, meine Damen und Herren, es geht um einen Slogan für einen neuen Kunden von uns: Bad Fülsen. Ihr habt es ja alle beim Montagmeeting vor drei Wochen mitgekriegt, wir liften der Oma-und-Opa-Therme jetzt den Auftritt, befördern den Verein von neunzehnhundertdreiundsiebzig in die Gegenwart. Als ersten Schritt mit Logo, Slogan, Briefsorten, Website, später hoffentlich auch mit Radiospots, Social Media und was alles dazugehört … Simone, schaltest du bitte mal den Beamer ein?«

Oh, nein. Musste das sein? Jetzt hatte Harry die arglose Praktikantin mit ihrem Namen angesprochen. Sie hieß Simone. Pia gefror das Lächeln. Da ergötzte sie sich tagelang daran, das Subjekt körperlich und namentlich zu ignorieren, und dann schlug ihr Harry auch noch diesen letzten Abstandhalter weg. Ein Du, mehr stand

Pia, der Praktikantin, als Anrede nicht zu. Mit dem Du kam zum Ausdruck, dass sie schon eine Mitarbeiterin von Bausch & Bogen war, aber eben keine vollwertige.

Du-Wort-Entzug, zurück zum Sie? Pestige Gerüchte streuen? Pia beschäftigte sich mit allen möglichen ausgleichenden Attacken auf Simone, nur nicht mit den zwei Grunddesignlinien für Bad Fülsen, die Harry stolz der Runde präsentierte. Musste sie aber auch nicht. Kannte sie aus dem Effeff. Hatte sie eigenhändig entworfen, da Leonhard und Kiki an Harrys Ansprüchen verzweifelt waren. Sah nun auch ganz passabel aus, nicht so auf dem Punkt, wie sie es ohne die Vorarbeit der beiden hinbekommen hätte, aber für die Unit zwei im Haus durchaus anständig gelöst.

»Gut, oder?«, gab sich Harry gleich selbst die Antwort.

Die Runde, welch Wunder, nickte.

»Finde ich auch«, sagte Harry. »Aber jetzt kommen wir zu unserem noch offenen Problem: dem Slogan. Damit bin ich noch nicht zufrieden. Der hinkt dem Design noch nach. Wir haben drei, vier in der engeren Wahl, aber die kicken alle nicht richtig, da fehlt mir noch was …«

»Der Zauber«, assistierte Heinz.

»Ja, richtig, Zauber. Wir sind noch nicht dort, wo wir hingehören, wir brauchen noch mehr *Zauber*, sehr gut, Heinz … Simone, bitte …«

An der Wand erschien die nächste Folie der Präsentation. Die Kopfzeile wie vorhin: »NEUPOSITIONIERUNG THERME BAD FÜLSEN«. Darunter das Wort »SLOGANS«, kursiv, in Arial Black, Schriftgröße sechzehn Punkt. Unterhalb standen vier Vorschläge, die das interne Aussieben überlebt hatten, laut Harry aber noch immer nicht das Bauchgefühl der potenziellen Thermengäste trafen:

DAS KURBAD IN DEN ALPEN
GIB(T) DIR BERGE
MONDÄN, HEILSAM, ALPIN
DIE QUELLE NEUER KRÄFTE

Harry räusperte sich. »Sag uns doch bitte einleitend noch einmal deine Gedanken dazu«, forderte er Ulrich auf.

Harrys üblicher Kunstgriff bei Meetings. Die Leute einbinden. Von Ulrich, dem Texter der Unit zwei, stammte, was an der Wand zu lesen stand.

»Ich fange vielleicht so an, dass ich kurz die Kernbotschaft wiederhole«, sagte Ulrich, »damit alle die Ausgangslage kennen.«

»Das wäre *vielleicht* hilfreich«, antwortete Harry süffisant.

Pia wunderte sich. Wenn Ulrich so klug war, wie die Liste seiner Ausbildungsstätten und Titel vermuten ließ, würde er keines der Wörter verwenden, die Harry auf den Tod nicht ausstehen konnte – und *vielleicht* stand definitiv ganz oben auf dem Index.

Ulrich fasste sich an den Rahmen seiner Le-Corbusier-Brille und las ungerührt vom Blatt: »Bad Fülsen ist ein traditionsreiches Heilbad in den Hohen Tauern, das sich mit seinem mineralhaltigen Quellwasser, der herrlichen Bergwelt und den großartigen Wintersportmöglichkeiten ganzjährig als Kurort für Erholungsuchende oder als Hotspot für Aktivurlauber eignet.«

»Olé, olé, olé«, witzelte Harry.

Heinz schüttelte als Geste der Entgeisterung den Kopf. »Unglaublich. Das Motto dahinter ist wohl: Schießen wir mit der Schrotflinte in die Menge, irgendwen werden wir dabei schon treffen. Zielgruppe: alle unter hundert.«

»Wer schreibt bloß so ein vertrotteltes, unpräzises Briefing?«, wollte David, der zweite Texter im Team, wissen.

Pia verdrehte nur die Augen.

Harry: »Der neue Marketingleiter natürlich.«

David: »Also, ich halte …«

Harry: »Aufpassen! Das ist ein alter Schulfreund von mir.«

Erneutes Gelächter in der Runde.

In der ausgelassenen Stimmung witterte Ulrich trotz seiner zur Diskussion stehenden Vorschläge Oberwasser. »Jetzt kennt ihr die Schwierigkeiten des Briefings und …«

Mein Gott, wie peinlich. Blablabla. Pia blendete Ulrichs Texterblues gleich nach dem Auftakt aus. Schwierigkeiten, pah. Weinerliche Ausreden interessierten sie nicht, da stand sie ganz auf der Seite von Harry. Entweder ein Slogan oder eine Headline kickt, oder der Texter gehört rausgekickt. Nur die Starken überleben. Ganz einfach. Das galt in der Savanne, auf Galapagos und erst recht bei Bausch & Bogen.

Ulrich blieb mit seinen Redebeiträgen weiter im Vagen.

Kollege David assistierte mit verständnisvollem Nicken.

Harry und Heinz tauschten unergründliche Blicke aus. Bei Pia läuteten die Alarmglocken. Zwischen den beiden war so ein romantisches Bubending am Laufen, das ihr schwer gegen den Strich ging.

Die arglose Praktikantin hatte bislang noch nichts gesagt.

Die Zeit verrann.

Harry spielte demonstrativ am Handy herum. Ganz wichtig, dachte Pia. Den Untertanen zeigen, dass man als König Harry Bausch der Erste zeitgleich über mehrere Problemfelder flattern konnte. Typische Managermarotte.

Wieso sitze ich eigentlich an diesem Tisch? Das Geplänkel zerrte an ihren Nerven. Ich bin, Himmel noch mal, Art-Direktorin, abonniert auf DESIGN. Die unsinnige Wortklauberei kostet mich nur wertvolle Arbeitszeit. An allen Ecken und Enden meines Schreibtischs brennt es, aber ich muss mich mit linguistischem

Blödsinn beschäftigen, zu dem ich wenig beitragen kann. Früher hätte sie sich übergangen gefühlt, wäre sie nicht zur großen Runde eingeladen gewesen. Längst war es anders.

Ich habe das alles schon tausendmal gehört, dachte Pia. Sie nahm einen kleinen Zettel aus dem Papierstapel, der vor ihr auf dem Tisch lag, und schrieb: Erster Akt, Szene vier. Harry: Wir brauchen mehr Lockerheit.

Das heiterte sie auf. Ich schreibe gleich den kompletten Dialog dieses Meetings hin, nahm sie sich vor, als sie die ersten Sätze fertig hatte. Dann mache ich ein Musical daraus. Das erste Ohne-Pause-Werbefuzzi-Musical der Welt. Jede Geistesgröße dieser Agentur darf sich darin selbst singen.

»Ich sage euch jetzt, was ich zu den vier Vorschlägen denke«, eröffnete Heinz. Überrascht blickte Pia auf. Das stand nicht auf ihrem Zettel. Der Neue im Ensemble brachte das Arrangement gewaltig durcheinander. Sie war gespannt.

»Bei ›Kurbad‹ denke ich sofort an Rheuma, ich will aber nicht an Rheuma denken. Verständlich, oder? ›Gib(t) dir Berge‹ – da gefällt mir das ›dir‹ nicht. Wieso werde ich von Bad Fülsen plötzlich geduzt? Das möchte ich als Gast eines traditionsreichen Thermenortes auch nicht. Also? ›Gibt Ihnen Berge‹? Nein, dann passt der Spruch einfach nicht mehr. Was haben wir noch? ›Mondän, heilsam, alpin‹. Der gute alte Dreiklangslogan. Wenn du keinen kräftigen Sager findest, dann hilft der Dreiklang. Mittlerweile gibt es aber schon so viele solcher Slogans, dass sich keiner mehr an sie erinnert. Nein, austauschbar, beliebig, weg damit. Bleibt als letzter Vorschlag: ›Die Quelle neuer Kräfte‹ … da sprudelt bei mir aber höchstens Mineralwasser in den Ohren, das kriege ich gar nicht mit einem sexy Urlaubsort anno heute zusammen.«

Langweilig, das übliche verbale Getöse, dachte Pia enttäuscht.

Die Praktikantin schmachtete Heinz allerdings an, als hätte er gerade das Welthungerproblem gelöst.

Ulrich lächelte trotzig.

David kritzelte Kreise in sein Notizbuch.

»Wir brauchen mehr Lockerheit«, sagte Harry energisch.

Pia hakte den Satz in ihrem Skript ab.

Ihre Unersetzlichkeit würde hier nicht zum Zug kommen, das wusste sie bereits. Nicht wenn es beim Thema Slogan blieb. Sie saß aus anderen Überlegungen hier. Wahrscheinlich will Harry nach vier Stunden des Debattierens dann gleich eine Umsetzung von mir sehen. Wo genau steht der Slogan überall? Unter dem Logo? Oder darüber? Links oder rechts davon? Und, ganz wichtig, schreiben wir ihn mit Punkt oder ohne? Pia spürte, wie ihre Gedanken zwischen der liegen gebliebenen Arbeit in ihrem schnieken Kabäuschen und dem Stimmengewirr am Tisch zwischen Slogans mit oder ohne abschließendem Punkt hin und her flogen. In ihrem Kopf toste ein Pressionsgewitter, bei dem sich berufliche Blitze und privater Donner überlagerten. Mehr und mehr unerledigte Jobs, kleine und große, fielen ihr in immer kürzeren Abständen ein. Alles erschien ihr gleichwertig, gleichwertig belastend. Bahnbrechendes Design für den Global Player finden. Inserat für die Bank fertig kriegen. Blusen aus der Wäscherei holen. Katze füttern. Friseurtermin ausmachen. Die Schwester anrufen. Kiki wegen des Folders für Panasonic briefen … Pia schloss kurz die Augen, wartete auf das Einsetzen des angstlösenden Windes, der die dunklen Wolken der Überforderung rasch wieder vertreiben würde. Den Packungstext kannte sie in- und auswendig: »Alprazolam, der Wirkstoff von Xantyl, ist ein Arzneistoff aus der Substanzgruppe der Benzodiazepine. Er trägt zu Ihrer gezielten Entspannung und Beruhigung bei. Durch die Beeinflussung von Botenstoffen im

Gehirn wird die Erregungsweiterleitung des Nervensystems abgeschwächt.«

Sie nahm es seit einem halben Jahr. Es tat ihr gut. Natürlich wusste niemand in der Agentur davon, entscheidend war, dass sie weiterhin zum Wohl von Bausch & Bogen funktionierte. Für alles im Berufsleben gab es eine Lösung. Und ihre Lösung für das Gewitter hieß nun einmal Wind. Nur die Starken überleben.

»Wir brauchen mehr Lockerheit.«

Harrys Standardsatz anlässlich unkreativer Situationen hatte neue Vorschläge in Gang gesetzt. Er selbst stand mit einem dicken Filzschreiber am Flipchart und notierte, was ihm die Runde zurief. Ulrich tat sich quantitativ hervor, wollte offenbar verlorenes Terrain gutmachen, aber Harry wiegte bei den meisten seiner Sätzchen nur kurz den Kopf, schrieb nicht einmal jedes fünfte davon auf. Auch David lieferte wenig Substanzielles.

Heinz erhöhte seinen Gesprächsanteil, indem er – ganz Arschkriecher – noch einmal auf die Bedeutung der Lockerheit der Aussage hinwies.

»Am besten wäre, wir finden etwas, das Momentum hat. So einen Satz aus dem täglichen Sprachgebrauch, positiv kontextualisiert, wo man es cool findet, dass Bad Fülsen jetzt auch dieses Motto fährt.«

»Ganz genau«, sagte Harry.

»Schön, dass du hier bist«, kicherte die arglose Praktikantin los.

Eine Pause entstand.

»Mhh«, machte Harry … und Pia zuckte unmerklich zusammen, wusste sie doch augenblicklich, was dieses »Mhh« bei Harry bedeuten konnte. Wenn es irgendwo noch irgendwelche Götter gibt, dann bitte, bitte verhindert, was gleich passieren wird, setzte sie gedanklich einen Notruf ab.

»Jaaa«, sagte Harry.

Um Himmels willen, nein, dachte Pia. Noch war es kein zustimmendes »Ja«, sondern ein gedehntes, zögerliches Goldwaagen-»Ja«, so eines, wie es Harry in den Mund nahm, wenn er den Bauchgefühlfaktor prüfte. Die Stimmung kann noch kippen, hoffte Pia. Nach ungefähr einer halben Minute des Abwägens tauchte jedoch ein verdächtiges Glitzern in Harrys Augen auf. Triumphierend drehte er den Kopf zu Heinz.

Und Heinz, nicht dumm, zog die Augenbrauen hoch, um Harry zu bestätigen: »Teufel auch. Da hat unser blonder, blauäugiger Engel aber einen genialen Treffer gelandet.«

»Locker wäre es jedenfalls«, hechelte ein verzweifelter Ulrich dem schon abfahrenden Zug hinterher.

Heinz schlug mit der flachen Hand auf die Tischplatte. »›Bad Fülsen. Schön, dass du hier bist.‹ Finde ich ganz ausgezeichnet, Simone. Ein Volltreffer! Damit gehen wir ins Rennen.«

Die arglose Praktikantin strahlte. Pia fand das nahezu lächerlich. Derselbe Heinzwurst, der vor siebzehn Minuten noch hinausposaunte, er wolle von Bad Fülsen nicht geduzt werden, feierte nun einen von der Praktikantin gehirnlos abgespulten Spruch, der genau das tat. Fiel dieser Widerspruch außer ihr denn niemandem in der Runde auf? Schliefen die beiden Texter? Oder hatten sie keine Eier in der Hose? Sollte sie selbst darauf hinweisen, eine Diskussion anzetteln? Das würde aber bedeuten, gegen den Strom zu schwimmen, gegen Harry und seinen Claqueur Heinz, auf die Unterstützung der Wendehälse Ulrich und David hoffend, und noch mehr Zeit zu verschlingen, die sie gar nicht hatte.

»Und was sagt unsere Grande Dame dazu?«, beugte sich Harry in diesem Moment kumpelig in ihre Richtung.

Was? Wer? Ich? Grande Dame? Die ungewohnte Anrede brachte

Pia völlig aus dem Konzept. Perplex schaute sie Harry aus weit aufgerissenen Augen an. Ihre Lider flatterten, ihre Lippen formten tonlose Wörter, aus denen auch nach Sekunden keine Sätze wurden.

»Pia?«, fragte Harry.

»Alles gut«, hauchte sie rasch, »alles gut.«

Harry bezog das auf Simones Vorschlag und nickte erfreut. »Großartig. Damit haben wir unseren Slogan gefunden. Ich danke allen für die Mitarbeit. Ich bin begeistert. Sehr gut.«

Sehr gut? Gar nichts war gut. Zurückgeeilt an ihren abgeschirmten Platz, las Pia gleich auf Wikipedia nach.

»Grande Dame (aus dem Französischen) bezeichnet eine Bühnengestalt, die eine wohlhabende, welterfahrene Frau verkörpert.«

Welterfahrene Frau, okay. Gut, das ging ja noch. Aber. Im nächsten Absatz lauerte der Untergriff auf sie. Da wurde aus der Grande Dame eine »ältere Künstlerin«, und gegen das half ihr in diesem kritischen Augenblick nicht einmal mehr Xantyl, auch keine dreifache Dosis. Ältere Künstlerin. Ältere? Das saß. Das traf sie schwer.

Was sah Harry Bausch denn in ihr?

Ein Auslaufmodell?

Eine aus der Zeit gefallene Faltenfuchtel?

Eine ältere Künstlerin?

Eine alte Grafikdesignerin?

Sie vergrub ihr Gesicht in beide Hände und heulte leise in sich hinein.

TOMMI

»Fünfhundert, tausend, tausendfünfhundert, zweitausend.«

Sorgfältig strich Tommi die zerknitterten Geldscheine glatt und legte sie nebeneinander auf den Wohnzimmertisch. Dann fasste er in seine Brieftasche und fischte heraus, was er gestern Nacht noch an Kleingeld eingesammelt hatte. Ein Haufen Zehner und ein paar Fünfer, alles in allem zusätzliche zweihundertfünfundvierzig Euro. Um auf Nummer sicher zu gehen, zählte er noch einmal mit schwitzigen Fingern nach. Das machte er immer so. Seine Dienstleistung beruhte auf absoluter Redlichkeit. So stand es in seinen ungeschriebenen AGB. Vertrauen gegen Vertrauen. Wenn ihm schon nichts anderes im Leben heilig war, an diese altmodische Formel hielt er sich eisern, das gehörte zu seinem Berufsethos des Geldeintreibers. Noch nie hatte er in all den Jahren auch nur *einen* eingerissenen Fünferschein für sich abgezweigt, keinen einzigen Euro unterschlagen, nach jedem Job gab er bis heute auf den Cent genau an seine Auftraggeber weiter, was er aus deren Schuldnern gepresst hatte.

»Zweitausendzweihundertvierzig Euro«, versicherte sich Tommi laut der gesamten Ausbeute. Na bitte. Nicht gerade der Highscore, aber auch kein schlechtes Ergebnis für vier Stunden auf der Lauer liegen und siebzehn Minuten effektive Arbeit. Seine Bilanz fiel positiv aus. Obwohl er seit ein paar Tagen den rechten Arm kaum heben konnte und ihn die Knöchel der Schlaghand immer noch schmerzten.

Die dumme Koksnase hatte es zunächst mit leicht durchschaubaren Lügen bei ihm versucht. »Rate vergessen, falsche Kontonummer, nichts Bares im Haus, Ehrenwort, ich schwöre es dir, bitte, du musst mir glauben …«. Das übliche Gewinsel. Mit einer Ausnahme: Kontonummer – das war originell und hatte bei Tommi für einen kurzen Grinser gesorgt. Den einzigen während seines siebzehnminütigen Aufenthalts in dem protzig-kühlen Würfel am Auberg, einer der besseren Linzer Wohngegenden.

Kontonummer. Lächerlich. Als ob Tommis Auftraggeber im Firmenbuch standen oder sich das Kokain per Überweisung bezahlen ließen. Bei dieser Art Geschäfte gab es keine offiziellen Geldtransfers, kein Daumen-Hoch auf Facebook, keine Bewertungen des Lieferservices, kein »Kunden, die diesen Artikel gekauft haben, kauften auch …«.

Aber das war das Grundproblem mit den Drogenkonsumenten: fortschreitender Realitätsverlust. Die Suchtbefriedigung kostete Geld. Ersparnisse lösten sich auf. Dann fingen die Trips auf Pump an – und der Glaube an die eigenen Lügen. Tommis Dienstleistung bestand im Wesentlichen in diskreter Überzeugungsarbeit. Wer Schwierigkeiten hatte, seine Schuldenlage anzuerkennen, aufgenommene Kredite ausblendete, handelte sich nach einer freundlichen Mahnung seine Bekanntschaft ein. Die durchaus schmerzhaft sein konnte, je nachdem, wie verschoben die Wahrnehmung bereits war. Tommis Erfolgsquote sprach für sich. Widerstand erlebte er äußerst selten. Wenn überhaupt, dann währte er meist nicht recht lange. So war es auch gestern Nacht gewesen. Zwei gequetschte Finger, ein paar Schläge gegen die Nieren, dreimal mit der Faust ins Gesicht, dann erinnerte sich der säumige Kokser sehr schnell an den Safe im Schlafzimmer, wo sich – siehe da – zweitausend Euro fanden. So konnte Tommi mit einer ersten Rate abziehen. Die Abstotterung des Restbetrags ließ sich vermutlich ohne einen weiteren Hausbesuch regeln. Meistens war es so. Wer einmal von Tommi finanziell beraten wurde, tat alles dafür, jede weitere Begegnung mit ihm zu vermeiden. Hundert Kilo Lebendgewicht, beeindruckender Bizeps, die platte Nase eines Boxers und ein fest zustechender Blick – so jemanden will man nicht durch den Türspion erspähen, geschweige denn in Aktion erleben. In Fällen freiwilliger Rückzahlung ging Tommi nicht leer aus. Für das nachhaltige Einbläuen von Zahlungsmoral gab es eine Sonderprämie seitens der Auftraggeber. Die Firma war bestens organisiert.

Von der stundenlangen Lauerei abgesehen, war der Geldeintreiberjob die perfekte Beschäftigung für ihn. Sie entsprach voll und ganz seinen besonderen Fähigkeiten und Interessen. Er wunderte sich oft selbst darüber. Was ihm in seiner Durch-die-Wand-Zeit als Hooligan Vorstrafen eingebracht und ihn eine Stange Schmerzensgeld gekostet hatte, stellte nun seine Einkommensgrundlage dar. Seine Strafen für Körperverletzungen kannte er noch auswendig. Nasenbeinbruch: dreizehntausend Schilling. Ausgeschlagener Schneidezahn: achtzehntausend. Blaues Auge: viertausend. Wahrscheinlich waren die Beträge heute ähnlich hoch, nur die Währung hatte sich geändert. Der übliche Euro-Beschiss eben. Seit er dem Inkassozweig des Kartells angehörte, war er nie wieder vor dem Richter gestanden. Nicht einmal zu einer Vorladung in die Polizeidirektion in der Nietzschestraße hatte es gereicht. Seine Opfer scheuten die Polizei, mehr noch als Tommi selbst. Das hieß aber nicht automatisch, die Kieberei würde bezüglich seiner Aktivitäten im Dunkeln tappen. Leichtsinnig durfte er auch nicht werden. Vorsicht war deshalb bei ihm zur Obsession geworden. Man konnte nie wissen, was gerade im Hintergrund passierte, ob nicht bereits verdeckte Ermittler in der Drogenszene operierten oder einige der Zwischenhändler und Kunden am Polizeiradar auftauchten. Dann konnte es schnell gehen. Dann würde über kurz oder lang auch sein

Name mit dem schwungvollen Handel in Verbindung gebracht werden. Solche logischen Folgen kannte Tommi von früher. Aus anderen Geschäftsfeldern. Geriet das erste Dominosteinchen ins Kippen, kam flott eine Kettenreaktion in Gang. Plötzlich begannen auch die unmusikalischsten Vögel kunstfertige Lieder zu singen. Gegen dieses Berufsrisiko gab es keine Versicherung. Mit dieser Unsicherheit musste man in einer Branche wie dieser wohl oder übel leben.

Wieder testete er die Beweglichkeit des rechten Arms. Ein paar Zentimeter ließ er sich angewinkelt vom Körper wegstrecken, dann spürte Tommi den seit Tagen vertrauten Stich. Mit den Muskeln seines Oberarms stimmte etwas nicht. Überanstrengt. Entzündet. Was auch immer. Kein Wunder. Die letzten Wochen waren besonders arbeitsintensiv gewesen und seine achtundvierzig Jahre ließen sich nicht wegzaubern. »Alt darf man halt nicht werden«, beklagte er sich.

»Was?«

»Nichts.«

»Aber du hast doch gerade was gesagt«, kam es aus dem Nebenzimmer zurück.

»Mein Arm tut mir weh, sonst ist nichts.«

»Ach ja? Wovon bloß, Tommi?«

»Gib einen Frieden.«

Karin kannte Tommis Tonfälle. Der gerade Angeschlagene ließ sie wissen, sie solle besser nicht weitersticheln.

»Ich geh' dann schon vor ins Hummelhof«, sagte sie indes.

»Ist recht.«

Er stand von der Couch auf. Nackt wie er war, ging er ins Schlafzimmer und suchte in der Unordnung seines Kleiderkastens eine frische Unterhose. So rot-weiß gestreifte Retropants, wie sie angeblich David Beckham für H&M kreiert hatte. Sein Tag fing heute ungewohnt spät an. Weil er am Morgen erst gegen vier Uhr von seiner Arbeit nach Hause gekommen war, hatte er bis weit nach Mittag geschlafen. Karin hatte ihn dabei nicht gestört. So schnippisch sie zeitweise seinen Gelderwerb kommentierte, so nachsichtig ging sie mit seinen unkonventionellen Arbeitszeiten um. Tommi erinnerte das an die duldsame Beziehung seiner Eltern: der Vater fünfundzwanzig Jahre lang Schichtarbeiter am Schmelztiegel im Stahlwerk in der VÖEST, die Mutter Kassenkraft im Konsum am Bindermichl. Ein Leben in einfachen Verhältnissen, die aber irgendwann gar nicht mehr so einfach waren. Die Siebzigerjahre meinten es noch gut mit ihnen. Gebrauchtwagen, Fernseher, Kühlschrank, Schrebergarten, Italien-Urlaube, die Mietwohnung der städtischen Genossenschaft kostete vergleichsweise wenig. Aber dann kamen die Achtziger, und so wie zuvor in den USA hielten nun auch europäische Politiker den Neoliberalismus für das alternativlose Wirtschaftssystem, unabhängig davon, welcher Partei sie anhingen. Die Sozialdemokraten gaben den Klassenkampf auf. In Österreich wurde die im Staatsbesitz befindliche Industrie zerschlagen, die VÖEST in Aktienpakte filetiert, Tommis Vater in Frühpension geschickt und das LD2 als Ganzes nach China verkauft. Abmontiert bis auf die letzte Schraube und von Linz aus nach Fernost verschifft, der komplette Arbeitsplatz seines Vaters. Das ließ den kräftigen, groß gewachsenen Mann vorzeitig altern. Er war immer stolz auf seine schwere Arbeit gewesen. Am Feuer stehen und Stahl kochen, rund um die Uhr, das ganze Jahr über, sowohl bei Eis als auch bei der größten Hitze. Krankenstand? Kannte er nicht. Über den Gemeinschaftsgeist in seiner Schichtmannschaft sprach er gegenüber Tommi stets mit glühender Begeisterung. Aber das war nur eine Seite der Geschichte. Es gab auch eine andere. »Einen

Schnalzer soll es machen, und fünf soll es sein.« Kaum eine Nachtschicht, in der nicht einer der Arbeiter diesen Satz raushaute. Der Vater lachte, wenn er zu Hause davon erzählte. Tommi weniger. Er fragte sich, was das bloß für ein beschissenes Leben war, von dem man sich wünschte, dass es schneller verging. Sein Vater tat solche Einwände ab. Ihm war die Solidarität unter den Kollegen wichtiger. Sie arbeiteten zusammen, tranken gemeinsam ihr Feierabendbier im Arbeiterheim, wählten dieselbe Partei. Beim Maiaufmarsch zogen sie mit roten Fahnen und im Blaumann über die Landstraße. Doch das gab es dann alles nicht mehr für ihn. Das Stahlwerk weg, das Arbeiterheim geschlossen, der Zusammenhalt gesprengt. Es dauerte, bis er sich im freien Fall wieder halbwegs fing. Die Mutter erlebte später ihr eigenes Trauma. Neunzehnfünfundneunzig sperrte der hoch verschuldete Konsum zu, sechsundfünfzig Jahre alt war sie da. Tommi klang noch lebhaft in den Ohren, was seine Mutter in dieser Zeit ständig wiederholte: »Wie willst du in dem Alter noch eine neue Arbeit finden? Da lacht dich doch jeder Personalchef aus.« In ihrem Beruf fand sie tatsächlich keinen Job mehr. Putzen musste sie deshalb gehen. Unangemeldet. Das ging auf Kosten des Lebensstandards, von Stolz und Selbstachtung. Tommi bekam das in sämtlichen Details mit. Seine Eltern wurden ganz einfach von der Entwicklung abgehängt. Sie tauchten plötzlich nur noch in irgendwelchen Statistiken auf, außer als Bruchteil einer Zahl schien sich niemand mehr für sie zu interessieren. Jetzt bezogen beide Pension und kommentierten vor dem Fernseher abfällig das ihnen zugetragene Weltgeschehen. Früher war das meiste besser gewesen, übersichtlicher, menschlicher. Früher, da kam auch noch der Parteikassier persönlich an die Wohnungstür, um die Mitgliedsbeiträge einzuheben. Wenn der Sohn der Familie eine Lehrstelle benötigte, bekam er sie über Vermittlung der Bezirksleitung in der VÖEST. Im Sommer durften die Kinder der Werksangehörigen auf VÖEST-Erholung, kurz vor Weihnachten gab es für sie eigene Feiern im Märzenkeller. Mit Märchenaufführungen und Geschenkspaketen.

Und jetzt? Jobfit-Programme, Ermäßigungen fürs Fitnesscenter. Unterstützte Raucherentwöhnung. Halte deinen Körper in Schuss. Damit wir ihn länger abbauen können. Human Resources hieß das heute.

Und Tommi? Na, was schon? Sein Temperament war schon von klein auf größer als seine Beherrschung gewesen. Tommi konnte einstecken und austeilen, ohne Rücksicht auf Verluste. Manche setzen sich im Leben mit ihrem Mundwerk durch, anderen hilft ein freundliches Gesicht, einige sehen in guten Noten die Sprossen des Aufstiegs. Bei Tommi war es die Brutalität, die ihn voranbrachte. Damit konnte er sich ausdrücken. Er hatte seine eigene Vorstellung von Moral. Was sich ihm in den Weg stellte, kämpfte er nieder. Das brachte ihm Achtung ein. Früh schon. Wenn ein Vierzehnjähriger am Schulwandertag dem Lehrer einen armdicken Ast über den Kopf zieht, weil der über die Niederlage des SK VÖEST im Derby spottet, hat das weitreichende Konsequenzen. In Tommis Fall Schulverweis, eine Tracht Prügel durch den Vater und eine noch viel üblere Spezialbehandlung durch die Bullen auf der Nietzsche. Der Ast zeigte aber auch in anderer Hinsicht Wirkung. Tommi wurde mit einem Schlag zur Bindermichler Berühmtheit. Wer in seinem Aktionsradius gemeldet war und keinen Ärger wollte, ging ihm ab diesem Zeitpunkt aus dem Weg. Manche konnten es sich jedoch nicht aussuchen. Besonders an den Matchtagen juckten Tommi die Fäuste. Wenn er sich mit Freunden aus der Nachbarschaft auf den Weg ins Linzer Stadion auf der Gugl machte. Immer wieder gab es Auseinandersetzungen mit den Fans anderer Vereine, die ihre Gruppe Halbwüchsiger für dankbare Opfer hielten. Anstatt blau-weiße Schals und Abzeichen zu erbeuten, wurden die zumeist älteren Gegner jedoch selbst aufgemischt. Meist übernahm Tommi dabei das Kommando. Er hatte eine Antenne für Gefahr, wusste immer instinktiv, was zu tun ist. Wenn es gegen Austrianer, Salzburger oder die vom Stadtrivalen Lask ging, war Tommi natürlich in der ersten Reihe am Wickeln. »Führung von vorne« lautete sein taktisches Prinzip. Zunächst noch mit Vorne-kurz-hinten-lang-Haarschnitt, später mit Stoppelglatze, teuren Sweatshirts und schnellen Turnschuhen. Auf dem Stehplatz und in den Straßen rund um das Stadion war es wie im Viertel – auch hier genoss er bald den Respekt aller. Seit damals galt er als heimlicher Feldherr der Truppe.

Nun, es gibt Haudraufs, die am Morgen nach einer Schlägerei mit schwerem Kopf aufwachen und an einer restwarmen Stelle ihres kalten Herzens heimlich bereuen, dass sie gestern jemanden ins Krankenhaus befördert haben. Und dann gibt es Grobiane wie Tommi. Mit Restwärme hielt er sich nicht auf. Für ihn stand fest: Wenn du in einem Kampf ohne Regeln und Schiedsrichter bestehen willst, darfst du keine Sekunde lang zögern, keinerlei Hemmungen zeigen. Du musst im richtigen Moment den ersten Schlag setzen, dich in einen Berserker verwandeln, hemmungslos drauflos hämmern, mit Händen und Füßen, dem Baseballschläger, einer Bierflasche, einem Stuhl, egal was das Arsenal des Schauplatzes gerade hergibt. Sonst landest du selbst im Krankenhaus.

Und Tommi war in seiner Karriere selten im Krankenhaus gelandet.

Nicht weil er so stark oder kampftechnisch versiert war.

Sondern einfach nur gedankenschneller.

Brutaler.

Gewissenloser.

Nicht zuletzt: fatalistisch.

So wie in »Gladiator«, Tommis Lieblingsfilm. Da stehen gleich zu Beginn zwei römische Soldaten im Wald und wundern sich: »Ein Volk sollte wissen, wann es besiegt ist.« Aber nichts da. Gleich kommen die damit gemeinten Germanen ein weiteres Mal zwischen den Bäumen hervor, um die hochgerüstete Übermacht spüren zu lassen, wie egal ihnen der unausweichliche Untergang ist.

Schon im Kino war Tommi deswegen ein Schauer über den Rücken gelaufen. Sein ehemaliger Schulfreund Ferdi, der im Linzer Schlossmuseum als Aufseher arbeitete, erzählte Tommi anschließend bei der Würstelmaus in der Stadlerstraße, diese Szene in »Gladiator« spiele irgendwo im heutigen Weinviertel, nahe dem Donaulimes, und dass es sich bei den Germanen des Films nur um die historischen Quaden oder Markomannen handeln könne. Mark Aurel, Markomannenkriege, zweites Jahrhundert der Zeitrechnung und so. Tommi hatte sich Ferdis Ausführungen aufmerksam angehört, ihm jedoch hinterher mit giftigem Blick erklärt, so ein bisschen historische Deko sei ja ganz interessant, worauf es aber im wirklichen Leben ankomme, wie ja auch der Film zeige, sei, dass man niemals aufgebe, egal wie aussichtslos die Erfolgschancen erschienen. Das geböten Selbstachtung und Ehre. Für die Sekunden allergrößter Freiheit, wenn eine Übermacht merke, dass ihre numerische Überlegenheit nichts wert sei, für das Hinwegfegen sämtlicher Gewissheiten, dafür lohne es sich zu sterben. Überhaupt: Vor Röckchenträgern beuge man weder Knie noch Haupt, unbesiegbares Imperium hin oder her. Die Römer hätten ihm noch nie gefallen. Schon als Kind, beim Spielen mit Airfix-Figuren, seien die Römer bei ihm die Verlierer gewesen. Gegen seine Griechen und Ägypter zögen sie jedes Mal den Kürzeren. Am besten seien aber die germanischen Krieger gewesen, in Tommis Kinderzimmer, aber auch im Maßstab eins zu eins in der tatsächlichen Frühzeit. Zeige das nicht die Geschichte? Welches Reich ging denn am Ende unter? Und welche Sprache werde jetzt an der Würstelmaus gesprochen? Latein etwa? Oder Makkaronisprache? Nein. Markomannensprache. Germanisch. Deutsch. Gutes österreichisches Deutsch. Verstehst du, was ich sagen will? Ferdi verstand. Er hatte an jenem Tag die Gefahr vernommen, die vom Pathos ausging, seine Burenwurst aufgegessen und geschaut, dass er Abstand zwischen sich und Tommi brachte.

Im Augenblick dachte Tommi aber nicht an Römer und Germanen. Er betrachtete den Raumthermostat an der Zimmerwand. Die angezeigte Temperatur betrug jetzt exakt neununddreißig Grad. Es war zwei Uhr nachmittags. Der Wetterbericht hatte nicht zu viel versprochen. Um sechzehn Uhr würden wohl auch die für heute prognostizierten vierzig erreicht sein. Einen wärmeren Tag hatte es seit Beginn der systematischen Aufzeichnungen vor über einhundertfünfzig Jahren in Oberösterreich nicht gegeben. Die heiße Luft ließ sich nicht aussperren. Da halfen weder die dicken Hausmauern noch der Schattenwurf der Bäume. Und über eine Klimaanlage verfügte Tommis Wohnung nicht. Er lebte ja nicht auf Malta.

Tommi schlüpfte in die Unterhose und trat ans Fenster, Südseite. Sich den Bauch kratzend, schaute er auf die Straße hinunter. Die Wohnung lag in einem der Hitlerbauten, wie die während der Nazi-Zeit errichteten Mehrparteienhäuser in Linz von allen genannt wurden. Ortsfremde zeigten sich von dieser Bezeichnung in der Regel irritiert. Die Linzer fanden nichts daran. Sie meinten es nicht ideologisch, sondern sachlich. Diese zweistöckigen Blöcke und Höfe gab es in jedem Stadtteil, wobei es eigentlich umgekehrt war: Manche der Linzer Stadtteile würde es ohne die Hitlerbauten nicht geben. Neue Heimat, Kleinmünchen, Bindermichl, Spallerhof, Bachlfeld, Harbach, Karlhof – überall, wo ab neunzehnhundertachtunddreißig, nach dem Anschluss Österreichs an das Deutsche Reich, alte Bauerngehöfte, Felder und Flure unter ausgedehnten Siedlungen verschwunden waren. Neu geschaffener Wohnraum für die Arbeiter der ebenfalls neu aus dem Boden gestampften Reichswerke für Erzbergbau und Eisenhütten Hermann Göring. Mit diesem Industrialisierungsschub hatte die Moderne in der zuvor kleinen Stadt an der Donau Einzug gehalten. In Verbindung mit einem mörderischen, kriegstreibenden Regime. Was einem Großteil der Bevölkerung erst aufzufallen schien, als die eigenen Söhne, Väter, Brüder, Neffen und Cousins nicht mehr aus Stalingrad zurückkamen.

Nur noch kalter Kaffee, dachte Tommi. Er nippte an dem tiefschwarzen Rest, den Karin in ihrer Tasse übrig gelassen hatte. Sonst fand er nichts, was für ein spätes Frühstück gereicht hätte. Egal. Würde er halt im Buffet des Hummelhofbads einen Imbiss nehmen. Seinem Vater hatten die unregelmäßigen Mahlzeiten während seines Berufslebens große Magenprobleme bereitet: Gastritis, begünstigt durch die Schichtarbeit. Tommi scherte das nicht. Appetit, Verdauung – bei ihm war alles tipptopp. Und im Unterschied zu seinem Vater war er stolz darauf, keinen einzigen Tag seines Lebens am Schmelztiegel der VÖEST verschwendet zu haben. Das Schicksal seiner Eltern hatte ihn darin bestätigt, mit den Ellbogen durch das Leben zu pflügen. Wer das nicht tat, blieb übrig. Trotzdem oder gerade deswegen stand jetzt ein selbst finanzierter Volkswagen Sportsvan in Tommis Garage; besaß er zudem einen nagelneuen Motorroller, um mit Marvin, seinem vierzehnjährigen Sohn aus einer früheren Beziehung, in die Traunauen zum Fischen zu fahren. Würde er es darauf anlegen, könnte er sofort aus der engen

Genossenschaftswohnung ausziehen, seine Einkünfte reichten auch für eine große, helle Bude in einem neuen Cremeschnittenhaus am Stadtrand. Leonding, Rufling, Hitzing, Altenberg, Katsdorf – oder wohin man heute aus Linz zog. Aber eine Verlegung des Wohnorts kam für ihn nicht infrage. Tommi brauchte den Bindermichl, er brauchte die vertraute Umgebung, wo er jeden Winkel, jeden Pflasterstein, jeden fiesen Hund kannte. Den Bindermichlwald, das Schwimmbad, den Minigolfplatz, die Würstelmaus, Inge's Pub, dieselben Typen, mit denen er schon zur Schule und jahrelang zum Fußball gegangen war. Wenn Karin von einer Doppelhaushälfte in Hitzing sprach, schaltete er auf Durchzug. Uninteressant. Illusorisch. Wer hatte ihr das bloß in den Kopf gesetzt? Hitzing? Wo war das überhaupt genau? Irgendwo zwischen Leonding und Wilhering, wie Karin ihn belehrte. Egal. Niemals würde er dort hinziehen. In der Pampa hatte er nichts verloren, das arglose Leben mit Fußbodenheizung und Plausch am Gartenzaun würde ihn nur schlaff und weich machen. Nein, er brauchte seinen gewohnten Lebensraum, die alten Freunde, die gelegentlichen Boxereien, nur so erhielt er sich seine gesunde Härte, von der er und auch Karin mehr als gut lebten.

Drei Anrufe und sieben SMS. Alle von Uwe. Was wollte sein Freund bloß an einem Vormittag Dringendes von ihm? Das verhieß nichts Gutes. Tommi las sich keine der Textnachrichten durch, sondern rief gleich bei Uwe an.

»Endlich«, sagte Uwe. »Hast du bist jetzt gepennt, oder was?«

»Ja, war auf Nachtschicht.«

»Alles klar, kenn' mich aus.«

»Also, wo brennt's?«

»Eine dumme Sache. Es hat gestern Ärger gegeben.«

»Sag schon.«

»Eine Fußballgeschichte.«

»Fußball? Jetzt? Es ist Sommerpause, Alter. Und was haben wir noch damit zu schaffen?«

»Nichts, Tommi. Aber ein paar Kandidaten sind deswegen den Gü angegangen. Gestern Nachmittag am Pleschingersee.«

»Am Pleschingersee? Da bin ich gespannt, was kommt … Pleschingersee … Was macht der Gü überhaupt dort?«

»Na was wohl? Eislaufen wird er kaum gewesen sein. Und dann sind sie schon dagestanden. ›Blau-Weiß verrecke‹ und so. Fünf übermotivierte Youngsters. Er soll sofort sein altes VÖEST-Trikot ausziehen, sonst gibt es Keks mit Stahlkante und so.«

»Aha«, sagte Tommi unbeeindruckt. »Und warum hat der Gü ihnen nicht einfach eine auf den Sender gegeben?«

»Weil sie zu fünft waren und er in dem Moment mit der Heidi und dem Kinderwagen unterwegs war.«

»Moment, das ist jetzt eine Wuchtel, oder? Du willst mir erzählen, die Arschlöcher sind ihn bei der Ausfahrt mit dem Kinderwagen angegangen? *Vor* seiner Alten? So asozial ist doch keiner.«

»Doch, Tommi. Die Heidi hat mich heute Früh mit Schlick in der Stimme angerufen. Hättest du hören sollen. Der Gü wollte es mir erst gar nicht sagen. Er hat wirklich sein Leiberl hergegeben – und trotzdem noch eine von denen kassiert.«

Tommi spürte wieder das schmerzhafte Ziehen im Oberarm. Gü war Uwes Cousin, und Tommis Freundschaft zu Uwe ging auf die Zeit von Willy Kreuz, Ove Flindt und Koloman Gögh zurück. Und wann spielten diese Helden beim SK VÖEST? Ende der Siebziger. Das verdeutlichte die Dimension. Uwe und Günther, den alle nur Gü nannten, waren Bindermichl-Hardcore. Aus demselben Holz wie er selbst. Eiche naturhart. Dieselben Vorlieben, ähnliches

Vorstrafenregister. Nun diese Geschichte von Uwe zu hören, tat Tommi deshalb aus mehreren Gründen körperlich weh.

»Okay, was waren das für Superstars?«, fragte er.

»Der Nachwuchs der Schwarz-Weißen, so eine neue Auhofer Partie. *Ultras*, wie das heute heißt.«

»Woher weißt du das?«

»Die Heidi ist ihnen nach und hat sie mit dem Handy fotografiert. Sie hat mir die Bilder geschickt, ich hab sie dem Ortler weitergeleitet, der hat die Wichser erkannt. Laut ihm gibt es seit einem halben Jahr dauernd Brösel mit denen.«

»Und die Typen gehen jetzt einen von uns an? Sind die nicht ganz dicht? Kennen sich die nicht aus? Wissen die nicht, was dann los ist?«

»Anscheinend nicht, oder es ist ihnen egal. Gut möglich, dass sie sich einfach nicht gespürt haben. Bestimmt sind einige Nasenzuckerer und Crystal-Kandidaten dabei. Kranke Geschichte jedenfalls. Am See, Alter … Was, wenn dem Baby was passiert wäre? Wie's mir damit geht, brauche ich dir nicht zu sagen, oder?«

»Genau, sag's mir lieber nicht. Jedenfalls nicht am Telefon. Sonst kriegt am Ende noch einer heiße Ohren … Wo bist du jetzt, Uwe?«

»Daheim.«

»Gut, dann treffen wir uns im Bad. Geht das bei dir?«

»Da wäre ich sowieso jetzt hin. Ich muss mich dringend in die Fluten werfen. Sonst verglüh ich heute noch. Ich kann aber nicht lange, muss nachher noch etwas erledigen.«

»In einer halben Stunde beim Buffet?«

»Kein Problem. Bis gleich, Alter.«

Tommi hielt den Barcode seiner Saisonkarte an den Scanner, zwei Plexiglasscheiben gaben ihm den Weg frei, und er war im Hummelhofbad. Die Sonne brannte ihm auf der Haut. Tausend kleine Nadelstiche. Es stimmte, was alle sagten. Das war nicht mehr dieselbe Sonne wie früher. Er hatte sich auf einen freien Tag gefreut, den ersten seit zwei Wochen, auf ein wenig Schonzeit für den zuletzt arg beanspruchten Schlagarm, auf einen entspannten Abend mit den Freunden in Inge's Pub. Danach sah es aber jetzt nicht mehr aus. Je schneller die Sache mit dem Trikot geregelt war, umso besser. Wenn es sich herumsprach, dass irgendwelche Ultras des Stadtrivalen ungestraft Zeug der alten Bindermichler zogen, schwoll am Ende den falschen Leuten in der Szene der Kamm. Wo fing das an, wo hörte das auf? Es war etwas aus den Fugen geraten. Das mussten sie reparieren. Pflöcke einschlagen. Das Revier behaupten. Am besten heute noch. Entsprechend zügig marschierte er Richtung Buffet, wo ihn Uwe mit tropfender Badehose und nassen Haaren an einem der Tische erwartete. Wachsam blickte sich Tommi auf der Terrasse um.

»Was ist los bei dir, Tommi? Hast du heute wieder deinen Verfolger?«

»Vorsicht ist die Mutter der Porzellankiste«, sagte Tommi und setzte sich zu Uwe.

Der gab ein Grinsen zum Besten. »Du musst es ja wissen.«

Tommi musterte ihn nachdenklich. Uwe trug eine Sportsonnenbrille mit großen, verspiegelten Gläsern. Vor ihm auf dem Tisch lagen eine angebrochene Schachtel Marlboro und ein neues, hauchdünnes Mobiltelefon. Die Brille verdeckte rote Augen und die darunter hängenden Tränensäcke, aber nicht das ganze vom Lebenswandel geäderte Gesicht.

Tommi tätschelte den verwaschenen, tätowierten Löwen an Uwes Unterarm: »Mach dir mal keine Sorgen, ich weiß es. Sag mir lieber, was du noch an Infos für mich hast.«

»Keine anderen als vorher.«

»Gut, dann zeig mir Heidis Fotos.«

Uwe wischte auf seinem Handy herum und reichte es an Tommi weiter.

Der Bildschirm war für Tommi zu klein. Da half auch kein Zoomen. Damit er die Visagen erkennen konnte, musste er sich seine neue Lesebrille auf die Nase zwängen. Seine Augen sahen dahinter vergrößert aus. Uwe kannte das mittlerweile, fand es aber erneut komisch.

»Alles klar«, sagte Tommi nach einigen Minuten des Wischens. Milchgesichter mit Schirmkappen, knielangen Hosen und Bauchtaschen, kurzum Typen, wie sie ihm schon beim flüchtigen Hinschauen schwer gegen den Strich gingen. Er nahm die Brille wieder ab und steckte sie in die Brusttasche seines Poloshirts zurück.

»Kenne deine Feinde«, sagte Uwe.

»Genau«, pflichtete ihm Tommi bei. »Und jetzt ruf den Ortler an, er soll seinen Arsch Richtung Bindermichl bewegen und uns erzählen, was es über diese Trottel zu sagen gibt – vor allem, wo sie zu erwischen sind. Wir treffen uns mit ihm um sieben bei der Inge, und dann schnapsen wir uns aus, wann wir sie niederbügeln.«

»Wo warst du denn so lang?«, fragte ihn Karin.

»Im Buffet. Geschäftstermin. Mit dem Uwe.«

»So? Um was ging's?«

»Ums Bügeln.«

»Bügeln? Ernsthaft? Übernimmst du das jetzt künftig daheim?«

»Stell dich nicht so begriffsstutzig, du weißt schon, wie es gemeint ist.«

»Ja, wobei es mir bedeutend lieber wäre, ich würde es nicht verstehen.«

»Da kann ich dir leider auch nicht helfen.« Er zog sich das Poloshirt über den Kopf und legte sich zu Karin auf das große Badetuch. »So, Pause. Ich mach jetzt meinen Büroschlaf.«

Den Sommer über war das Hummelhofbad tatsächlich so etwas wie Tommis abhörsicheres Büro. Direkt an ein Waldstück angrenzend, verfügte das städtische Freibad über drei Becken, davon eines mit Wellenkanal und eines mit Wasserrutsche. Auf der Liegewiese sorgten hohe Trauerweiden für Schatten. Vor wenigen Jahren erst war das Bad um viel Geld modernisiert worden. Trotzdem sah es jetzt keineswegs modern aus. Alles funktionierte einwandfrei und entsprach allen baulichen Normen, mehr aber auch nicht. Für Tommis Bedürfnisse reichte es. Hier nahm er für gewöhnlich seine Inkasso-Aufträge von Angesicht zu Angesicht entgegen, manchmal arrangierte er auch Treffen mit Subunternehmern. Denn Tommi konnte weit mehr als zuhauen. Er besaß Übersicht. Beim Choreografieren der Boxereien, aber auch geschäftlich.

»Selbst zum Schwimmen ist es heute zu heiß, oder?«, sagte Karin.

Tommi lag mit angezogenen Beinen auf dem Rücken und schnaufte schwer. »Entsetzlich. Ich kann mich nicht erinnern, dass es jemals so runtergebrannt hat.«

»Hat's auch nicht. Und das wird immer schlimmer. Das ist der Klimawandel, Tommi. Die Vroni hat mir erzählt, sie haben seit ein paar Jahren neue Insekten im Schrebergarten. So dicke Viecher, wie Kolibris mit einem langen Rüssel. Die gab es früher gar nicht bei uns. Erst seit ein paar Jahren schwirren die herum. Das ist nur wegen dem Klimawandel so, behauptet die Vroni.«

»Kann sein, möglich. Mir ist gerade wurscht, was die Vroni von sich gibt. Ich hab größere Sorgen als den Klimawandel.«

»Meine Güte, was hast du heute wieder für eine Scheißlaune?

Weißt was, ich hab einen Tipp für dich: Hol dir einen Gspritzten und sauf dir die Welt wieder ein bisschen schön.«

Er grinste. Nicht die schlechteste Antwort von Karin. Auch wenn sie die Dimension unterschätzte. Mit einem Spritzer ließ sich der Angriff auf Gü nicht vergessen machen. Die Delle in ihrer aller Renommee musste anders ausgebeult werden. Dafür brauchte es schweres Gerät, eine kräftige Abreibung. Aber das brauchte Karin nicht zu wissen.

»So wenig Blut wie nur möglich. Und keine Fußballschlägereien mehr.«

Beides hatte er ihr nach der letzten, etwas heftiger verlaufenen Wald-und-Wiesen-Sache mit den alten Salzburgern versprochen. Versprechen müssen. Sonst hätte sie ernst gemacht und ihn flugs aus der Wohnung und ihrem Leben geworfen. Ein letztes Mal Blut aus dem T-Shirt waschen. Darin war sie durch die Beziehung mit ihm zwar geübt, aber wenn er wollte, dass sie bei ihm blieb, musste Schluss sein mit der Hobbygewalt. Gegen die Geldeintreiberei und den gelegentlichen Zuverdienst mit dem Drogenverticken hatte sie ja nichts. Aber für Fußballschlägereien brachte sie null Verständnis auf. Unprofessionell sei das und pubertär, hielt sie ihm vor. Er gefährde damit ihrer beider Existenz. Was, wenn es ihn dabei unglücklich erwischte? Oder ein schlechter Verlierer im Adrenalinrausch ein Messer zog? Hatte er daran schon einmal gedacht?

Hatte er nicht. Genauso wenig, wie Gerald Haider früher dachte, dass seine Dreißigmeterfreistöße in der Mauer landen könnten. Richtige Männer türmten keine Probleme auf, sie räumten sie aus dem Weg. Es war bei dem Auslöser für den Streit mit Karin auch nicht so gewesen, dass Ortler ein paar der alten Hauer gebraucht hatte, um das Territorium zu markieren, es ging vielmehr um eine offene Rechnung unter alten Feinden. Da hatte er eben eine Ausnahme gemacht.

Aber Karin hatte recht. Mit Gentlemen bekam man es bei den Kämpfen nicht zu tun. Immer häufiger traf Tommi dabei auf Kampfsportler mit Brustmuskeln der Körbchengröße B. Und die eingeworfenen Drogen machten die Sache noch risikoreicher. Lieber nicht aus Übermut die Einkommensgrundlage riskieren. Mit achtundvierzig musst du ganz anders auf den Körper achten. Damit das mit der Eintreiberei noch ein paar Jahre so einträglich weiterlaufen konnte. Pension bekam er später keine, da brauchte es gute Geschäftsjahre, um vorzusorgen. Spiele sah sich Tommi ohnehin kaum noch an. Seinen SK VÖEST gab es in der alten Form nicht mehr – in den Neunzigern hatte das Stahlwerk den Geldhahn für den Profifußball abgedreht, der Aktienkurs war den Managern wichtiger als Tabellenstände geworden –, als Blau-Weiß Linz wurde jetzt in der Regionalliga gegen unbedeutende Gegner gekickt. Auf dem einstigen Tabakplatz neben der Eisenbahnbrücke. Das interessierte Tommi jedoch wenig. Da konnte ihm dort noch so viel an Bewunderung entgegengebracht werden. Von Jungspunden wie Ortler, der immerhin noch eine halbwegs anständige Truppe zusammenhielt. An früher reichte das Niveau aber in keiner Weise heran. Weder auf dem Rasen noch am Spielfeldrand. Uwe schaute gelegentlich dort vorbei. Gü und Speedy hin und wieder. Bei den meisten anderen war es aber wie bei Tommi selbst – sie rückten nur noch zu Risikospielen aus oder wenn es vereinbarte Kämpfe gab. Bogdan? Hatte Familie. Laimer? Dito. Hötzi? Lebte in Deutschland. Blieb vom alten Kern noch Helmut. Der konnte es sich jedoch nicht mehr leisten hinzugehen, wie Tommi wusste. Zu viel Urlaubszeit im Bau, da reichte die kleinste Sache, und Helmut würde beim nächsten Mal erneut für länger von der Bildfläche verschwinden.

Besser also, er erzählte Karin nichts von dem Angriff auf Gü. Die Diskussion, ob Fußballschlägerei oder nicht, schenkte er sich. Manche Loyalitäten waren wichtiger. Und wenn eine neue Gruppe auftauchte, die einen der ihren am helllichten Tag zu attackieren wagte, dann galt es, denen die Hackordnung in Erinnerung zu rufen.

Eines beschäftigte ihn zusätzlich: Er hatte es sich vorhin nicht anmerken lassen, aber Uwes Vermutung mit dem Crystal-Konsum machte die Angelegenheit für Tommi einigermaßen, nun ja, delikat. Wenn er anfing, brav zahlende, heftig konsumierende Abnehmer der Firma zu verprügeln, handelte er sich womöglich innerbetrieblichen Ärger ein. Koks, Ecstasy, Crystal Meth. Darauf gab es praktisch ein Monopol in der Stadt. Schwer vorstellbar, dass die unter Fußballschlägern üblichen Mutmacher nicht von seiner Organisation bezogen wurden. Außer die Komiker spielten auch hier mit dem Feuer und importierten selbst. Bis in den tschechischen Grenzort Vyšší Brod waren es fünfunddreißig Kilometer. Und dass die vietnamesischen Straßenhändler dort mit Drogen dealten, wusste jeder, der Zeitung lesen konnte. Früher war das Kristallglas der Deutschböhmen über alle Grenzen berühmt gewesen, jetzt das Crystal Meth der tschechischen Vietnamesen.

Er durfte nicht erwischt werden. Weder von den Bullen noch von sonst wem. Die Sache musste gewaltsam geregelt werden, keine Frage, da führte kein Weg daran vorbei. Blut musste fließen. Gebrochene Regeln zogen gebrochene Knochen nach sich. Damit sich der Lerneffekt einstellte. Aber er würde höllisch aufpassen, dass seine Geschäftsbeziehungen dabei nicht zu Schaden kamen. In seinem Gewerbe musste er sich genauso an Gesetze halten. Nicht an die offiziellen. Aber an andere. Wenn er eigenmächtig gegen einen Hoffnungsmarkt der Firma vorging, konnte ihm das Nachteile bringen. Schlimmstenfalls verlor er seine Anstellung. Das galt es unter allen Umständen zu vermeiden. Dazu lief seine private Pensionsvorsorge im Augenblick viel zu gut.

MONA

Über Wien malte ein Flugzeug einen einsamen Kondensstreifen in den wolkenlosen Himmel. Zehntausend Meter darunter verschwammen zur selben Zeit die barocken Konturen der Stadt in der heißen Nachmittagsluft. Mona fühlte sich indes, als sei sie beim Verlassen des Copyshops in eine kalte, finstere Gebirgsklamm geraten, in eine plötzlich entstandene Kluft zwischen Selbst- und Fremdwahrnehmung. Rauchend stand sie vor der Schaufensterscheibe eines Schreibwarengeschäfts, in eingehende Musterung vertieft. Die dahinter arrangierten Füllfedern und ledergebundenen Notizbücher blendete sie aus, genauso wie sie die anwachsende Traube aus Müttern und Vätern ignorierte, die zwei Häuser weiter den Eingang des Kindergartens belagerte. Für das tägliche Elternpalaver bei der Abholung des Nachwuchses fehlte ihr heute der Gleichmut. Ihre Aufmerksamkeit galt einzig und allein der vagen Spiegelung ihrer selbst. Die verflixte Planentasche: Es war für Mona nicht zu übersehen gewesen, wie Andrea, vormals Krischi, vorhin auf ihre alte Umhängetasche geschielt hatte. Deswegen haderte Mona jetzt mit dem von der Scheibe reflektierten, abgetragenen Relikt ihrer Studienzeit. Längst hätte sie sich davon trennen sollen. Wie stand sie jetzt vor ihrer einstigen Studienkollegin da? Sieben Jahre waren seit ihrer letzten Begegnung vergangen, und sie trug immer noch denselben Silberring im rechten Nasenflügel und obendrein dieses ihr nunmehr verleidete Ding aus recycelten Lkw-Planen mit sich herum. Eine solche Tasche war eines jener Musthaves, für die man zeitweilig beneidet, aber wenn man die angesagte Zeit übersah, nur noch belächelt wurde. Okay, kein Problem, eine mit einer Lebensphase verbundene Tasche ließ sich mühelos ablegen, dachte Mona. Der Nasenring auch. Schwieriger war es schon, sich von den tiefer im Fleisch sitzenden Wesensmerkmalen zu verabschieden.

»Du hast dich überhaupt nicht verändert.«

War dieser lapidare Kommentar von Andrea als Kompliment gemeint gewesen? Oder bescheinigte er ihr nicht eher eine Entwicklungsstörung? Mona blieb unschlüssig. Wenn sie recht überlegte, hatte sich ihr Kleidungsstil, ihre Vorliebe für verspielte, mädchenhafte Codes seit Verlassen der Universität tatsächlich wenig bis gar nicht geändert. Bunte Haarspangen, Sommerkleider in den Farben und Mustern von Siebzigerjahre-Tapeten, ein Armband aus Glasperlen. All das trug sie unvermindert gerne. Es wäre also falsch, würde sie sich Illusionen hingeben. Ihrem Styling nach ging sie immer noch als inskribiert durch. Und Ende dreißig in Gruppenausstellungen unbekannter Künstler zu versauern, auf Vernissagen mittelpreisigen Wein aus Plastikbechern zu trinken, ließ für Außenstehende auch nicht gerade auf eine Abnabelung aus dem kunststudentischen Milieu schließen.

Konträr dazu hatte sich Andrea sehr wohl entwickelt. Nach der Studentin von damals sah sie jedenfalls nicht mehr aus, sondern – Mona suchte nach dem passenden Begriff dafür – *erwachsen*. Ja, Andrea machte als Frau wirklich etwas her, wie Mona anerkennen musste. Jedenfalls passte ihr aktueller Look perfekt zu ihr, er entsprach exakt Andreas Anlagen und geschäftlichen Ambitionen.

In Mona regte sich Trotz. Im Grunde war Andrea – anders als sie selbst – bloß ein stromlinienförmiges Wesen, das mit den Jahren und Moden mitschwamm. Wie ärgerlich wäre es, würde sie damit auch noch in eine der vordersten Reihen ihrer Zunft gespült.

Ich weiß ja, wie es sich mit der Kunst verhält, haderte Mona, wer sich aus welchen Gründen auch immer durchsetzt, wird hinterher von allen einhellig als unübersehbar gefeiert. Auf tatsächliche Fähigkeiten oder die Persönlichkeit kam es nicht an. Hinter der Bedeutung steckten Behauptung und Berechnung. Und hinter jedem erfolgreichen Künstler stand entweder ein einflussreicher, geschäftiger Galerist oder ein von sich selbst begeisterter Kunstdeuter, der wortgewaltig und zum eigenen Nutzen kommentierte, was das unverständliche Gepinsele des Günstlings sollte. Was aber war Kunst wert, wenn sie erst den Kommentar eines Klugscheißers benötigte, um verstanden zu werden? Monetär eine ganze Menge, wie Mona nach ihrem Studium wusste. Künstler, die nicht teuer gehandelt wurden, blieben sowieso unter dem Radar der öffentlichen Wahrnehmung. Ich habe mir mit der Malerei einfach die falsche Disziplin ausgesucht, sagte sie sich. Ich bräuchte etwas mit klareren Kriterien. So etwas wie Leichtathletik, Diskus zum Beispiel. Im Diskus sind die Erfolgsaussichten für alle gleich geregelt. Wer die Scheibe am weitesten wirft, gewinnt den Wettbewerb. Anabole Steroide sind verboten. Offiziell jedenfalls. Die Russen dopen natürlich trotzdem. Wie zufällig wird im Gegensatz dazu der große Wurf eines Künstlers gemessen? Ohne Anschubglorifizierung ging bei diesem Wettbewerb gar nichts. Alles willkürlich und verlogen, dachte Mona. Das Gute, Wahre, Schöne spielt in der Kunst entgegen allen Beteuerungen keine Rolle. Der Kunstbetrieb war eben auch nur ein stinknormaler Betrieb. Und das Betreten des Betriebsgeländes für werksfremde Personen ausnahmslos verboten.

Die Tür zum Kindergarten öffnete sich, und kleine Mädchen und Buben rannten ihren Eltern entgegen. Zögerlich riss sich Mona von ihrem Spiegelbild los, warf die nicht einmal halb gerauchte Zigarette in den Gully und tat ein paar Schritte in Richtung der Menschentraube. Der heranstürmende Lukas fiel ihr in die Arme.

»Hallo Mama.«

»Hallo mein Spatz.« Sie nahm Lukas die Tasche ab und küsste ihn auf die Stirn. »Auf geht's ins Bad.«

»Endlich.«

»Ja, endlich. War's heute auch wieder schlimm?«

Eine zum Jammern auffordernde Frage, die sie sofort bereute. Mona wusste ja, dass Lukas den Sommerkindergarten schrecklich fand. Selbst wenn die Gruppe viel Zeit auf dem nahen Spielplatz zubringen durfte, ließ er sich morgens nur widerwillig bei dieser für ihn neuen Einrichtung abliefern. Der städtische Kindergarten machte wie jedes Jahr im August Ferien, nur Lukas diesmal nicht. Als einziger seiner Freunde. Lapo, Constanza, Vladimir … Die Kinder von Eltern, die glaubten, dass man an Namen wie Michael oder Sabine sterben kann. Alle waren sie in den Urlaub gefahren. Für Roland kam das aber wegen seiner Angstzustände nicht infrage.

Mona war es leid, wegen des Sommerkindergartens mit Roland in Streit zu geraten. Ihre Argumente waren immer dieselben. Warum Lukas überhaupt in diese teure Betreuung musste, wo Roland doch ohnehin krankgeschrieben war und genauso gut selbst den halben Tag auf ihn aufpassen konnte. Wie es sein konnte, dass sich Roland nicht in der Lage sah, zu vereinbarten Zeiten zu erscheinen. Wieso ihm aber die täglichen Besuche des Kongressbads keinerlei Probleme bereiteten.

So ein Tag wie heute, mit drückender Wüstenluft, dem Auftauchen Krischis und der Erkenntnis ihrer Kunst- und Lebensstarre, machte für Mona alles nur noch ärgerlicher und unverständlicher.

Wahrscheinlich war auch das nur vorübergehend, flüchtete sie sich in die Ironie. Okay, ja, klar. Du bist vielleicht eine gutmütige

Idiotin, sagte sie zu sich. Das ganze Leben war nur vorübergehend, ein ab der ersten Sekunde verlorener Wettlauf mit der Ewigkeit. Kein Grund, sich bezüglich des Ausgangs etwas vorzumachen. Von wegen Paradies, unsterbliche Seele, Reinkarnation und so. Jedem Menschen bleiben nur ein paar Jahrzehnte, um etwas zu leisten, das ihn überdauern wird. Mona fragte sich, was das wohl in ihrem Fall sein könnte. Zärtlich strich sie ihrem Sohn über den blonden Schopf. Ein Gedanke schoss ihr dabei ein, aber der machte sie nicht froh. Etwas zynisch ließe sich bilanzieren, mit Lukas verhielt es sich wie mit ihrem Job im Copyshop. Ihre einzig nennenswerte Lebensleistung lag alleinig in der Reproduktion. Zu mehr hatte es trotz eindeutiger Absichten bislang noch nicht gereicht.

Die erst kürzlich angeschafften Gelenkbusse der Wiener Verkehrsbetriebe rochen noch neu und waren vollklimatisiert. Beim Eintauchen in die kalte Innenluft stieß Lukas einen Jubelruf aus, der Mona zu einem Lächeln zwang. Obwohl Mutter und Sohn auf dem Weg ins Kongressbad die halbe Stadt zu durchqueren hatten, mussten sie nur einmal umsteigen, um an ihr Ziel zu gelangen. Lukas war während der Fahrt beschäftigt, die Stationsnamen vorauszuahnen und bei der Durchsage laut mitzusprechen. Das habe ich als Kind auch immer gemacht, erinnerte sich Mona. Aber in Krems gab es nicht so viele Haltestellen, die man sich merken musste. Überhaupt war damals alles übersichtlicher für sie gewesen. Genau diese Übersichtlichkeit trieb sie später hinaus in die weite Welt, von der beschaulichen Wachau ins achtzig Kilometer entfernte Wien; weil sie mit sechzehn schon alles in- und auswendig kannte, was ihr das so schöne wie langweilige Örtchen samt seiner so schönen wie langweiligen Umgebung bot. Was hätte sie dort später werden sollen? Weinkönigin?

Jetzt besaß sie immerhin ein Kunstdiplom, von dem sie nicht leben konnte, und einen Job in einer Kopieranstalt, der sie nicht glücklich machte. Sie wohnte in einer Zweimillionenstadt, von der Studien jährlich behaupteten, sie zähle zu den lebenswertesten Metropolen der Welt, hatte ein gesundes fünfjähriges Kind, war verheiratet, was sie augenblicklich nicht davor bewahrte, sich als Alleinerzieherin zu fühlen, an die einst angestrebte Existenz als kunstwelterschütternde Malerin nicht zu denken. Jeden Morgen auf die Minute pünktlich aufstehen, Nutellatoast machen, Kindergarten, Lohnarbeit im Copyshop, Kindergarten, Lukas bespaßen, Fertiglasagne zubereiten, Lukas ins Bett bringen, aus Kinderbüchern vorlesen, Roland anschweigen, vor dem Fernseher auf die Finsternis warten, jede Nacht um dieselbe Zeit ins Bett gehen. Warten. Darauf lief alles hinaus. Für Mona war das Leben ein Warten. Dabei hatte sie ja den Pinsel in der Hand, diesen Zustand zu beenden. Nur kam sie nie dazu. Wer weiß, vielleicht wäre sie als Weinkönigin heute glücklicher?

»Laudongasse.«

»Richtig.« Mona lobte Lukas, der jede Haltestelle kannte und beim Vorankündigen der planmäßigen Stopps keinen einzigen Fehler machte. Dann drückte sie ihm seine Kindergartentasche in die Hand. »So, mach dich fertig, bei der nächsten müssen wir aussteigen.«

Hmm. Mona wägte die leichthin gesagten Worte erneut ab. Aussteigen. Einfacher gesagt als getan. Aussteigen. Wie sollte das gehen, als Frau und Mutter? Gewöhnlich stiegen doch erst recht wieder nur die Männer aus, über Nacht, ohne Rücksicht auf Verluste, wie in einem selbstgerechten Song von Johnny Cash. Funktionierten die nicht häufig nach dem gleichen Schema? Unverstandener Mann, komisches Gefühl, Schwingtür, raus, Auto, weg. Ging nicht anders, musste sein, Getriebenheit als selbstgefälliges, unausweichliches männliches Vorrecht. Zum Totlachen. Frauen blieben mit den Kindern aus schlechtem Gewissen brav in ihren persönlichen Gelenkbussen sitzen. War es nicht so?, fragte sich Mona. Ja, genauso ungerecht und erbärmlich war es. Fester als nötig zog sie Lukas an der Hand zur bereitstehenden Straßenbahn, wechselte, so kam es ihr vor, mit den Verkehrsmitteln auch die Klimazonen, gelangte vom kontinentalen Bereich prompt in die Tropen. Der angenehme Teil des Weges lag hinter ihnen, jetzt begann für sie beide wieder das große Transpirieren.

»Mama, mir ist heiß.«

»Oje, Lukas. Mir auch. Aber ich kann nichts dagegen machen.«

»Ich habe Durst.«

»Ich hab aber jetzt nichts zu trinken für dich, Lukas. Wenn wir wieder aus der Straßenbahn aussteigen, ja? Da gibt es einen Merkur. Dort kauf ich dir dann gleich was zu trinken. Einen gespritzten Apfelsaft …«

»Ich will aber lieber ein Fanta.«

»Oder ein Fanta, ein ganz kaltes.«

»Mama?«

»Lukas, sei jetzt bitte lieb. Die Mama kann dir nicht immer auf der Stelle helfen. Das hab ich dir schon erklärt. Du kriegst dann gleich deine Limonade … Sag mir jetzt lieber, wie die nächste Haltestelle heißt.«

Zehn Minuten später trank der neben ihr herlaufende Lukas laut schlürfend an seinem Fanta.

»Schmeckt's?«, fragte ihn Mona neckisch. »Lass mich raten … Ja, oder?«

Sie sah ihren kleinen Sohn nicken, die Lippen an der Flasche festgesaugt.

»Freust du dich auf den Papa?«

Wieder eine Kopfbewegung.

Und sie selbst? Freute sie sich auch auf Roland? Heute gab es zumindest einen guten Grund dafür, immerhin war die leidige Astschere ein für alle Mal aus ihrem Vorzimmer verschwunden. Erschreckend, über welche Kleinigkeiten sie sich bei Roland mittlerweile freute. Weil Lukas es nicht mochte, wenn sie rauchte, stopfte sich Mona einen Kaugummi in den Mund. Verbissen kaute sie auf dem restlichen Weg zum Kongressbad darauf herum.

Lukas begann ein Lied aus dem Kindergarten zu summen, undeutlich nur, seine Lippen klebten immer noch an der Flasche fest. Einstweilen versuchte Mona, Roland am Handy zu erreichen, anstatt eines Läutens hörte sie aber die Ansage seiner Mailbox. Ausgeschaltet. Wieder einmal. So verständlich das aus seiner Sicht sein mochte, wie stellte er sich das bezogen auf ihr gemeinsames Leben vor?

Wenn sie ehrlich zu sich war, freute sie sich auch heute nicht besonders auf ihn. Sie würde Roland treffen, so wie sie ihn in diesem leidigen Sommer an jedem ihrer Arbeitstage um annähernd dieselbe Uhrzeit im Kongressbad traf, aber mit pochendem Herzen entgegenlaufen, metaphorisch gesprochen, würde sie ihm nicht. Das pochende Herz war ohnehin mehr zu *seinem* bestimmenden Wesenszug geworden. Allerdings zu einem, der nicht ihr galt, sondern für ein diffuses Angstgefühl stand. Ob das nicht doch irgendwie mit ihr zusammenhing, wusste sie nicht. Sprach sie mit ihrer Schwester Hanna darüber, verglich sie den Zustand ihrer Beziehung zu Roland mit einem Fade-out – der langweiligsten Möglichkeit, einen Song zu beenden, wo sich die Musik, anstatt auf einen Höhepunkt zuzusteuern, langsam aus dem Raum verflüchtigt.

Nicht, dass kürzlich etwas Einschneidendes zwischen Roland und ihr vorgefallen wäre. Im Gegenteil. Daran lag es ja, dass seit geraumer Zeit genau NICHTS in ihrer Beziehung vorfiel. Weder Einschneidendes noch etwas, das sie sanft berührte. Das war schon vor der Panikattacke so gewesen. Vor der Astschere. Und vor dem Wirbel mit dem Zahnarzt.

Leidenschaft verträgt sich schlecht mit dem Tagesgeschäft einer Ehe. Zumal nach Jahren des Zusammenlebens und des Kinder-in-die-Welt-Setzens. Insofern steckten sie inmitten natürlicher Vorgänge, wobei der Wärmezustand ihrer Beziehung konträr zum allgemeinen Klimawandel verlief. Ohne dass es einen Zusammenhang gab, blieb festzuhalten: Je drastischer es an den Polkappen taute, je rapider die Gletscher in den heimischen Alpen schmolzen, umso mehr war ihre Liebe erkaltet. Hörte sie sich im Kreis gleichaltriger Freundinnen um, handelte es sich dabei um einen zwangsläufigen Vorgang. Es brauchte gar kein CO2 oder eine Konkurrentin dazu, selbst die stärksten Gefühle erodierten durch die Angriffe der Gewohnheit.

ROLAND

Selbst auf dem Handtuch liegend schwitzte Roland wie beim Sport. Um Abkühlung bemüht, machte er sich erneut zu den Duschen auf. Wenige Schritte davor hielt er jedoch abrupt an. Etwas weiter vorne sah er Mona mit Lukas. Ihr Sommerkleid leuchtete in der halbnackten Menge hervor. Da er nicht an seinem Platz bei den Pritschen lag, suchten sie nach ihm. Einem Impuls folgend, versteckte sich Roland unvermittelt hinter dem Eisstand.

»Spontanen Gefühlen vertrauen, instinktiv handeln«, murmelte er. Noch so ein Ratschlag Dr. Ellers. »Man muss die Dinge nicht immer sofort verstehen. Das Richtige bahnt sich seinen Weg«, hatte sie ihm bei ihrer letzten gemeinsamen Sitzung mitgegeben. Ach ja? In der Theorie klang das durchaus befreiend. Im Augenblick warf es für Roland aber eine spontane Frage auf: Weshalb versteckte er sich vor Mona? Was verstand er gerade nicht? Fühlte er sich von ihrer Fragerei bedrängt? Glaubte er darin einen Grund seiner Unruhe zu erkennen? Er wusste es nicht. »Instinktiv handeln.« Das fühlte sich richtig und falsch zugleich an. So wie heute Mittag auf dem Margaretenplatz konnte er sich auch jetzt nicht dazu aufraffen, den nächsten Schritt zu tun. Deshalb blieb er, wo er war. Wollte er sein Abtauchen durchziehen, brauchte es aber eine gute Begründung, sollte ihn Mona doch fern seines üblichen Platzes entdecken. Roland wusste, wer ihm dabei helfen würde: Moser.

»Sorry, Mona, einen alten Bekannten aus Linz getroffen und beim Quatschen völlig die Zeit übersehen, tut mir leid.«

Das klang wie ein Deluxe-Alibi. Er musste nur sein Badetuch

neben Moser legen, ein paar Worte mit ihm wechseln, und wenn Mona zufällig vor ihm stände, das zurechtgelegte Sätzchen aufsagen. Das würde ihm einen weiterhin verhörfreien, stresslosen Nachmittag ermöglichen.

Gebückt machte er sich davon.

»Verzeihung, ist hier noch frei?«

Der angesprochene Moser setzte die Bierdose ab und hob träge den Kopf. Roland tat überrascht. »Moser? ... Bist *du* das? ... Aber sicher bist du das. Wir kennen uns doch aus Linz. Roland, weißt du noch? Wir haben uns früher in der Kulturfabrik öfter unterhalten.«

»Servus Roland«, sagte Moser mit breitem Linzer Dialekt und ebensolchem Grinsen. »Setz dich her.«

Roland folgte der Einladung und platzierte sich stirnseitig zu Mosers Knight-Rider-Badetuch.

»Na, in letzter Zeit wieder mal in Linz gewesen?«, fragte er.

»Ständig.«

»Wohnst du etwa noch immer dort?«

»Aber sicher.«

»Und was hat dich heute nach Wien verschlagen?«

»Ich habe eine Frau besucht.«

»Die Hitze macht dir nichts aus?«

»Na.«

Puh, dachte sich Roland, das lief etwas zäh an. Konnte Moser auch zwei Sätze hintereinander sprechen? Er fragte schon mehr als Mona.

»Ich komme ja gar nicht mehr nach Linz«, sagte Roland.

»Aha.«

»Ja, meine Eltern sind vor zehn Jahren zurück nach Grein gezogen. Und die Freunde von damals sind entweder in der Welt verstreut oder leben alle in Wien. Wie geht's dir?«

»Gut.«

»Was machst du beruflich?«

»Nichts.«

»Das geht?«

»Meistens schon.«

»Was ich dich schon immer fragen wollte, Moser: Du hast ja früher einen Rückspiegel auf deiner Brille montiert gehabt ...«

»Ja.«

»Warum eigentlich?«

»Damit ich gesehen hab, was hinter mir ist.«

Mosers schlichte Logik brachte Roland kurz aus dem Konzept. »Ich bin schon zwanzig Jahre in Wien«, versuchte er es weiter. »Ich arbeite bei Twentyfoursevendotnet, dem Internetprovider. Als Systemadministrator. Du kennst vielleicht noch den Anton aus Linz? Der war früher auch ständig in der Kulturfabrik. Dem gehört die Firma.«

»Anton? Kann sein, dass ich den kenne.«

»Aber jetzt bin ich im Krankenstand. Seit fünfundsechzig Tagen schon.«

Roland redete einfach dahin. Ihm war egal, ob sich Moser an Anton erinnerte oder nicht. Er wollte hier sitzen bleiben.

»Ich bin auch im Krankenstand«, sagte Moser. »Aber schon viel länger als du.«

»Wieso das?«

»Weil ich ein drittes Auge hab.«

»Echt? Auf der Sohle?«

»Doch nicht auf der Sohle, im Kopf.« – Moser lachte.

»Ein drittes Auge! Was siehst du denn mit deinem dritten Auge?«

»Viel. Viel zu viel.«

»Ist das gut oder schlecht?«

»Meinst du, ob ich einen Sehfehler habe?«

»Na, ob es gut oder schlecht ist, wenn man vieles sieht.«

»Das kommt darauf an, was man sieht. Jetzt gerade ist es gut. Weil mit dem rechten und dem linken Auge seh ich, dass du kein Bier hast, und mit dem dritten, dass du aber unbedingt eins möchtest, goi?«

»Das stimmt nicht.«

Moser grinste. »Doch.«

»Nein, wirklich. Das stimmt nicht. Ich will im Augenblick sicher kein Bier.«

Moser lachte jetzt wie … ja, er lachte wie verrückt, aber irgendwie auch ansteckend.

»Doch.«

Roland konnte gar nicht anders, als ebenfalls zu lachen. Drittes Auge, so ein Hokuspokus, also wirklich. Obwohl er kein Freund von Bier am Nachmittag war, nahm er die Bierdose entgegen, die Moser für ihn in der Hand hielt. Moser knickte seine eigene, gerade leer gewordene Halbliterdose in der Mitte ab und warf sie über seine Schulter.

»Ich trink aber auch noch eines mit.« Er zog eine weitere Dose aus der Tasche neben sich hervor.

»Sag mal, ist das etwa eine Kühltasche?«, wunderte sich Roland über das kalte Bier.

»Ja«, grinste Moser, »hab ich auf Dienstreise immer dabei. Prost zusammen.«

Es gab einen stumpfen, leisen Ton, als die Bierdosen zusammenstießen. Roland tat einen kleinen Schluck. Er nahm nun sein Gegenüber etwas genauer in Augenschein. Aus der Nähe sah Moser doch nicht mehr ganz so frisch aus. Stirnfalten wie ein Feldarbeiter. Der dürre Oberkörper war mit brauner, ledriger Haut bespannt.

Die hervortretenden Rippen glichen einer Waschrumpel. Sein langes, silbriges Haar trug er offen. Roland dachte: Alt geworden, der Moser, aber seinen ausgeprägten Huscher hat er scheinbar nicht verloren.

»Machst du eigentlich noch Musik?«

»Wieso?«

»Na, du hast doch früher Musik gemacht. Arsch & Friedrich. Mit dem Erich gemeinsam.«

»Ja, das hab ich aber aufgehört.«

»Schade, ich hab euch ein paarmal live gesehen und fand das wirklich nicht schlecht. Was war der Grund fürs Aufhören?«

»Der Erich, der Arsch.«

Roland beobachtete Moser. Der Freak sprach für ihn in Rätseln. Bezog sich das »Arsch« auf Erichs Künstlernamen oder hatten sich die beiden gar im Streit getrennt? Ehe er ihn fragen konnte, lachte Moser wieder los. Genauso verrückt und ansteckend wie vorhin. Ob über ihn, oder weil er mit dem dritten Auge gerade wieder etwas sah, das er amüsant fand, egal, Roland musste unweigerlich abermals einstimmen.

Eine ganze Weile ging das so. Roland stellte belanglose Fragen zu früher. Moser antwortete stoisch. Jeder mit Interesse an einem echten Gespräch musste bei Moser unweigerlich auf Mühlviertler Granit beißen. Aber darum ging es Roland ja nicht. Er redete nur alibimäßig mit ihm, um selbst keine Fragen beantworten zu müssen, was großartig klappte, weil Moser kaum welche stellte.

Scheiße, mir geht es gut, dachte Roland nach einer halben Stunde des Redens und Lachens. So gut wie schon lange nicht mehr. Er hatte während ihres Gesprächs völlig darauf vergessen, seinen Puls zu kontrollieren, den plötzlichen Herztod an die Wand zu malen. Und das bei über vierzig Grad, eingeschlossen in Saharaluft.

»Ich sehe voraus, was wir beide heute noch machen werden«, sagte Moser nach dem Ende der zweiten Bierrunde.

»Lass hören.«

»Wir fahren gemeinsam nach Linz. In die Kulturfabrik.«

Roland schüttelte den Kopf. »Sicher nicht. Ich wüsste nicht, was ich dort soll.«

»Sex and Drugs and Rock'n'Roll.«

»Geh bitte, Moser, hör auf. Das ist nicht nur bei mir völlig vorbei. Ich will kein Déjà-vu des letzten Jahrhunderts erleben.«

»Wieso nicht? Déjà-vus sind doch geil.«

»Ich brauche keine Déjà-vus. Mir kommt das Leben auch so schon wie eine einzige Wiederholung vor«, sagte Roland.

»Sex and Drugs and Rock'n'Roll«, wiederholte Moser.

»Vergiss es. Ich lebe nicht in der Vergangenheit. Und außerdem kenn ich heute keinen mehr dort, oder?«

»Den Poldi, Lesbos, die Irmtraud, den Lang …«

»Was? Etwa *der* Lang? DJ All Night Lang?«

»Ja.«

»Irre, die Namen hab ich eine halbe Ewigkeit nicht mehr gehört. Lesbos, Wahnsinn! Der hängt in seinem Alter immer noch dort herum? Das gibt es doch nicht.«

»Was glaubst denn du?«

Roland wusste, was er glaubte. Dass das mit der Kulturfabrik eine schlechte Idee war. Auch wenn ihm die Gegenwart Mosers erstaunlich guttat, gab es keinen einleuchtenden Grund dafür, eine Exkursion nach Linz zu starten. Keinesfalls fuhr er heute noch nach Linz. Und überhaupt: War es nicht höchste Zeit für ihn, wieder an den Rand der Panikattacke zurückzukehren? Zu Mona und Lukas. Auf vertrautes Terrain …

Moser warf sich ein weißes Leinenhemd über.

»Was machst du?«

»Wir gehen.«

»Wir? Du meinst es etwa ernst mit Linz?«

»Klar, was denkst du? Ich mag heute noch ein Freistädter lutschen.«

»Wie bitte?«

»Ein Freistädter Bier will ich heute noch trinken«, wiederholte Moser langsam und deutlich für Roland, so als spräche er mit einem Begriffsstutzigen. »Von eurem Wiener Lackerl krieg ich immer Sodbrennen.«

»Das ist nicht mein Wiener Lackerl. Ich bin ja kein Wiener.«

»So? Das wird sich gleich zeigen, ob du kein Ottagringo bist.«

»Aha. Und wie wird sich das zeigen?«

»Ob du mit mir nach Linz fährst oder nicht.«

Im Endeffekt ging er nur deswegen mit Moser mit, weil er sicher war, gleich auf Mona und Lukas zu treffen. Das hätte ihn elegant wieder von Moser entbunden. Aber so aufrecht er das Becken entlangging, so sehr er sich mühte, von Frau und Sohn erspäht zu werden, so ergebnislos blieb dieses Unterfangen. Die Storchenbeine Mosers staksten voran und er folgte hintendrein. Selbst der Umweg über die Toiletten erwies sich als umsonst. Als er vom Pieseln zurückkehrte, wartete einzig und allein Moser auf ihn.

»Spontanen Gefühlen vertrauen«, sagte er sich halblaut vor. Aber er fühlte nichts Eindeutiges, war wieder einmal patt gesetzt, und ehe er sich's versah, stand er neben Moser an der Straße vor dem Kongressbad.

»Was jetzt?«, wollte Roland wissen.

»Erst einmal zum Westbahnhof«, sagte Moser. Mit zusammengekniffenen Augen blickte er die leere Straße hinab, als würde sich dort in den nächsten Minuten ihre Zukunft entscheiden. Aber außer dem Flimmern des Asphalts rührte sich nichts in der Entfernung. Roland schwitzte und haderte mit sich selbst. Wieso hatte er sich nur zu diesem Aufbruch hinreißen lassen?

Ein näherkommendes Motorengeräusch war zu hören.

»Das dritte Auge sieht es voraus«, sagte Moser lächelnd.

»Was?«

In dem Moment bog ein Taxi um die Ecke. Es war nicht schneeweiß und auch kein Mercedes, aber es war ein Taxi. Wie auch immer Moser es herbeigerufen haben mochte, telefonisch oder telepathisch – das Taxi fuhr langsam in ihre Richtung, bremste auf ihrer Höhe ab, die Beifahrertür öffnete sich, und ein arabisch aussehender Mann fragte in das Zittern des Motors hinein: »Für Mossa?«

MONA

Im Kongressbad ging Monas Gefühlen für Roland gleich das nächste Stück Boden verloren. Auf seinem bevorzugten Pritschenplatz räkelte sich eine blasse Blondine in der Sonne. Links und rechts davon zwei leere Handtücher. Eines türkis, eines rosa. Keines davon gehörte Roland. Sie ging die Pritschenreihe ab, drehte eine Runde ums Becken, stellte sich mit Lukas deutlich sichtbar an den Rand der großen Liegewiese, doch nirgendwo ein Winken in der Menge, an keinem Ort ein Hinweis auf Rolands Verbleib. Was sollte dieses Versteckspiel? Wo zum Teufel war er?

»Mama, mir ist heiß, wo ist der Papa denn?«

»Das wüsste ich jetzt selbst auch gern.«

»Ist er vielleicht schon heimgegangen?«

»Möglich, ja. Ich weiß es nicht, Lukas.«

Wen konnte sie bezüglich Roland fragen? Die Kassiererin? Die Frauen an der Ausgabe der Garderobenschlüssel? Aber Roland mietete sich nie eines der Kästchen, das wusste sie. Und dass sich die Kassiererin bei der großen Zahl an Badegästen ausgerechnet an ihren unauffälligen Mann erinnern würde, stand zu bezweifeln. Noch ein Versuch am Handy. Gleich wieder Rolands Mailbox. Mona schloss kurz die Augen und atmete geräuschvoll aus. Sollte sie sich ärgern oder sorgen?

»Mama, mir ist heiß«, wiederholte Lukas.

Das war das Problem mit Kindern: Sie trauten Erwachsenen immer eine Lösung zu.

Mona schwitzte. Das Getöse der Badenden zerrte an ihren

Nerven. Sie musste sich augenblicklich aus der runterknallenden Sonne bewegen. »Komm«, sagt sie zu Lukas, »wir suchen uns einen feinen Platz, dann suchen wir den Papa.«

Tat sie Roland etwa unrecht? War ihm wieder eine Komplikation unterlaufen, hatte er einen neuerlichen Anfall erlitten? Aber warum in aller Welt meldete er sich dann nicht? Und das alles an dem Tag, an dem er endlich Christians Astschere losgeworden war … Christian! Natürlich, der konnte ihr möglicherweise einen Hinweis liefern, wo Roland geblieben war. Als sie kurz darauf in der Nähe des Kinderplanschbeckens endlich einen schattigen Platz ergatterten, rief Mona ihren Schwager am Handy an. Beim vierten Klingeln meldete er sich.

»Christian, ich bin's noch mal. Hat dir der Roland gesagt, wo er von dir aus hingeht?«, fragte Mona und suchte währenddessen die zum Eisstand strömenden Badegäste nach ihrem Mann ab.

»Ja, ins Kongressbad wollte er.«

»Bist du dir da sicher?«

»Ganz sicher. Er hat es mir extra gesagt.«

»Super, da ist er aber nicht«, seufzte sie.

Christian bekam einen Hustenanfall.

»Das hört sich nicht gerade gut an«, meinte Mona.

Als Christian seine Stimme wiedererlangt hatte, antwortete er ihr: »So schlimm wird es schon nicht sein.«

»Schlimm genug«, erwiderte Mona, »schlimm genug.«

Christian zögerte. »Beziehst du das auf Roland oder meinen Husten?«

Erneut seufzte sie. »Ich beziehe es auf alles, Christian, auf *alles*.«

Keine fünf Sekunden später hing ein patschnasser Lukas an ihrem Rücken. »Mama, geh mit mir ins Wasser.«

»Bah, du fühlst dich kalt an. *Wie* heißt das außerdem?«

»Bitte!«

»Richtig.«

»Mama, geh bitte mit mir ins Wasser. Bitte, bitte.«

»Aber sicher, mein Spatz.«

Das war das Positive an Kindern: Sie lenkten einen manchmal von unmittelbaren Problemen ab.

Monas Beine steckten im lauen Wasser des Kinderplanschbeckens. Selbst in unvorteilhafter Sitzhaltung machte sie noch eine gute Figur. Das war ihr auch sehr wichtig. Dass sie mit bald vierzig noch so einen flachen Bauch und eine schlanke Taille aufwies. Gute Gene. Erfreulicherweise verfügte sie über gute Gene, das wusste sie, und Roland könnte das auch wissen, würde er sie öfters an der Taille packen. Kaum zu glauben, dass es sich bei ihm um denselben Mann handelte, der ihr einst auf der Tanzfläche im Flex ins Ohr gebrüllt hatte, wie umwerfend er sie nicht finde, und, weil sie wegen der lauten Musik nichts verstand, zur Verdeutlichung seiner Hingezogenheit die Zunge in selbiges steckte.

»Mama, schau!«

»Ja, super.«

Mona verfolgte mütterlich pflichtgemäß, wie Lukas die kleine Wasserrutsche in der Mitte des Planschbeckens hinunterflitzte. Und dann noch einmal. Und ein weiteres Mal.

Das mit der Zunge hatte Mona damals aus ihr heute nicht mehr nachvollziehbaren Gründen gefallen, und bevor sie Roland nach dieser Nacht vom Flex mit in ihre WG genommen hatte, hatten sie noch im ersten Tageslicht des Rathausparks zum morgendlichen Gezwitscher der Vögel getanzt. Ob Ecstasy im Spiel war? Bestimmt. Wann war denn damals beim Ausgehen Ecstasy kein Thema für sie? Ohne synthetische Drogen wäre doch das monotone Gepumper unerträglich gewesen. Nur unter dem Einfluss von Ecstasy offenbarten sich die verborgenen Melodien, wurde Techno tanzbar und flutschte ihre Libido bereitwillig aus dem Korsett der Moralität. Stroboskopgewitter, Drogennebel, durchgemachte Nächte, erst zu Vogelgezwitscher tanzen, dann zu »Chill out« von The KLF vögeln. Ecstasy-Zeiten – sorglose Zeiten – glückliche Zeiten.

»Mama, schau!«

»Ganz toll!«, rief sie durch das Getöse ihrem Kind zu. Ihr Mobiltelefon, das sie die ganze Zeit über in der Hand hielt, blieb derweil stumm. Wo auch immer Roland in diesem Augenblick sein mochte, was ihm auch widerfahren war, Mona hoffte, dass sie sich umsonst sorgte. Was es auch nicht besser für sie machte. Nachrichtenlos zu verschwinden, gleichzeitig unerreichbar zu sein, und das als Kandidat für Panikattacken und Schlimmeres, das konnte Roland nach diesem Sommer echt nicht bringen. War sie neben ihrer Arbeit jetzt quasi nebenberuflich zur Betreuung von Kindern und eingebildeten Kranken eingeteilt? Sie trat verdrießlich im knöcheltiefen, warmen Wasser herum, sah Lukas wie gehabt beim Rutschen zu.

Wie sollte es weitergehen?

Vielleicht brauchte sie eine Auszeit oder einen Liebhaber oder beides. Sie war es leid, wegen ihrer zwei Männer auf das Eigentliche verzichten zu müssen.

LESBOS

Als Veteran der weit zurückliegenden Aufstände seiner Generation wusste Lesbos, wie sich Niederlagen anfühlten. Stark schwitzend lehnte er am Tresen der Kulturfabrik und blickte über den Rand eines vollen Bierglases hinweg. Was er dort sah, verhagelte ihm die Laune. Statt weiter auf dem Linzer Donaustrand abzuhängen, hatte er sich vorhin unterhalb der Eisenbahnbrücke auf das Fahrrad geschwungen und war in der sengenden Nachmittagshitze flussaufwärts nach Alt-Urfahr gestrampelt, doch jetzt stand zu seiner Enttäuschung nicht Vicky hinter der Bar, sondern irgendein glattgesichtiger Kerl im gestreiften T-Shirt, nicht einmal halb so alt wie er selbst, einer der vielen frisch angeworbenen Typen aus Poldis monatlich jünger wirkender Kneipenbelegschaft.

Falsche Vorstellung, stellte Lesbos fest. Die vorhin auf dem Kiesstrand ersponnenen Nahaufnahmen und Dialoge stimmten so gar nicht mit der vickylosen Gegenwart überein. Vom erhofften Zauber keine Spur. Etwa so, als ob er sich eine Karte für die Reprise eines Godard-Films gekauft hätte, um dann im Saal mit einer Hollywood-Highschool-Komödie zu landen.

Der Vergleich mit dem Godard-Film kam Lesbos nicht zufällig in den Sinn. Tatsächlich erinnerte ihn Vicky schon bei ihrer ersten Begegnung an Jean Seberg in »Außer Atem«. Derselbe Kurzhaarschnitt, dieselbe rätselhafte Lebenslust. Seit Vicky hier arbeitete, zog es ihn wieder mit lange vermisstem Elan in die Kulturfabrik. Kein Wunder, bekam er doch nun zu jedem frisch gezapften Bier eine quicklebendige Frau zum Anstarren dazu.

Im Augenblick suchte Lesbos jedoch vergebens nach dieser Perspektive. Gerne hätte er jetzt Vickys sensationell geschwungene Lippen mit den Augen abgetastet, lieber noch auf ihren aufreizend schaukelnden Sommerkleidhintern gezoomt. Vor allem sah er sich aber um die seltene Gelegenheit gebracht, ohne die ortsüblichen Gaffer und Lauscher weiter Eindruck bei der jungen Frau zu schinden. Das tat er seit drei Wochen nämlich in einem durch: ihr gegenüber wahlweise den Charmeur, das allwissende Rocklexikon oder das betörte Raubtier raushängen zu lassen – und in naher Zukunft – als erhoffte Folge seiner Balzkünste – irgendwann auch den Willi.

Die leeren Stühle an der Bar bestätigten seine Vermutung. Niemand außer ihm war wahnsinnig genug, um an diesem siedend heißen Tag pünktlich zum Aufsperren um fünf Uhr in der Kulturfabrik aufzuschlagen. Im Lokal roch es noch nach letzter Nacht, nach Aberhunderten gerauchten Zigaretten und schalem Bier. An den Wänden lappten fleckige Plakate zurückliegender Konzerte chronologisch übereinander. Dazwischen ein verbeultes Metallschild mit der verheißungsvollen Aufschrift: »Morgen Freibier«.

Lesbos bemühte sich um einen trotzigen Gesichtsausdruck. Er wollte sich die Enttäuschung über Vickys Absenz ihrem Substitut gegenüber nicht anmerken lassen. Äußerlich unbeeindruckt erscheinen. Völlig selbstverständlich als einziger Gast in einem traurigen Lokal am Tresen lehnen, während draußen die Sonne auf glückliche Menschen herabstrahlte. Trotz jahrelanger, wenn auch lange zurückliegender Bühnenpraxis als Rockgitarrist keineswegs eine einfache Übung, weil ihm der Schweiß gerade aus allen Poren schoss und seine Augen davon brannten. Außerdem drangen jetzt die elektronischen Weichspülerklänge, die schon seit seinem Eintreffen aus den Lautsprechern an der Wand blubberten, so richtig zu ihm durch. Was sollte diese Scheiße nun wieder? Hing das auch mit der Hitze zusammen? Lesbos bekam es irgendwie nicht so richtig auf die Reihe. Warum durfte in dieser einst dem Heiligen Joe Strummer geweihten Örtlichkeit plötzlich Esoterikmusik erschallen? Hierzu würde ein ernstes Gespräch mit Abt Poldi nötig sein. *So* nicht. Für derartige Geschmacklosigkeiten hatten er und seinesgleichen nicht Lunge, Leber und Leumund in den dunstverhangenen Lokalen von Urfahr gelassen. Darüber sollte der Gastwirt einmal nachdenken.

Lesbos sah dem neuen Schankburschen beim Arbeiten zu. Anders gesagt, er beobachtete ihn dabei, wie er hinter der Bar lehnte und flink auf einem Smartphone herumwischte. Das schnelle Spiel der Finger erinnerte Lesbos an einen Artikel in einer stadtplangroßen deutschen Tageszeitung. Darin hatte er kürzlich gelesen, der Homo sapiens sei mit Sicherheit nicht der letzte seiner Art. Sobald sich Lebewesen neuen Bedingungen anpassen müssten, entwickelten sie sich rasch weiter. Die menschliche Gattungsentwicklung schritt also immer noch voran. An genau diese Sätze musste er jetzt zwangsläufig denken. Denn im Gegensatz zu ihm machte dem Youngster die Hitze im Lokal überhaupt nichts aus. Er transpirierte kein bisschen. Wahrscheinlich ist das hier schon eines unserer Nachfolgemodelle, dachte Lesbos. Serienmäßig bereits auf den Klimawandel ausgelegt. Die Kühlung funktionierte bei dem neuen Typus Mensch eindeutig besser. Auch das Hirn schien anders zu arbeiten. Es schien bereits für die Benutzung technischer Kommunikationsgeräte umprogrammiert. Das Streicheln, Patschen, Wischen und Drücken geschah in fließenden Bewegungen.

Ich war selbst mal jung, dachte Lesbos. Aber ich war nicht so ferngesteuert wie der Kerl da. Ich hatte Stacheln auf dem Kopf, in allen Farben, um mich gegen den vorbestimmten Mist zu wehren. Mich beschäftigten schon mit vierzehn die großen Fragen des Lebens. Wie bringt man ein Vakuum zum Verschwinden? Wann habe ich das Geld für den ersten London-Trip zusammen? Wo bekomme ich in dieser elenden Stadt eine vernünftige E-Gitarre her? Das waren die entscheidenden Aufgabenstellungen damals. Im Grunde waren wir privilegiert. Von der Zeit und der Unterversorgung. Hier gab es vor uns ja nichts. Wir konnten Pioniere sein. Als Pioniere mussten wir Züge nehmen, mit der Fähre über den Ärmelkanal setzen, um vom Fleck zu kommen, entfernungstechnisch und geistig, romantisierte er in der Hitze des Lokals fort. Es gab erst Schwellen und dann Wege, die es zu finden und auf sich zu nehmen galt, Distanzen und dahinter eine Ferne, nach der man sich sehnen konnte, weil nur eine vage Vorstellung davon existierte. Geografie galt damals noch etwas. Mobile Kommunikationsmittel und Computer existierten nur in Science-Fiction-Filmen. Auf Knopfdruck flog uns gar nichts zu. Für Botschaften aus fremden Universen mussten wir geduldig auf den Briefträger warten. Wir bekamen auch sonst nichts geschenkt. Wir mussten uns alles selbst aneignen, uns gegen jede Menge Idioten behaupten.

Zuspätgeborene kennen das alles leider nicht mehr, sinnierte Lesbos. Zum Teil ist das unsere eigene Schuld. Wir haben das verursacht. Wir haben ihre natürlichen Feinde ausgerottet. Indem wir nicht zu den Vierzig- und Fünfzigjährigen wurden, mit denen wir selbst einst konfrontiert waren. Autoritäre Spießer, Nazis, Kapitalisten. Das hat fatale Auswirkungen. Nicht für uns, aber für Kerle wie den da. Man sieht das doch: Ohne natürliche Feinde verkümmern die Instinkte. Wenn du den scharf anhustest, fällt er um. Bis der begreift, dass er mit seinem Dauergesurfe einzig den Algofaschisten aus dem Silicon Valley ins Messer läuft, ist sowieso alles zu spät. Vielleicht ist das aber zu pessimistisch gedacht, überlegte Lesbos. Konnte es sein, dass er den hitzeresistenten Handykindern unrecht tat? Sah oder verstand er ihren Auftrag einfach nicht? Möglicherweise führte ja eine junge Generation den Aufstand mit anderen Mitteln als den seinen fort. Und war Vicky nicht ohnehin die lebendige Antithese zu seinem Blues?

Vielleicht war doch nicht alles umsonst, hoffte Lesbos. Das Hausbesetzen, die Prügeleien mit den Bullen, die Vorstrafen, die verrutschten Bandscheiben vom Verstärkerschleppen, die Tausenden Kilometer im Bandbus, das Klebstoffschnüffeln.

So viele Scharmützel mit dem Imperium. So viele an Zirrhose, Aids oder an die Bürgerlichkeit verlorene Gefährten. Der Geist unserer Jugendtage kann doch nicht spurlos verschwunden sein. Vielleicht ist unser Schweiß in ein uneinsehbares Loch gesickert, wo er jetzt vor sich hingärt, um irgendwann zu explodieren.

Mal hören, was die Zukunft der Menschheit dazu zu sagen hat. Und weit wichtiger: Ob sie auch weiß, wo Vicky steckt.

Lesbos räusperte sich. »Wie heißt du eigentlich?«, fragte er über die Bar. Es sollte harmlos klingen, tat es aber nicht.

»Baldur«, sagte die Zukunft zögerlich.

»Interessant. Hatten wir bisher hier noch nicht … Du bist neu in der Fabrik, oder?«

»Ja, kann man so sagen. Heute ist mein vierter Dienst.«

»Dann herzlichen Glückwunsch, Baldi. Es sind somit nur noch achtundvierzig Jahre, zwei Monate und neunzehn Tage bis zur Mindestpension.«

Baldur tat, als finde er diesen Spruch unterhaltsam. Es stand für ihn außer Zweifel, wer hier leibhaftig vor ihm lehnte und den von ihm frisch gewischten Tresen mit Schweiß volltropfte. Beim Einstellungsgespräch hatte ihn Poldi vor Lesbos gewarnt und eine präzise Beschreibung der Person mitgeliefert: »Drahtiger, grau melierter Kerl, Mitte fünfzig, selber Friseur wie die Rolling Stones, auffällig gekleidet, firmiert in der Galaxie der Kulturfabrik als Fixstern, wegen seiner Zeit bei BH-Wert, der wichtigsten Band, die diese Stadt in den letzten drei Generationen hervorgebracht hat, auch wenn das diesseits der vierzig keiner mehr weiß. Die wichtigsten zwei Verhaltensregeln im Umgang mit ihm: Lesbos in Ruhe lassen. Lesbos pronto das geben, was er verlangt. Bier zumeist, am Wochenende manchmal auch Whisky. Den immer pur, ohne Eis oder Wasser. Und jedes Getränk zum Hauspreis. Unbedingt! Hauspreis! Das ist die wichtigste Information überhaupt. Wenn Lesbos auf Hauspreis trinkt, ist er handzahm.« Soweit Poldi.

Ebenjener Lesbos langte jetzt nach den weißen, hinter der Bar gestapelten Papierservietten. Damit wischte er sich Stirn und Hals trocken. Den Berg triefender Servietten drapierte er auf dem Tresen neben dem glitzernden Schweißsee. Wirkung erzielte er dadurch kaum. An seinem Haaransatz bildeten sich sofort wieder neue Tropfen. Eingeschüchtert verfolgte Baldur diesen Vorgang.

»Sag mal, sollte heute nicht Vicky arbeiten?«

»Sollte, ja. Wir haben Dienst getauscht. Sie wollte an den Attersee, schaut aber später noch vorbei …«. Baldur blieb vorsichtig. Er war froh, Lesbos profund Auskunft geben zu können. Mehr als ein knappes »Okay« war das dem schwitzenden Bargast aber nicht wert.

Am Attersee also. Scheiße, aber beneidenswert, befand Lesbos nach einer Weile stummen Grübelns. Und auch naheliegend, obwohl einen Tagesritt entfernt. Schließlich stammte Vicky aus der Gegend dort. Aus einem Haufendorf bei Vöcklamarkt. Das hatte sie ihm selbst mit diesen Worten erzählt. Lesbos erinnerte sich genau daran. »Haufendorf, herrlich! So müsste hier wieder öfter gesprochen werden«, hatte er an jenem Abend durchs Lokal gebrüllt und anerkennend das Bierglas in ihre Richtung gehoben. Endlich wieder jemand seiner Blutgruppe. Von seinem Stammplatz am Tresen sah er Vicky gerne zu, wie sie die schwierigsten Situationen und lästigsten Gäste in den Griff bekam. Ihr brauchte niemand Ratschläge zu den Mechaniken der Kulturfabrik zu geben. Sie hatte gleich durchschaut, wie die Zahnräder im Haus ineinandergriffen, und wusste von Anfang an, dass dieser Mikrokosmos mit Basisgruppe, Konzertbühne und Ausschank keine bessere Ausgabe der Welt darstellte. Hier sah alles nur ein wenig kaputter aus. Auch die Stammgäste. Lesbos inklusive.

Ich sollte mich nicht beschweren, sagte sich Lesbos. Keiner von uns sollte das. Alle sollten wir dankbar sein, dass wenigstens diese Bastion den Zeiten standhält. Von dem alten Viertel ringsum ist nicht mehr viel übrig geblieben. Verschwunden die verstaubten Geschäfte und modrigen Häuser, begradigt die gewundenen Gassen. Statt zwielichtiger Spelunken gab es hell erleuchtete LED-Fassaden. Die Träume von einst lagen in Trümmern, weil keine greifbaren Trümmer mehr herumlagen. Es war aufgeräumt. Die Besitzverhältnisse waren geklärt, die Utopien überbaut. Nur an die Kulturfabrik wagten sich die Veränderungen nicht heran. Der Geist der Vergangenheit hielt sie auf Distanz. Hier war alles noch so abgerockt wie immer schon. Stillstand, riefen deshalb die zahlreichen ehemaligen Aktivisten, viele von ihnen im Streit oder aus Desillusion aus der Basisgruppe geschieden. Es geht voran, behaupteten wacker die Bewahrer.

Erfrischenderweise schienen Vicky weder das innerbetriebliche Hü und Hott noch das ständig überlaufende Klo abzuschrecken. Für sie war die Kulturfabrik trotz alledem das einzige infrage kommende Hangout der Stadt. »Weißt du«, rief sie Lesbos eines Freitagabends während des Bierzapfens durch den Lärm zu, »ich kann diese anderen Lokale nicht leiden. So pseudoschicke Hütten, in denen die Gäste über Wein reden, anstatt sich zu besaufen. Was ist das nur? Weißt du das? Kommt die Weinklugscheißerei mit dem Alter? Oder vom Überdruss? Weil die großen Themen auserzählt sind, tot? Geht es irgendwann nur noch darum, sich in Kultiviertheit zu übertrumpfen? Geltungskonsum, ist es das?«

Lesbos hatte nach kurzem Nachdenken mit den Schultern gezuckt. Er musste Vicky die Antworten auf ihre vielen Fragen schuldig bleiben. Sein Sachverstand bei Getränken beschränkte sich auf Bier und Whisky. Für andere Genüsse, darunter auch Mineralik und Hanglage von Weinen, war seine Zunge taub. Ihm fehlte zudem seit jeher jede gesellschaftliche Ambition. Das ihm mehrfach vorgelegte Antragsformular zur Aufnahme ins normalbürgerliche Spektrum hatte er nie unterschrieben. Bis zum heutigen Tag hatte ihn immer einer seiner Jugendfreunde davon abgehalten: Raymond Chandler, Johnny Rotten, Sid Vicious, Charles Bukowski, Alan Sillitoe, Boris Vian, Iggy Pop, Keith Richards, Ray Davies und wie sie alle hießen. Typen, die nicht im Linzer Telefonbuch standen, die er aber jederzeit anrufen konnte, wenn Rat und Rage gefragt waren. So war es immer schon gewesen. In der für ihn prägenden Zeit Ende der Siebziger liefen unter der Woche im Lifka-Kino in der Waltherstraße auch Filme der Nouvelle Vague und des New Hollywood, manchmal ein Fassbinder, später dann »The Great Rock'n' Roll Swindle«. Die eigentlichen Unterrichtsstunden für Lesbos. Freitag und Samstag spielte er selbst mit BH-Wert landauf, landab Konzerte. Bad Ischl, St. Peter am Wimberg, Mödling. Das mit dem Normalbürgertum ging sich schon zeitlich nie aus bei ihm. Antragsabgabe war nur von acht bis sechzehn Uhr. Er stand jedoch so unzeitig auf, dass den ganzen Tag Abend für ihn war. Hell wurde es für Lesbos nur vor dem Zubettgehen. Wenn er auf dem Nachhausweg von den Lokalen und Auftritten war.

Bei Vicky war er mit seiner Lebensführung in jeder Hinsicht an die Richtige geraten. Sie teilte, wie sich rasch herausstellte, die Vorliebe für die Werke seiner ewigen Helden, mochten auch viele von ihnen so tot sein wie der Rock'n'Roll selbst. Das war aber nicht alles. Da sie Skandinavistik studierte, hatte sie selbst eine Menge guter Geschichten über die nordischen Länder parat, über verrückte dänische Filmregisseure und noch durchgeknalltere isländische Death-Metal-Bands.

Eigentlich machte sich Lesbos ja nichts aus isländischen Death-Metal-Bands. Für ihn waren die Rolling Stones oder die Sex Pistols tödlich genug. Aber seit ihm Viktoria ihr nacktes Schulterblatt vorgeführt hatte, auf dem Hrimfaxi tätowiert war, ein pechschwarzes Pferd aus der nordischen Mythologie, auf dem die Göttin Nótt über den Nachthimmel ritt, interessierte ihn plötzlich auch die gleichnamige Band aus Reykjavík. Egal ob deren Musik nun Schrott war oder nicht.

Lesbos merkte, wie das frische Schwärmen von Vicky seine schlechte Laune aus dem Lokal ventilierte. Mit einem Grinsen dachte er an ihr Kennenlernen zurück.

»Was bist jetzt du für einer?«, hatte sie ihn gleich am ersten Tag ihres neuen Jobs gefragt.

»Lesbos, Raubtier a. D.«, hatte er spontan rausgeschüttelt.

Ihre Verwunderung darüber währte jedoch keine fünf Sekunden.

»Was heißt a. D.? An der Donau, oder was?«

»Nein, außer Dienst.«

Er sah, wie sich an den Jean-Seberg-Wangen Grübchen bildeten.

»Wegen Dienstuntauglichkeit?«

»Zur Tarnung. Ich bin weiterhin als fittes Raubtier tätig, aber nur noch undercover.«

»Auf Deutsch: solo unter der Bettdecke.«

Sie machte eine eindeutige Handbewegung und verschwand in die Küche. Verwundert blickte er der jungen Frau hinterher.

»Wen haben wir uns denn da eingefangen?«, fragte er Poldi.

Kurze Zeit später kam Vicky zurück, um ihn nach der Herkunft seines Namens zu fragen.

»Wen interessiert das«, grummelte er.

»Den hat er von mir bekommen«, rief Poldi hinter der Bar hervor. »Ich bin sein Taufpate. Das steht sogar auf Wikipedia.«

»Na, dann muss es ja stimmen«, sagte Lesbos.

»Poldi, der Täufer«, glaubte der damals ebenfalls anwesende Moser geistreich einwerfen zu müssen.

»Über dich gibt es einen Eintrag auf Wikipedia?«, staunte Vicky.

»Keine Ahnung. Kann sein. Wenn's der Poldi sagt …«

Poldi präzisierte: »Seine ehemalige Band hat einen: BH-Wert. Und unser Lesbos heißt wegen seiner ersten Geliebten so. Einer Les Paul … « Der Wirt drosch in die Saiten einer Luftgitarre.

Lesbos hob den Zeigefinger. »Einer perlmuttfarbenen Gibson Les Paul. Etwas mehr Respekt, bitte.«

»Uhhh! Hört ihr wieder diesen zärtlichen Unterton?«, sagte Poldi und wackelte mit den Hüften. »Klar, eine Gibson Les Paul! Keine Nullachtfünfzehn-Klampfe! Nein, nein, ich spiele eine Gitarre mit Vor- und Nachnamen, eine dauergeile, immer unter Strom stehende Gibson Les Paul!«

»Genau«, sagte Lesbos mit ernstem Unterton, »die Gitarre von Keith Richards und Dave Davies.« Ihn ärgerte die Aufzieherei, besonders die langgezogenen Selbstlaute, mit denen Poldi noch mehr Ironie in seine Sätze zu bringen versuchte.

»Wer ist Dave Davies?«, fragte Moser nach.

»Na, wer wohl? Rays Bruder natürlich«, sagte Lesbos. »The Kinks. Hättest du dir früher die besseren Bands angehört, wüsstest du das.«

»Heb dir keinen Bruch beim Angeben«, sagte Moser.

»Okay, okay«, beschwichtigte Vicky die beiden. »Ich verstehe. Lesbos kommt also von Les Paul.«

»Oder von Poldisss Sssungenfehler«, lispelte Moser. Er und Lesbos grinsten einander bereits wieder wie die besten Freunde an.

»Und was wurde aus der großen Liebe?«, hakte Vicky nach.

»Zerbrach irgendwann. An einem Verstärker.«

»Tragisch. Aber ein großer Splitter davon steckt offenbar noch in dir.«

»Weshalb?«, fragte Lesbos.

»Weil du deinen Namen nie abgelegt hast.«

Dialoge wie diese lieferten Lesbos die Gründe, Vicky näher ins Auge zu fassen. Irgendwann ging er zwar nicht mit ihr, aber mit einem auf sie bezogenen Satz im Kopf nach Hause: Er mochte ihre intellektuellen Kurven mindestens so sehr wie die Rundungen ihres Körpers. Nicht gerade ein Sinnspruch, auf den er stolz war. Er klang ihm zu sehr nach Altherrenliteratur, nach greisen südamerikanischen Schriftstellern, die von einem ordentlichen Ständer genauso weit entfernt waren wie vom Literaturnobelpreis. Und in dieser Riege fühlte er sich wirklich nicht gut aufgehoben.

Gedankenverloren nahm er endlich einen Schluck von dem Bier. Und weil ihm die kalte Flüssigkeit angenehm das Hirn vereiste, noch einen zweiten. Aber was in drei Teufels Namen war das?

Die Pisse von Hrimfaxi? Es kostete Lesbos Überwindung, nicht augenblicklich auf den Boden der Kulturfabrik zu spucken. Nach Bier schmeckte dieses Gesöff nie und nimmer. Eher nach faulen Äpfeln. Entweder führte Poldi jetzt französischen Cidre im Lokal, oder die Bierzapfanlage funktionierte nicht richtig. Lesbos hob das Glas gegen das Licht und beäugte die gelbe Flüssigkeit.

»Da perlt nichts«, sagte er nach einer Weile des kritischen Betrachtens.

»Bitte?« Vorsichtig schob Baldur den Kopf vor.

»Mit dem Bier ist was nicht in Ordnung. Es perlt nicht und schmeckt komisch.«

»Echt wahr? Lass schauen.«

»Genau, Baldi. Schauen«, sagte Lesbos. »Schauen reicht völlig aus. Trinken braucht man es gar nicht. Weil jeder Kurzsichtige schon mit bloßem Auge erkennt, dass dieses Gesöff unmöglich Bier sein kann.«

Baldur besah sich nun von seiner Seite des Tresens das Glas.

»Und woran erkennt der Kurzsichtige das?«, fragte er mit zusammengekniffenen Augen.

»Siehst du das nicht? Am Schaum natürlich«, sagte Lesbos. »Er fehlt.«

»Das ist eben so, dass auch bei einem frisch gezapften Bier der Schaum mit der Zeit verschwindet, wenn man es zu lange stehen lässt.«

»Aha, und gleich darauf verpufft die Kohlensäure, und das Bier verwandelt sich in Apfelsaft, oder wie?«

»Nein, das nicht.«

»Siehst du, Baldi«, Lesbos hielt ihm das Glas direkt vor die Nase, »deshalb tauchst du deine Zunge jetzt selbst in die Pisse. Damit du weißt, was ich meine … Und dann bist du bitte so nett und schüttest den Rest in die Abwasch, greifst links von dir in die große Kühllade, ziehst eine Flasche Budweiser heraus, machst sie auf und gibst sie mir mit einem frischen Lächeln herüber.«

»Vielleicht ist nur das eine Fass gekippt?«, mutmaßte Baldur.

»Möglich.«

»Es muss ja nicht gleich die Pumpe was haben.«

»Hm.«

»Was soll ich machen, wenn es doch die Pumpe ist?«

Kaum zu fassen, bei dem Jungen klang tatsächlich so etwas wie Verzweiflung durch. Lesbos glaubte es nicht. Wo bekam Poldi nur immer diese Hosenscheißer her?

»Was du machen sollst? Mir ein Budweiser geben und dann Poldi anrufen. Der kriegt das schon wieder hin, keine Angst«, sagte Lesbos. »Und noch was, Baldur …«

»Ja?«

»Sag Poldi, er soll bei der Gelegenheit auch gleich die Musikanlage reparieren.«

Baldur stutzte. »Wieso? Was ist mit der?«

Lesbos tat, als würde ihn Baldurs Frage verwundern.

»Sag, hörst du das nicht? Die scheint ja ebenfalls völlig hinüber zu sein. Mehr als ein Blubbern kommt da nicht mehr raus.«

Mit der Bierflasche in der Hand trat Lesbos auf die Straße. Weiße Monobloc-Stühle und Kunststofftische standen wild durcheinander auf dem Kopfsteinpflaster herum. Poldis Vision eines gemütlichen Gastgartens. Gleich dahinter führte ein grüner Abhang zur Donau hinab. Steinblöcke befestigten das Ufer. Auf der anderen Seite des träge nach Osten fließenden Stroms ließ die Saharaluft die Skyline von Linz flimmern. Am Himmel war Skinfaxi, das weiße Gegenstück von Hrimfaxi, dem Ende seiner täglichen Arbeit ein gutes Stück näher gekommen. Der von dem Pferd gezogene Sonnenwagen Dags – noch so eines Heinis aus Vickys Ensemble der nordischen Götterwelt – parkte schon über dem Freinberg. Bis zur Finsternis war es trotzdem noch ein breiter Weg. Im Sommer dauerten Skinfaxis Schichten länger. Lesbos war schon bestens mit Vickys Welt vertraut. Er trank von dem tschechischen Bier. Es schmeckte tadellos.

Wenn Lesbos eines konnte, dann improvisieren. Aus dem wenigen, das man zur Verfügung hat, das Maximum herausholen. Aus drei Gitarrenakkorden achtzehn Songs machen. Oder aus Brettern vom Sperrmüll ein Doppelbett tackern. Oder in einer Stadt glücklich sein, deren Hauptstraße tatsächlich Landstraße heißt. Lesbos haderte nicht mit seinem Dasein. Es war gut so, wie es war. Es hätte für ihn zwar besser, aber auch weitaus schlechter kommen können. Es gab nichts Schlimmeres, als entgangenen Chancen nachzuweinen. Das zieht einen nur runter. Zu denen, die sich unverstanden und übersehen fühlen, immer nur Pech im Leben haben, ständig an die falschen Freunde geraten und was sonst noch an Unglück beim Branntweiner ausgebreitet wird, wenn am Monatsanfang die Notstandshilfe für zwei, drei Abende des Ausgehens reicht.

Freilich könnte er heute ganz anders leben. Büro und Assistentin haben, Familie, Haus und Auto (am liebsten einen Vintage-Lamborghini). Die Anlagen dafür wären vorhanden gewesen. Er hätte nur rechtzeitig den Beispielen wendiger Jahrgangsgenossen folgen müssen. Das auf wild gezimmerten Bühnen und unter Exzentrikern Aufgeschnappte zu Markte tragen müssen. In irgendwelchen Werbe- oder Medienklitschen. Aber Lesbos hatte es nie anders gehalten als jetzt, sich seine Rebellion nie versilbern lassen. Er war nie dem Erfolg hinterhergelaufen, war immer konsequent auf Gegenkurs geblieben.

Ein Flusskreuzfahrtschiff unter niederländischer Flagge kämpfte sich unter Mühen die Strömung hinauf. Lesbos sah ihm bei den Anstrengungen zu. Als sich das Schiff auf gleicher Höhe zu ihm befand, grüßte er mit erhobener Bierflasche hinüber. Keiner der Passagiere auf dem Oberdeck grüßte zurück. Er nahm es nicht persönlich. Für sie war er nur ein schmaler Strich am Urfahraner Donauufer, kaum dicker als ein stramm stehender Sonnenschirm.

Er hatte es schon mehrfach über sich in Lokalzeitungen gelesen. Objektiv war zu sagen, dass Lesbos' Leben bis heute vom langen Schatten der kurzen Karriere seiner Band BH-Wert bestimmt blieb. BH-Wert stellte keine pflichtschuldigen Franchise-Nehmer der Sex Pistols dar. In ihrer Musik, in ihrem Auftreten flossen genauso der Sound und die Attitüden der aufmüpfigen Sixties ein, neben Unmengen harter Getränke vor, während und nach ihren Konzerten. Zu ihrer Zeit verstrickten sie sich nicht in dem belanglosen Knäuel lokaler Bands, sondern folgten ihrem eigenen roten Faden: sich niemals beim Publikum anbiedern, keine unnötigen Scherze erzählen. Ihren völlig übersteuerten Größenwahn lebten sie todernst aus. In dieser Sache blieben sie ihrem großen Inspirator treu. Sid Vicious sagte ja auch nicht »Bitte« oder »Danke«. Warum also freundlich sein, wenn einem Rotzigkeit höhere Aufmerksamkeit, fettere Gagen und genügend Sexualpartner beiderlei Geschlechts einbrachte?

Und mittendrin in dieser unbewussten, unkontrollierten, aber hinreißenden Inszenierung jener Jahre: der blutjunge Lesbos an seiner Les Paul. Der mit den wildesten Haaren von allen. Der an keinem Abend ohne neue Bettwärmerin nach Hause ging. Der, wie sich alle zuraunten, unpackbare, übersexualisierte Gitarrist von BH-Wert. Der sich auf der Bühne wie ein angeschossener

Amokläufer gebärdete, um sich und seine Generation für ein paar Sekunden vom Elend der Provinz zu erlösen.

Lesbos' Angebot an seine Heimatstadt lautete ab dem Erweckungsjahr Neunzehnhundertsiebenundsiebzig in aller Klarheit: »Verehrt mich bis in alle Ewigkeit oder leckt mich für immer.« Sein Ego war viel zu groß für halbe Sachen. Das ging für die lokalen Verhältnisse erstaunlich lange gut, doch irgendwann wurde es vielen seines Jahrgangs zu anstrengend, jedes Wochenende die Welt aus den Angeln heben zu müssen. Sie arrangierten sich mit der Gesellschaft, beschritten vielversprechende Ausbildungswege, gründeten glückliche Familien, errichteten stattliche Häuser und traten in ehrbare Berufe ein. Zeitgleich rollten die Bagger in Alt-Urfahr an. Eine Zeit der Abschiede begann. Bei den unbeugsamen Hedonisten machte sich nun der ungesunde Lebenswandel bemerkbar. Häuser und Freunde verschwanden. Der New Wave wurde alt. Die Mehrzahl der früheren Verehrer wandte sich über Nacht von Lesbos' Wirklichkeit ab. Sie lösten ihre Rückfahrkarte in die Normalität. Nicht ohne ihn in bester Erinnerung zu behalten. Als Überfigur von etwas, auf das sie fortan verklärend als ihre »Jugend« zurückblickten.

Lesbos hatte einige dieser Verehrer immer noch vor Augen. Die aus den hinteren Publikumsreihen, die sich nie an dem ungestümen Durcheinander auf oder vor der Bühne beteiligt, sondern stumm und in gebügelten Hemden dem Furor beigewohnt hatten. Nach dem Ende von BH-Wert waren ein paar davon wieder aufgetaucht. Die ehemaligen Randfiguren hatten im Rathaus Karriere gemacht. Einem Gebäude, das Lesbos jedes Mal schlechte Laune bereitete, wenn er davorstand. Erst vor wenigen Wochen hatte er einen Anruf von dort erhalten. Eine freundliche männliche Stimme. Sie konnte noch nicht allzu lange in der Bürokratenpyramide eingemauert sein.

Könnten sich BH-Wert vorstellen, für einen Abend auf die Bühne zurückzukehren? Der Stadtrat Lorenz feiere im Oktober nämlich seinen fünfzigsten Geburtstag, und als ein bis heute glühender Fan der Band wäre es für ihn das Größte, wenn BH-Wert seine Geburtstagsparty rocken würden. Eine dem Aufwand und der Bedeutung dieser Reunion angemessene Gage sei vorgesehen. Schwer vierstellige Zahl, verstehen Sie? Und zwar für jeden der Musiker! Folglich insgesamt fünfstellig! Bei diesem einmaligen Anlass solle nicht gespart werden! Kurze Pause. »Und natürlich sprechen wir dabei von Eurobeträgen, Herr Lesbos, nicht von Schilling, so wie früher zu Ihrer großen Zeit.« Wiehern am anderen Ende der Leitung.

Glühender Fan. Party rocken. Herr Lesbos. Ja, Lesbos verstand nur zu gut. Niemand, der sein Bier in der Kulturfabrik trank, redete so. Sofort waren die alten Abwehrkräfte aktiviert. Er machte deutlich, dass er sich das nie und nimmer vorstellen könne. Egal ob für Euro oder Schilling. Und überhaupt: Reunion? Insel im Indischen Ozean mit sieben Buchstaben. Sorry, mehr falle ihm dazu nicht ein. Und bei Inseln kenne er sich wohl wie kein Zweiter aus. Ende der Durchsage.

Es folgte ein gut vorbereiteter und auch so vorgetragener Umstimmungsversuch. Der Hinweis auf die beträchtliche Höhe der Gage wurde wiederholt, Schmeicheleien eingestreut. Lesbos bereitete das Ablehnen so nur noch mehr Genugtuung. Dass BH-Wert noch einmal auftraten, egal wo, egal für welches Geld, hatten Lesbos und seine einstigen Komplizen am Sterbebett der Band für alle Zeiten ausgeschlossen. Das war so sicher, wie die Donau ins Schwarze Meer mündet und sich sein Zahnfleisch Jahr für Jahr ein Stückchen weiter zurückzog.

Einerseits.

Andererseits ertappte er sich seit besagtem Anruf, so wie auch jetzt, des Öfteren dabei, doch über die angebotene Gage nachzudenken. Fünfzehntausend Euro! In alter Währung über zweihunderttausend Flocken. Eigentlich eine Menge Geld für eine Stunde Musik runterrotzen. Leicht verdient noch dazu. Irgendwie also doch reizvoll. Auch wenn das mit sich brächte, mit Frenzy reden zu müssen. Das war wohl das größte Hindernis dabei. Allein der Gedanke an den ehemaligen Sänger von BH-Wert bereitete Lesbos Kopfschmerzen. Frenzy Runterzieher, wie Lesbos ihn schon damals heimlich genannt hatte, ein ewig nörgelnder, geltungssüchtiger, selbstverliebter Gockel, der ihm obendrein bis heute vorwarf, für das Ende der Band verantwortlich zu sein. Jahrelang hatten sie einander erfolgreich ignoriert. Er hatte gehofft, dass es dabei bleiben würde. Aber jetzt ließ es sich nicht vermeiden, bei ihm anzurufen. Ohne Frenzy keine BH-Wert-Reunion und auch keine fünfzehntausend Euro. So viel stand fest.

Ding, dong, ding. Mit drei Schlägen riss ihn die Glocke der Pfarrkirche aus seinen Gedanken. Er schaute zum Ziffernblatt hoch. Dreiviertel sechs. Lesbos trank das restliche Budweiser auf ex aus. Mal schauen, wie ich die Zeit bis Mitternacht rumkriege, dachte er. Mitternacht. Vorher würde Vicky sicher nicht in der Kulturfabrik auftauchen. Aber dann würde er da sein. Er lauerte weiter auf seine Chance bei ihr, drehte sich um und ging zurück ins Lokal.

TOMMI

Anders als die jährlich wechselnden Eissorten von Eskimo änderten sich manche Dinge nie, wie Tommi auf der Terrasse des Buffets im Hummelhofbad zufrieden feststellte. Ein Geschwader Schwalben zauberte den für alle Ewigkeiten gültigen Sommersound in die heiße Luft. Es gab Berner Würstel mit Pommes frites. Und Speedy klebte seit über zwanzig Jahren ein ernst gemeinter Schnauzer zwischen Nase und Oberlippe.

Speedy, die schnellste Faust vom Bindermichl. Ein braun gebrannter, schlaksiger Typ Ende vierzig mit ausgefranstem Acht-Euro-Haarschnitt, zwei falschen Schneidezähnen und Goldkette um den Hals; selbiger saß jetzt mit Sonnenbrille und einem Bier bei Tommi am Tisch und sah ihm dabei zu, wie er eine Tüte Ketchup auf das Durcheinander goldgelber Pommes quetschte.

Das mit der schnellsten Faust war ein auf Fernsehkonsum zurückgehender Witz aus Jugendtagen, nicht mehr und nicht weniger. Zwar ließ sich auch Speedy nicht zweimal zum Tanz bitten, wenn es zur Sache ging. Aber deswegen hieß er nicht Speedy. Er hieß so, weil es auf dem Pfarrplatz in grauer Vorzeit ein Spielautomatenlokal gleichen Namens gegeben hatte, wo Speedy während der Achtziger fast täglich ein halbes Dutzend Fünf-Schilling-Münzen in Spiele wie *Time Pilot* und *Elevator Action* investierte. Die Spielhalle dieses Namens war im Jahrzehnt darauf verschwunden. Heute befand sich darin ein Café. Aber Speedy war immer noch Speedy.

Auf dem Tisch vibrierte es. Tommis Handy ruckelte hin und her.

Eingehender Anruf von Uwe. Er wischte sich eilig Ketchup und Fett von den Fingern und nahm das Gespräch an.

»Was ist jetzt schon wieder?«

»Ein neues Problem, Tommi.«

Er seufzte. »Okay, lass hören.«

»Helmut will bei unserem Ausflug unbedingt dabei sein. Egal wann, egal wo.«

»Ja, genau … Auf gar keinen Fall! Das hast du ihm hoffentlich klargemacht.«

»Schon, aber genutzt hat es nichts. Du kennst ihn ja. Wenn er sich etwas einbildet, ist das in Stein gemeißelt. Er ist heiß auf die Flachwichser.«

»Er soll nicht heiß sein, sondern sich daran erinnern, was ihm die Richterin beim letzten Mal gesagt hat.«

»Und du glaubst, daran erinnert er sich, wenn es ums Aufmischen geht?«

Uwe hörte, wie Tommi laut vor sich hinfluchte.

»Bringt es was, wenn ich selbst mit ihm rede?«

»Beim Helmut?«

Er zögerte mit der Antwort. »Okay, vergiss es. War eine blöde Frage.«

»Seitdem Gü den Kinderwagen erwähnt hat, streicht er in seinem Kopf die Typen glatt«, sagte Uwe. »Du weißt, was das bedeutet.«

»Scheiße!«

»Du sagst es.«

Tommi musste einen Augenblick nachdenken. »Lass uns die Sache unbedingt so durchziehen, dass garantiert kein Wirbel mit den Bullen herauskommt, okay?«, sagte er dann.

»Weil dir die Karin sonst den Kopf abreißt?«

»Ja, und die Eier noch dazu … Die kontrolliert sogar meine Wäsche nach Blutflecken … Kannst du dir das vorstellen? Seit ich das weiß, trag ich Arbeitskleidung. Alte Sachen, die ich hinterher wegwerfe. Bislang scheint das zu funktionieren.«

Uwe lachte. »Bleibt es bei sieben?«

»Um sieben bei Inge«, bestätigte Tommi. »Der Ortler weiß Bescheid?«

»Logisch, der ist voll motiviert. Für den ist es das Größte, wenn er uns einen Gefallen tun kann.«

»Wenigstens was.«

Speedy war während des Telefongesprächs stumm danebengesessen. Nun biss er auf seinen Fingernägeln herum, während sich Tommi in aller Ruhe drei Pommes zwischen die vor Fett glänzenden Lippen schob und gedankenverloren zu Kartoffelbrei kaute. »Also? Was sagt er, der Uwe?«, platzte es aus Speedy heraus. »Lass es dir nicht wie Würmer aus der Nase ziehen. Wie schauen wir aus?«

Tommi tat, als mustere er Speedy kritisch. »Wie wir ausschauen?«, fragte er dann, »kann ich dir sagen: Ich schaue sehr gut aus, aber du solltest dir endlich deine Rotzbremse wegmachen.«

»Friss deine Würstel zusammen«, kam es von der anderen Seite des Tisches zurück.

Wunderbar. Tommi schob den Teller beiseite. Ihm war nach der Laune jetzt auch noch der Appetit vergangen. Er fixierte Speedy. »Schlecht schauen wir aus, wenn du es genau wissen willst … Heli will mitmischen.«

»Und? Was ist daran schlecht? Ist doch Weltklasse, wenn unser Hulk dabei ist. Da werden sich die Hurenkinder vor Angst anspeiben.«

»Trottel, denk nach. Der ist keine zwei Wochen aus dem Häfn heraus, mit der Ansage, dass er bei der kleinsten Kleinigkeit wieder und länger sitzt – und anschließend wartet der Maßnahmenvollzug!«

»Maßnahmenvollzug? Geht das so einfach?«

Tommi lächelte mitleidig.

Neben dem Eingang zu Inge's Pub stand ein altes bauchiges Weinfass im Schatten eines Bogengangs. Es diente als Stehtisch. Um in den eigentlichen Gastgarten zu gelangen, musste Tommi durch das Lokal in den Hinterhof gehen. Dort saßen um halb sieben gezählte drei Gäste unter verblichenen Kaiser-Bier-Sonnenschirmen. Tommi versicherte sich mit einem Kontrollblick, dass auch heute kein unbekanntes Gesicht darunter war. Spitzel konnte er speziell an diesem Abend nicht brauchen. Beruhigt lehnte er sich anschließend an die Theke, um auf seine Freunde zu warten.

Inge's Pub war ein typisches Linzer Vorstadtlokal mit durchschnittlicher Einrichtung, durchschnittlichem Bier und durchschnittlichen Gästen. Herausragend waren hier nur die auftoupierten Haare der Chefin, die bei keinem Gespräch den geringsten Zweifel aufkommen ließ, wer in dieser Bindermichler Institution seit dreißig Jahren die Meinungshoheit ausübte. Dazu qualmte sie unablässig Memphis. Selbst jetzt in der auch so schon stickigen Luft klemmte eine Zigarette zwischen ihren grellrot geschminkten Lippen. Tommi bestellte sich ein großes Bier und blätterte in der herumliegenden Kronen Zeitung.

»Hast du es schon gelesen, Tommi? Die Arschlöcher in Wien wollen uns Wirte ruinieren. Komplettes Rauchverbot in Lokalen. Soll gesetzliche Pflicht werden. Verstehst du das? Versteht das irgendwer? Was haben wir denen getan? Was geht es die Politiker an, ob bei mir herinnen die Leute tschicken oder nicht? Das ist ja nicht normal … Aber was ist heute noch normal?«

»Kommt alles aus Brüssel«, sagte Tommi.

»Brüssel? Genau! Die in Brüssel können mich aber kreuzweise!«

»Das scheint ganz auf Gegenseitigkeit zu beruhen.«

Inge musterte ihren Gast kritisch. »Sehr witzig, Tommi. Bist du neuerdings für die Beamtenärsche, oder was?«

»So weit kommt's noch.«

»Für was bist du dann?«

Tommi nahm einen tiefen Zug von seinem Bier, ehe er antwortete: »Ich bin für den Sommer, wie er früher einmal war.«

Die Miene der Wirtin hellte sich wieder auf. »Wer nicht?«, sagte sie. »Das ist ja nicht mehr normal, dieses Wetter.«

»Kommt alles aus Brüssel.«

Inges künstlich angestrengtes Lachen ging in ein um Luft ringendes, bronchitisches Husten über. Tommi fragte sich, mit wie vielen Schachteln die Wirtin jeden Tag ihre Lungen teerte. Von ihren Lippen strahlten längst die bei älteren Raucherinnen typischen Falten aus, da half auch kein Botox mehr. Es dauerte eine Weile, bis sich ihr Hustenanfall wieder legte. Die Wirtin räusperte sich mehrmals in ein Papiertaschentuch, das sie genauso hastig im Mülleimer verschwinden ließ, wie sie es auf ihren Mund gepresst hatte. Tommi tat, als bemerke er nichts. Er überflog den Sportteil der Zeitung, fand aber nichts Lesenswertes. Eine Weile blieb es still im Lokal.

»Was machst du überhaupt bei so einem schönen Wetter bei mir?«, fragte Inge mit angekratzter Stimme.

Tommi sah von der Zeitung auf. Im linken Mundwinkel der Wirtin klebten noch Speichelreste. »Klassentreffen.«

»Aha. Deswegen das alte Leiberl?«

»Das wird wieder in.«

»Rosa wird wieder in? Da hab ich offenbar Entscheidendes verpasst.«

»Das dauert noch, bis es in Österreich ankommt. Ich war schon immer ein Trendsetter, Inge. Hast du das nie bemerkt?«

»Ein Trendsetter mit einem knallrosa Leiberl, das ihm zwei Nummern zu klein ist? Hervorragend, Tommi. Mit deinem Riecher bist du am Bindermichl völlig falsch, du gehörst nach Mailand, zum Armani.«

Sieben Uhr. Der Einmarsch der Gladiatoren begann. Als Erster füllte Helmut den Türrahmen des Lokals in der Breite aus. Berufsbedingt kannte Tommi ja eine Menge durchgedrehter Typen, aber Helmut übertraf sie alle. Er hatte zwar im Gefängnis deutlich zugelegt und bewegte sich nun schwerfälliger als früher, doch das änderte nichts an seiner Gefährlichkeit. So gedrungen, wie er dastand, schien er einer Zeitmaschine entstiegen. Der bullige Oberkörper, ein kantiger Schädel mit nach hinten geschmierten Haaren und zu kurzem Hals – eine Statur wie die eines Kriegers aus einem Söldnerhaufen des Spätmittelalters. Auf seinem rechten Unterarm räkelte sich eine Meerjungfrau. Eine in Heimarbeit gestochene Tätowierung aus dicken grünen Linien wie bei Gmundner Keramik. Die Androhung der Wegsperrung in einer Anstalt für gefährliche Rückfalltäter kam bei ihm nicht von ungefähr. Von einer günstigen Sozialprognose war bei Helmut auch nach dem jüngsten Gefängnisaufenthalt nichts zu merken. Unverändert strotzte er vor Aggressionen, das verrieten sein starrer Blick und der angespannte Nacken. Tommi hatte das dutzendfach erlebt. Bei Helmut reichten geringste Anlässe, ein zufälliger Blick, ein falsches Wort, schon floss die Lava aus dem Krater.

»Alles okay bei dir?«

»Eh klar.«

Kräftig schlug Helmut in die hingehaltene Pranke ein. Ihr handfestes Grußritual. Wegen der beleidigten Muskeln in Tommis Arm heute mit Schmerzen verbunden. Er fühlte sich, als habe er auf einen elektrisch geladenen Weidezaun gegriffen. Helmut lehnte sich neben Tommi und zündete sich eine Zigarette an: »Habe gehört, da bemühen sich ein paar Wichser um unsere Bekanntschaft.«

»So in etwa, ja.«

»Mal was Neues. Früher war es andersrum.« Er blies den Rauch durch beide Nasenlöcher und grinste.

»So ist es. Aber Erfahrungen muss man selber machen. Nicht wahr, Heli?«

Tommi überlegte, wie er es angehen könnte, Helmut vom Mitkommen abzubringen. Aber ihm fiel kein passendes Argument ein. Regeln und Ratschläge außer Acht zu lassen, gehörte ganz einfach zu Helmut. Ihn auf ungünstige Folgen hinzuweisen stachelte ihn nur zusätzlich auf. Helmut wird erst dann zu Helmut, wenn keine Vernunft mehr in ihm drin ist. Tommi kannte das. Er selbst spürte ihn auch in sich – den Reiz der Unbesonnenheit; die Notwendigkeit, Dressurakte abzuwehren, nicht in die Falle zu laufen, zum braven Steuerzahler zu werden, der mit seinem Kreuzchen am Wahltag zu allem Ja und Amen sagt, was sich die Trickser in ihren Tintenburgen an Zumutungen für einen ausdenken, während sie selbst in einem Monat mehr Geld einstreifen, als sein Vater in einem ganzen Jahr Pension erhielt.

Genau so war es doch, oder etwa nicht? Arschlöcher. Er verkniff es sich, Helmut Ratschläge zu geben. Er schluckte hinunter, was ihm auf der Zunge lag. Stattdessen packte Tommi den Freund an den Schultern, sah ihm fest in die Augen und sagte: »Halt dich nachher zurück, Heli! Ich will nicht, dass du wieder einwanderst.« Wie Tommi das sagte, klang es fast einfühlend. Verwundert sah ihn Helmut an, dann nickte er.

Tommis Gefühlsausbruch hatte sie beide überrumpelt. Stumm standen sie in Inge's Pub nebeneinander und tranken Bier. Dieses und jenes aus ihrer Vergangenheit fiel Tommi dabei ein. Wie sie einmal die Austrianer in Wien nach einem Spiel gegen den Sportclub die Hernalser Hauptstraße hinuntergejagt hatten, das zertrümmerte Tschecherl in Mödling, der Abend mit den zwanzig Rüscherln im Piroschka auf dem Froschberg oder die Radtouren, die sie als Kinder, anstatt in die Schule zu gehen, auf ihren tschechischen Favorit-Fahrrädern bis nach Pichling, Luftenberg oder Eferding unternommen hatten. Prägende Momente, die für ihn fortwährten.

Kurz fühlte sich Tommis Leben so sorglos an wie früher. Ohne Elektroschock im Arm. Ohne Schweinehitze. Ohne Karins Gesudere. Ohne Arschlöcher aus dem Auhof. Ohne die Aussicht auf Maßnahmenvollzug.

Dann meldete sich die Gegenwart wieder in Bild und Ton zurück. Uwe und sein Cousin Gü tauchten gemeinsam auf.

»Der nächste Trendsetter!«, rief Inge amüsiert aus. Sie kam eilig hinter dem Tresen hervorgewetzt, um Uwe in seinem Outfit besser mustern zu können.

»Sommerlook«, sagte der. Er trug ein weit geschnittenes gelbes Hawaiihemd mit Ananasmotiven.

Inge klatschte in die Hände. »Mein lieber Schwan, da krieg ich ja Augenkrebs.«

Uwe zuckte mit den Schultern. »Arbeitskleidung.«

Helmut schüttelte entgeistert den Kopf. Er selbst trug ein gänzlich unmodernes kurzärmeliges Hemd. Kein Statement für irgendwas, kein Beispiel für Markenfetischismus, nur ein irgendwo in Fernost für einen Hungerlohn genähtes blaues Baumwollhemd, gekauft bei einem Textildiskonter.

»Geh, Uwe, stell dich bitte neben Tommi alias die gefüllte Wursthaut. Ich mach ein Foto von euch zwei Hübschen.« Inge hantierte bereits mit dem Handy herum.

»Keine Fotos! Unter keinen Umständen!«, wehrte Tommi ab. Er wollte keine Bilder, die womöglich die Bullen auf ihre Spur brachten. »Wir gehen hinaus«, sagte er stattdessen und dirigierte die Truppe zum Weinfass.

»Wo bleibt der Speedy?«, fragte Uwe, als sie im Kreis zusammenstanden.

»Rasiert sich noch den Schnauzer ab«, sagte Tommi.

»Was?!«

»Lass dich nicht verarschen.«

Zehn Minuten später waren sie endlich vollzählig. Speedy erschien in einem hellgrauen T-Shirt, die sonnengetrockneten Haare strähnig, sein Bart natürlich unangetastet. Ortler fuhr als Einziger mit dem eigenen Auto vor. Er kam direkt und frisch geduscht aus dem Fitnessstudio, wie er den anderen erklärte. Uwe hatte ihn auf den intensiven Duft eines Sportduschgels angesprochen. Tommi wunderte sich ein weiteres Mal, wie viel Wert die neue Fußballplatzgeneration auf ihr Äußeres legte. Gezupfte Augenbrauen, Schielen auf den Body-Mass-Index. Alles schon gesehen. Wahrscheinlich rasieren sie sich auch noch den Sack, dachte er missmutig. Die Zeiten änderten sich gewaltig. Er trommelte mit den Fingern auf dem Weinfass herum. Was hätte er selbst getan? Diese Frage ging ihm bei der Musterung Güs durch den Kopf. Der Kerl wusste, wie man mit der Faust einen Pflock in die Erde schlug. Das war unbestritten. Wäre Gü das gestern Nachmittag eingefallen, könnten sie jetzt über Angenehmeres als die Auhofer Vollidioten reden. Andererseits ... mit der Frau an der Hand und dem Baby im Kinderwagen ... konnte man sich da wehren? Was hätte er selbst getan? Das Gleiche wie Gü? T-Shirt ausgezogen und gute Miene zum bösen Spiel gemacht? Vielleicht. Aber vielleicht auch nicht. Vielleicht wäre er auch durchgedreht. Blindlings auf die Typen losgegangen. Germanisches Draufgängertum.

Tommi drängte nichts. Geduldig wartete er, bis den Freunden der Stoff für den Smalltalk ausging und Gü den Vorfall noch einmal in allen Details geschildert hatte. Dann übernahm er die Regie. »Danke fürs Kommen«, wandte er sich an Ortler. »Persönlich spricht es sich freier als am Telefon, findest du nicht? Ich bin jedenfalls ganz Ohr, was du uns über die Typen erzählen kannst.« Mit einer Handbewegung forderte er ihn zum Reden auf.

Ortler kostete die ungeteilte Aufmerksamkeit aus. Sonst war es immer umgekehrt, einer der Älteren erzählte, und er hörte sich ihre Geschichten von früher an. Doch diesmal ging es nicht um die Vergangenheit, um ihre alten Fehden oder denkwürdige Kämpfe, es ging um die Gegenwart und tektonische Verschiebungen in der Stadt, wozu nur er etwas sagen konnte, weil er direkt an der Front stand. »Okay, sie nennen sich Diabolik Kids …«

»Was heißt das?«, fragte Helmut.

»Das heißt, dass sie sich für furchtbar böse Burschen halten«, erklärte Tommi.

Erst auf sein Zeichen hin sprach Ortler weiter: »Die meisten von ihnen wohnen im Auhof. Fünfzehn Leute, nicht mehr. Keiner älter als fünfundzwanzig. Seit einem halben Jahr sind sie auf der Überholspur unterwegs, marschieren brav ins Boxtraining und tauchen da und dort bei unseren Treffpunkten auf. So richtig geklescht hat es mit ihnen noch nicht. Aber sie geben sich größte Mühe aufzufallen.«

»Okay. Machen wir es kurz: Wo können wir sie aufmischen?« Nicht lange mit Unwesentlichem aufhalten. Typisch Speedy.

»Beim Saufen, würd ich sagen. Ihr Stammlokal ist die Hansibar in der Reindlstraße ...«

»Hansibar? Noch nie gehört, den Namen. Was ist das für ein Laden?«

»So eine Art Stüberl, nichts Besonderes. Der Alk ist billig dort, es gibt einen Darts-Automaten. Der Wirt ist neu im Geschäft und froh über durstige Gäste.«

Tommi fuhr sich über die Lippen. »Reindlstraße ... Das ist ja nicht gerade in deren Nachbarschaft. Gibt es im Auhof keine ordentlichen Beisln mehr?«

»Sicher. Aber keines, wo sie nicht bereits Lokalverbot hätten. Die Burschen sind wirklich etwas eigenwillig und ecken überall an.«

»Das scheinen entzückende Kerle zu sein. Man schifft doch nicht in seinen eigenen Swimmingpool, oder?«, sagte Uwe.

Speedy blickte angewidert. »Aber die Hurenkinder scheißen sogar rein!«

Männerlachen, Helmuts Reibeisenlaute sorgten für den satten Kellerbass. Nur Tommi blieb ruhig. Ihn beschäftigte Wichtigeres. »Konsumieren sie auch?«, fragte er neugierig. Ortler grinste bloß.

Na großartig. Wie es zu erwarten war. Ein Interessenkonflikt tat sich auf. Also galt: Kopf unten lassen und höchste Vorsicht an den Tag legen. Seine Bedenken behielt er für sich. »Okay«, sagte er knapp.

»Eine typische Aktion für die Idioten. Die sind total auf asozial, Tommi«, erläuterte Ortler. »Je asozialer, umso mehr stellt es ihnen die Brustwarzen auf.«

Bei diesen Worten straffte sich Helmut: »Asozial, ja? Alter, die Arschlöcher brauchen dringend einen Dämpfer. Tschackprack!« Er ballte die Fäuste, schlug zwei Löcher in die Luft und boxte dann ansatzlos dem neben ihm stehenden Tommi gegen den rechten Oberarm.

»Aaaah, bist deppert!«, schrie Tommi auf. Kurz wurde ihm vor Schmerz schwarz vor Augen.

Helmut feixte. »Tommi, was ist los? Hältst du auf deine alten Tage nichts mehr aus?«

»Du Trottel, ich habe eine Mus-kel-ent-zün-dung! Weißt du, was das heißt? Mir fällt auch ohne dein deppertes Tschackprack der Arm ab. Also schleich dich damit!«

Helmut drehte sich zur Tür und rief mit seiner ungesunden, kratzigen Stimme ins Lokal: »Inge, einen Underberg als Medizin für den kleinen Tommi – auf meine Rechnung! Sonst redet der kindische Hund einen Monat lang nichts mehr mit mir.«

Tommi rieb sich den Arm. Als die Schmerzen langsam abklangen, wandte er sich erneut an Ortler: »Kann sich einer deiner Leute bei dieser Hansibar umschauen, ob unsere neuen Freunde heute Abend da sind?«

»Ja. Das ist leicht machbar.« Die Freude über das bevorstehende Stahlbad für die Diabolik Kids stand Ortler mit Großbuchstaben ins Gesicht geschrieben.

»Sehr gut, dann sorg dafür. Aber diskret, okay? Wer immer das übernimmt, soll vorsichtig sein. Die Kieberer haben mittlerweile einen ganzen Haufen Spielzeug, um uns zu überwachen. Sonst stünden sie nicht bei jeder zweiten Boxerei binnen Minuten auf der Tacken.«

»Tommi, entspann dich«, sagte Uwe. »Wenn die Kieberer heutzutage öfter Bescheid wissen, dann nur, weil sie im Internet aufschnappen, was ein paar Wichtigmacher dort fallenlassen. Mit Sicherheit tracken die aber keines unserer Handys … So wichtig sind unsere Fußballgeschichten auch wieder nicht.«

»Unsere Fußballgeschichten, so? Okay, das mag sein, Uwe. Aber dir ist schon auch bewusst, dass ich nicht gerade bei der Gebietskrankenkasse arbeite, oder?«

»Das stimmt auch wieder, aber …«

»Kein Aber! Das stimmt, aus! Es ist nicht mehr so, wie es einmal war. Überall hängen heute Kameras, jedes Handy kann geortet werden, alle Verbindungen lassen sich nachverfolgen, die wissen genau, wann du wie lange mit wem gesprochen hast – und wenn du ein Pech hast, sogar, was. Die pflanzen dir Trojaner ins Mobiltelefon oder zapfen deinen Computer an. Verstehst?«

»Wenn du meinst, Tommi«, gab Uwe bei. »Du bist schließlich der Profi von uns.«

»Ja, das meine ich.«

»Weil dich das mit den Kameras so nervös macht: Sollen wir uns nicht lieber maskieren?«

Tommi seufzte. »Maskieren? Wie denn, Speedy?«

»Mit Sturmhauben zum Beispiel.«

»Sturmhauben? Jetzt? Im Sommer? Wir haben über vierzig Grad! Mir rinnt der Schweiß in der Arschritze zusammen. Da ziehe ich mir doch nicht auch noch eine Haube über!«

Bevor Ortler zu seinem Auto ging, nahm ihn Tommi für einen Augenblick zur Seite. Er wollte ihn noch etwas fragen, das die anderen nicht zu hören brauchten.

»Sag, weißt du, bei welchem Trafikanten die Auhofer kaufen?«

»Keine Ahnung, ehrlich nicht. Am Hessenplatz vielleicht? Mir fehlt da aktuell der Durchblick bei den vielen neuen Anbietern. Nigerianer, Tschetschenen, Kurden, Albaner …«

»Kosovaren«, verbesserte ihn Tommi.

»Meinetwegen. Ich bin froh, dass wir durch dich unsere sichere

Versorgung haben und bei Bedarf nicht zu irgendwelchen Kanaken rennen müssen.«

»Alles klar. Danke, Ortler«, sagte Tommi. »Und melde dich, wenn euch der Stoff ausgeht, ja?«

»Und jetzt?«, fragte Speedy.

»Jetzt warten wir, bis uns der Ortler durchgibt, wann die bösen Burschen heute Abend in der Hansibar sind, und dann fahren wir mit dem Taxi nach Urfahr«, sagte Tommi.

»Jawohl, Frau Knoll!«, freute sich Helmut und schlug das nächste faustgroße Loch in die Luft. Wenigstens lässt er meinen Arm in Ruhe, dachte sich Tommi.

Uwe zog einen Schlagring aus Chromstahl hervor. »Apropos – darf ich euch mein neues Werkzeug zeigen?«

»Seit wann brauchst du so ein Ding?«, wunderte sich Gü.

»Seit wann? Seit sich Weicheier vor der kleinsten Schubserei einen Mundschutz reinschieben. Da geht doch der ganze Kraftaufwand verloren. Das Ding gleicht das wieder aus.«

»Ich hab auch was für euch«, sagte Tommi und öffnete seine Faust. In der hohlen Hand lagen fünf grüne Kapseln.

»Was ist das?«, fragte ihn Uwe.

»Beste Ware.«

Helmut rieb sich die Hände. »Prost, Mahlzeit.«

ROLAND

Das Taxi hatte sie am Westbahnhof wieder freigegeben. Zu früh für Roland, der gerne noch länger in der kühlen Karosse durch das kochend heiße Wien gerollt wäre. Für etwaige Beobachter gaben sie sicherlich ein schräges Gespann ab. Friedrich Moser, der in die Jahre gekommene Methadon-Posterboy mit geblümter Kühltasche, und Roland Libert, ein in die Großstadt abgedrifteter, ergrauter Strandurlauber in Plastiklatschen.

Der Westbahnhof war ein Gebäude aus den frühen Fünfzigerjahren mit einer lichten, in zwei Ebenen unterteilten Halle. Fassadenhohe, von schlanken Säulen gegliederte Glasfronten machten den langgestreckten Block transparent und elegant zugleich. Als Kopfbahnhof war er für Reisende Anfangs- und Endpunkt, was in den langen Jahren, als die freie westliche Welt kurz hinter Wien endete, noch stimmig wirkte, seit dem Verschwinden des Eisernen Vorhangs aber den Zugverkehr nach Bratislava und Budapest erschwerte.

»Erst Tickets, dann Bier«, gab Moser den Plan vor und nahm bereits Kurs auf die Automaten im Erdgeschoß. Obwohl Roland schon ewig nicht mehr mit der Bahn gereist war, fand er sich sofort mit dem Gerät zurecht und hatte binnen dreißig Sekunden seine Fahrkarte in der Hand. Ganz anders der bahnerfahrene Moser. Umständlich drückte er auf dem Touchscreen herum.

»Wenn du dich etwas beeilen würdest, könnten wir den ICE noch erwischen«, sagte Roland.

»Beeilen kommt für mich prinzipiell nicht infrage«, antwortete

Moser. »Ich kann ja auch gar nicht mehr schwarteln. Eine Havarie im Knie. Und wieso sollten wir hudeln? Es fahren ja alle halben Stunden Züge nach Linz, goi.«

Roland sah ihn an. »Du hast recht, beeilen müssen wir uns bei der Hitze wirklich nicht. Um dreiviertel geht schon der nächste … Bahnsteig vier … Kommt das von einem Unfall?«

»Was?«

»Deine Havarie.«

»Nein, altersbedingter Verschleiß. Linkes Knie. Knorpelschaden vierten Grades.«

Endlich warf der Automat Mosers Ticket aus.

Vierunddreißig sechzig für die einfache Fahrt. Billig würde Roland der Ausflug nach Linz nicht kommen, so viel stand jetzt schon fest. Mit der Rolltreppe fuhren sie auf die Ebene der Bahnsteige hoch. Die Nachmittagssonne fiel im schrägen Winkel in die Halle ein. Ein fast magischer Moment, denn im Gegenlicht wirbelten winzige Luftpartikel wie Feenstaub.

Roland wandte sich auf der Rolltreppe der Halle zu. Donnerstagabend, Rushhour. Die rasche Stunde zwischen Bürosessel und Wohnzimmercouch. Unter dem Jahr hasteten um diese Zeit die Pendler zu ihren Zügen. Doch an diesem Hochsommertag während der Schulferien war das Durcheinander auf dem Bahnhof überschaubar. Das durch Umbauten kupierte Gebäude bekam so ein Stück seiner ursprünglichen Würde zurück. Es war der vorletzte Sommer des Westbahnhofs. Demnächst sollte ihn der noch in Bau befindliche Hauptbahnhof im Süden der Stadt für den Fernverkehr ersetzen. Der Westbahnhof würde dann von einem Tag auf den anderen seine derzeitige Bedeutung als wichtigstes Stadttor verlieren und Wien sich um die eigene Achse drehen.

Ihr Zug stand schon bereit.

»Egal, der Knorpelschaden«, fühlte sich Moser beim Einsteigen bemüßigt zu kommentieren. Sein linkes Knie hatte gerade laut geknackt. »Mit einundfünfzig werd ich sowieso kein Fußballprofi mehr. Und die besten Zeiten beim Marathon liegen auch hinter mir.«

Von wegen Marathon, Roland hatte Mosers Waden auf dem Trittbrett unmittelbar vor sich. Nach gefressenen Kilometern sahen sie wirklich nicht aus. Weiter als zum nächsten Zigarettenautomaten konnte Moser noch nie im Leben gelaufen sein.

»Man soll sowieso aufhören, wenn es am schönsten ist«, sagte Roland.

Moser ließ das nicht gelten. »Sag mir das noch mal, wenn ich auf einer Frau oben lieg.«

»Wolltest du nicht noch Bier kaufen, Moser?«

»Gibt's gut gekühlt im Speisewagen.«

Damit war klar, wo Moser zu sitzen gedachte. Fünfundzwanzig Minuten vor Abfahrt waren im Speisewagen außer ihnen keine Gäste. Roland warf sein Badetuch auf eine Sitzbank. Mit geplusterten Backen musterte er die Umgebung. Der mausgraue Grundton von Wänden und Tischen stand im Kontrast zu den rot gepolsterten Sitzgelegenheiten. »Den Speisewagen habe ich eine Spur glamouröser in Erinnerung«, sagte er.

»Bordbistro«, korrigierte ihn Moser, »so heißt das jetzt richtig.«

Roland nickte. »Und das völlig zu Recht. Mit einem Speisewagen alter Bauart hat das hier wenig zu tun. Ziemlich nüchtern und auf Durchzug getrimmt. Könnte die rollende Betriebskantine eines Schweizer Pharmakonzerns sein … Wir sollten beim Bestellen aufpassen. Womöglich sind die Getränke hier verschreibungspflichtig.«

»Mir ist egal, wie es hier aussieht«, sagte Moser, »Hauptsache, das Biertschi ist kalt und die Klimaanlage spielt Schostakowitschs Symphonie ›An den Oktober‹.« Genüsslich streckte er seinen Spargelkörper auf der knallroten Kunstlederbank aus.

»Erinnerst du dich noch an die alten ungarischen Speisewagen, die früher auch in Österreich unterwegs waren?«, fragte Roland.

Moser überlegte. »Jetzt, wo du es sagst … die Vorhänge, Tischdecken und Sitze in Burgunderrot, goi? Lässig. Da hast du dich superplüschig fühlen können.«

»Verglichen mit dem hier, ja. Weißt du es noch: Wenn du dir Palatschinken bestellt hast, wurden in der Küche zwei Eier aufgeschlagen, Öl in die Gusseisenpfanne gegeben und der Gasherd angeworfen.«

»Hallo? Ist hier kein Personal? Ich müsste dringend aufgetankt werden …«, schwenkte Moser nahtlos von der plüschernen Vergangenheit auf die kunstlederne Gegenwart um.

»Jetzt fällt's mir wieder ein«, sagte Roland, »Bartók-Béla-Express – so hat der geheißen! In dem gab es diese weinroten Wagen. Scheiße noch mal, was ist bloß mit den Speisewagen passiert?«

»Das Übliche halt, ›Mikrowelle killed the Radio Star‹ … Geh, weil du noch stehst: Schau doch bitte nach, wo die Herren Kellner sind.«

Aha, schau an, dachte Roland. Das dritte Auge des Sehers funktioniert in Zügen offensichtlich nicht. Sofort muss ich wieder für ihn laufen.

Die Herren Kellner stellten sich als zwei junge ungarische Kellnerinnen in roten Röcken und weißen Blusen heraus. Sie drückten sich in der letzten Ecke des Küchenkabuffs herum und waren dabei, plastikverpackte Essensrationen in der Wandverkleidung zu deponieren. Ein nach unten gerutschter Rockbund gab bei einer den

Blick auf zwei Pobacken frei, dazwischen verlor sich ein dünnes Schnürchen Stoff.

»Tschuldigung, die Damen«, räusperte sich Roland nach einer Weile versunkenen Starrens, »darf ich kurz stören? Gibt es schon was zu trinken?«

Mit zwei Budweiser-Flaschen und einem stolzen Lächeln kehrte er an den Tisch zurück. Moser applaudierte anerkennend. Seinem Beispiel folgend, fläzte sich nun auch Roland der Länge nach hin. Von ihren Kunstledersänften prosteten sich die beiden entspannt zu. Einmal mehr wunderte sich Roland über die Wendung, die sein Tag seit der Kollision mit Friedrich Moser genommen hatte – und wie gut ihm diese bekam. Ähnlich gut wie das wohltemperierte tschechische Bier. Er merkte, wie er von der stetigen Bierzufuhr langsam beduselt wurde. Was ihn daran erinnerte, dass Mona noch gar nichts von seiner Fahrt ins Blaue wusste. Er sah auf die Uhr. Fast halb sieben. Es gab noch keine Notwendigkeit, sofort bei ihr anzurufen. Besser gesagt, es drängte ihn nichts dazu. Bis zur Vermisstenanzeige blieben ihm ein paar Stunden. Andersrum bestünde aber auch kein Grund, Mona nicht gleich Bescheid zu geben, was er vorhatte. Sie sorgte sich garantiert um ihn. Er hatte kein Handy dabei. Aber Moser würde ihm sicher das seine für einen kurzen Anruf leihen.

Also, was hielt ihn eigentlich davon ab?

»Ich sollte schon längst Mona anrufen«, sagte er.

»Wen?«

»Mona, meine Frau.«

»Aber?«

»Nix aber.«

»›Sollte‹ klingt aber nach aber.«

»Okay, ich tu's, ich ruf sie an, ABER später … jetzt zufrieden?«

»Aber ja.«

In diesem Moment fuhr der Zug mit einer unmerklichen Bewegung an. Moser und Roland blieben die einzigen Gäste im Bordbistro. Dennoch waren sie in der für sie besten Gesellschaft. Wie Damen ohne Unterleib harrten die beiden Kellnerinnen hinter ihrer Theke der Dinge. Gut gelaunt sahen sie dabei nicht aus. In ihren weißen Blusen und roten Röcken, mit identer Pferdeschwanzfrisur, waren sie kaum voneinander zu unterscheiden, wie Roland nach gründlicher Musterung feststellte. Moser machte keine Anstalten, für flüssigen Nachschub zu sorgen, also orderte er per hochgehaltenem Leergut selbst die nächste Runde für sie.

»Köszönöm, Marika.« Fröhlich nahm Moser kurz darauf die mürrisch servierten Biere entgegen. Die Kellnerin schüttelte mitleidig den Kopf, was ausdrücken sollte, dass es nur ausgewachsenen Idioten einfiel, ihren auf der Bluse zu lesenden Vornamen gegen sie zu verwenden. Vorsichtshalber kassierte sie gleich ab. Bei Idioten immer, schien Marikas schroffes Verhalten zu besagen. Roland hielt das für unangebracht. Wie sollten sie schon in einem fahrenden Zug die Zeche prellen? Wegen sechs achtzig für zwei Seidel Budweiser zog er doch nicht die Notbremse.

»Sechs achtzig, happig, die Preise hier«, merkte er an. Umgerechnet waren das siebenundvierzig Schilling für null Komma drei Liter Bier. Siebenundvierzig! Er erinnerte sich an die erste Halbe seines Lebens. Zwanzig Schilling hatte die gekostet. Im Buffet Seimayr in der Hörzingerstraße in Linz. Mitte der Achtzigerjahre. Bei ähnlich freudlosem Interieur. Sorgfältig studierte er den Rechnungsbon, so als würde es ihm helfen, die Bierpreisinflation in Zeiten der europäischen Gemeinschaftswährung besser zu verstehen.

»Tröstlich, dass wenigstens unsere ungarischen Kellnerinnen noch an den weinroten Bartók-Béla-Express erinnern«, riss ihn

Moser aus den Multiplikationen. »Weißt du, was mir der Lindschi erzählt hat?«

»Nein, wer ist das überhaupt? Lindschi? Muss ich den kennen?«

»Lindiniger Gernot, ein Bad Ischler, schreibt für die Ischler Woche. Ein alter Spezi von mir.«

»Von mir aus. Und was hat er dir erzählt?«

»Dass die ungarischen Kellnerinnen in den österreichischen Bordbistros nach ungarischem Tarifvertrag bezahlt werden. Die verdienen deshalb höchstens sechshundert Euronen im Monat.«

»Echt? Nur sechshundert … Euro? Für vierzig Stunden Arbeit? Das ist …«

»Mad-Cashcow-Disease«, nickte Moser.

»Da wird selbst das beste tschechische Bier in der Flasche sauer, was? So wird das vereinigte Europa nie funktionieren.«

»Read my lips«, sagte Moser. »Bei der Gelegenheit: Weißt du übrigens, wie die Muschi auf Ungarisch heißt? … Fötzi.«

Roland beäugte ihn skeptisch. »Das ist jetzt nicht wahr, oder?«

»Nein. Aber lustig, goi?« Wieder dieses infizierende Lachen.

»Herrgott, Moser! Warum fängst du auf einmal mit ungarischen Muschis an, während wir von ausbeuterischen Tarifverträgen reden? Gerade war das noch ein ernstes Gespräch!«

»Na und? Wer braucht ernste Gespräche? Es reicht doch, dass du weißt, was es mit der paneuropäischen Bordbistroherrlichkeit auf sich hat. Alles legal, vertraglich sauber, wie im Turboneosklavismus üblich. Bingo, bongo, hallelujah. Das Leben ist schön, die Welt ist schlecht. Dazu brauchen wir uns doch nicht noch weiter anzujammern. Also mach ich mir lieber über anwesende Muschis Gedanken.«

Roland senkte die Stimme. »Diese *Muschis*, wie du sie herabwürdigend und viel zu laut nennst, sind zwei putzsaubere, herausgeschminkte Mittzwanzigerinnen samt aufgeklebten Fingernägeln und pinkem Stringtanga in der Arschritze«, flüsterte er Moser zu. »Das ist weder dein Kulturkreis noch deine Altersgruppe. Die kannst du also gleich wieder von der Vormerkliste streichen. Für die bist du einfach nur ein alter, verschrumpelter Sack. Die könnten deine Töchter sein.«

Moser lümmelte langgezogen auf der roten Bank herum, durch den eingenommenen Alkohol gegen Vernunftgründe immun.

»Meine Töchter? Das wäre katastrophal. Ich habe nämlich keine. Das heißt, wenn die zwei Kellnerinnen wirklich meine Töchter wären, könnten sie nach dem höchstheiligen Kausalitätsprinzip des Universums gar nicht hier sein, weil es sie ja nicht gibt, logisch, oder? Das steht bei Kip Thorne … oder bei Perry Rhodan. Und was hätte das für Konsequenzen im hintergalaktischen Raum-Zeit-Kontinuum? Wir müssten uns die nächsten Budweiser-Bottles leider selber servieren, goi.«

Was für ein unlustiger Scheiß, fand Roland. Er schaute seinem Gegenüber beim stummen Feixen zu. Mosers Gemüt schien wirklich im Bernstein der Adoleszenz konserviert. Widerstandslos wollte er sich dem Pseudo-Physik-Gebrabbel aber doch nicht geschlagen geben. Er versuchte Mosers Diktion zu imitieren: »Blödsinn. Gemäß hintergalaktischem Kontinuum wären andere Kellnerinnen da. Oder es gäbe wenigstens Getränke- und Sandwichautomaten im Waggon.«

»Hilfe!«, sagte Moser in gespielter Angst. »Bloß nicht. Einem Automaten kannst du nämlich nicht auf den Busen schauen.«

Roland verdrehte die Augen. »Moser, pass auf. Du redest nicht nur unglaublichen Mist, sondern entpuppst dich gerade als Sexist.«

»Stört mich nicht im Geringsten. Sexist höre ich öfter in meinem Zusammenhang. Ich sag dann aber immer: Stimmt eh, Leute. Jeder darf mich gerne so nennen. Aber ich bitte doch sehr darum, meine vollständige Bezeichnung zu verwenden.«

»Deine vollständige Bezeichnung?«

»Ja«, grinste Moser. »Sexist man alive«.

Penzing, Hütteldorf. Die von der Abendsonne gut ausgeleuchteten Wiener Außenbezirke glitten an ihnen vorüber. Roland registrierte Mietklötze in allen Größen, ein vom Fließband gefallener Supermarkt folgte auf den nächsten. Ihm kamen die deutschen Touristen in den Sinn, die verzückt behaupteten, Wien sei so einmalig schön und bezaubernd, die aber selten mehr als die Innenstadt sahen. Diese Teile konnten sie jedenfalls nicht meinen. Hier war gar nichts bezaubernd. Mit jedem Kilometer Richtung Westen traten die traurigen Konturen der Peripherie deutlicher hervor. Nach einigen Minuten schien die Streckenführung Einsehen mit dem Ausblick zu haben. Exakt an der Stadtgrenze verschwand der Zug mit einhundertzehn Stundenkilometern unter der Erde. Moser begann sogleich im spiegelnden Fenster Grimassen zu schneiden.

»Äh, was machst du da, Moser?«

»Mundgymnastik.«

»Wieso?«

»Das mach ich immer vor dem Singen. Lockert die Gesichtsmuskeln.«

»Bitte?«

»Bitte was?«

»Hast du gerade ›Singen‹ gesagt?«

»Ja, hab ich.«

»Du hast doch nicht etwa vor, jetzt gleich zu singen?«

»Doch, sicher.«

»Aber nicht im Ernst? Hier? Im Zug?« Roland sah in Richtung

der beiden Kellnerinnen, die weiterhin genau verfolgten, was an ihrem Tisch vor sich ging.

»Wieso denn nicht?«

Er überlegte. Gute Frage. Ja, wieso eigentlich nicht? Wegen der beiden osteuropäischen Blockwarte? Weil man im Bordbistro einfach nicht sang? Hoher Peinlichkeitsfaktor, soziale Ächtung, schlechte Akustik und so weiter? Aus all diesen Gründen etwa? Vermutlich, ja. Roland erwischte sich dabei, wie er nach einer Vermeidungsstrategie suchte. Moser grimassierte derweil ungerührt weiter.

»Was willst du überhaupt zum Besten geben?«

»Ich hab schon geglaubt, du fragst gar nicht nach der Setlist«, sagte Moser. »Es ist mehr so ein Summen oder wie eine Stimmübung, weißt du? Mit ein paar Untiefen und Obertönen, bei denen wird es dann kurz richtig zum Heulen.« – Mit zwei, drei Aufheulern lieferte er das passende Beispiel dazu. Die Kellnerinnen tauschten Blicke aus.

Alter Vater! Roland lachte den Marikas verlegen zu. Er sah sich bereits in Sankt Pölten auf dem Bahnsteig stehen, im Duett mit Moser aus dem Zug katapultiert, wegen Verstoß gegen die Fahrgastordnung. »Ganz schön lang, der Tunnel«, bemühte er sich die Peinlichkeit zu überspielen.

Zu Rolands Erleichterung vergaß Moser kurz auf das Gejaule. »Ja, den gibt es aber erst seit ein paar Jahren. Der Zug fährt seither eine neue Strecke. Man ist zwar pronto in Linz, aber vom Wienerwald sieht man keine Kiefer mehr. Totaler Panoramaverlust. Es geht rein in die Erde und raus aus der Erde – dann ist man schon in der Pampa des Tullnerfelds, goi. Ich habe einige Zeit gebraucht, bis ich die neue Partitur singen konnte.«

Neue Partitur? Roland wusste nicht, was damit gemeint war. Er hechelte Mosers Sprachspielen hinterher. So, wie er schon vor dreißig Jahren in der Kulturfabrik den abgefahrenen Gedanken anderer hinterhergehechelt war. Wenn etwa aus für ihn unerfindlichen Gründen nachts um halb elf im Lokal mit Holzhacken begonnen wurde. Meist dauerte es nicht lange, dann packte irgendwer auch noch ein Saxofon aus, um zum Gehacke musikalisch zu improvisieren. Derartiger Aktionismus hieß oft nichts und bedeutete immer alles. So wollen wir sein: unpackbar, nicht unter ein Etikett zu kriegen. Nirgendwo konnte man sich im Linz jener Tage losgelöster fühlen als in der Kulturfabrik. Was die nach der Stechuhr funktionierende Arbeiterstadt damals kräftig durchrüttelte. Und Moser, der verrückte, auf einem Trip hängen gebliebene Moser, Roland hörte das Echo der Vergangenheit, würde im Bordbistro des Hier und Jetzt gleich den Abgesang dazu liefern.

»Moser, kannst du mir bitte dein Handy leihen?«

»Eh klar.«

Roland plante, nicht dabei zu sein, wenn das Geheule wieder losging. Außerdem hielt er es wirklich für höchste Zeit, Mona anzurufen und ihr zu gestehen, dass er gar nicht verstand, warum er in diesen Minuten nicht neben ihr und Lukas im Kongressbad lag, sondern mit einem jaulenden Vollfreak namens Friedrich Moser nach Linz unterwegs war, auf einem spontanen Ausflug, von dem er nicht wusste, wann er enden würde. Großartige Geschichte. Mona würde sie lieben.

Zum ungestörten Telefonieren ging er in den nächsten Waggon. Automatische Türen öffneten und schlossen sich. Der Zug fuhr nun wieder über Tag. Und das in beeindruckender Geschwindigkeit, wie Roland an der vorbeifliegenden Landschaft bemerkte. Gegen das Fenster gelehnt, fixierte er Windräder und Starkstrommasten.

Seine Augen kamen kaum hinterher. Eine Weile lehnte er so und legte sich dabei Argumente für das anstehende Telefonat zurecht. Dann atmete er tief durch und wählte Monas Nummer. Nach mehrmaligem Läuten meldete sich ihre Mailbox. Auch das war eine Eigenheit Monas. So gerne sie stundenlang mit ihrer Schwester telefonierte, so skeptisch äugte sie auf anrufende Nummern, die sie nicht kannte. Dranbleiben, sagte er sich.

Mosers Handy war keines dieser millimeterdünnen, zu allem fähigen Geräte neuester Generation, sondern ein faustkeilartiges Ding aus der Steinzeit der mobilen Telefonie. Ohne Schnickschnackfunktionen. Dafür roch es nach Käsereibe. Roland hielt es zum Telefonieren sicherheitshalber einige Zentimeter vom Ohr weg.

Mit dem zweiten Anruf hatte er mehr Glück. Mona ging schon nach dem ersten Läuten ran.

»Hallo?«

»Hi Mona!«

»Roland!« Die Stimme kippte sofort ins Verärgerte. »Wo steckst du? Ist alles in Ordnung? Ich habe mir schreckliche Sorgen gemacht. Geht es dir gut? Von wo rufst du an? Und was ist das für eine Nummer?«

Er schnappte nach Luft. Das fing gut an. Fünf Fragen als Ouvertüre. Er hatte nicht vor, jede einzeln zu beantworten. »Alles gut«, sagte er nur, »alles gut.«

Sogleich begann es hell aus dem Faustkeil zu sprudeln. Vorwurf reihte sich an Vorwurf. »Bist du irre, ohne Nachricht zu verschwinden? So, wie du im Moment drauf bist …«

Roland setzte gerade an, argumentativ einzuhaken, als sich die Schiebetür zum Speisewagen öffnete und Marika zwei vor ihm auftauchte. Ohne sich um sein Telefongespräch zu scheren, ließ sie ein Stakkato akzentreicher Sätze auf ihn los.

»Was? Augenblick ... Mona, Sekunde, gleich ...«, stammelte er. Seine auf hundertachtzig befindliche Frau am Handy, die ungarische Kellnerin bei Tempo zweihundert vor der Nase – bezüglich des Gesprächsfadens herrschte nun ein reges Seilziehen. »JA?«, fügte er sich genervt der direkten Konfrontation.

»Dein Freund hat Ässen beställt. Aber är kann nicht bezahlen. Är hat gesagt, du bezahlst. Stimmt das?«

»Ja. Sicher, sicher. Das stimmt. Kein Problem. Ich zahle das Essen. Aber JETZT muss ich TELEFONIEREN, ja? Dann komme ich gleich, okay? ZWEI MINUTEN. Dann bezahle ich das. Ja?«

Die Kellnerin schaute ihn misstrauisch an, rückte dann aber doch von der harten Eintreiberlinie ab. Auf den Stöckeln ihrer hochhackigen Schuhe zog sie eine Kurve und verschwand.

»Sorry, Mona. Jetzt geht es wieder. Also ...«

»Wer war das, Roland?«

»Marika zwei.«

»Ach so? Marika zwei also. Und wer ist Marika eins?« Monas Stimme klang über die Entfernung zwar nicht kristallklar, aber durchaus kristallin.

»Das sind beides Speisewagenkellnerinnen«, sagte Roland, als sei das die natürlichste Sache der Welt. Warum musste er dauernd Monas Fragen beantworten? Warum ließ sie ihn nicht einfach erzählen, was los war?

»Was? Du bist in einem Speisewagen? Warum zum Teufel bist du in einem Speisewagen?«

An dieser Stelle riss das Gespräch ab, gekappt bei der Einfahrt in einen Tunnel. Roland fand sich fluchend im künstlichen Licht des Waggons wieder. »Herrschaftszeiten!«, schrie er und begann hektisch auf Mosers Handtelefon herumzudrücken. Kein Empfang. Noch mehr Frust. Buddy Rich mit erhöhter Schlagzahl. Es sollte mehrere Minuten dauern, bis zwischen Mona und ihm wieder eine Verbindung bestand.

»*Hallo?*«

»Hallo Mona, Gott sei Dank. Diese beschissenen Tunnels … Pass auf, bevor ich dir erkläre, was genau los ist: Ich war heute beim Zahnarzt und habe auch Christian die Astschere zurückgebracht.« Er hoffte, sie damit besänftigen zu können.

»Das weiß ich bereits, Roland. Aber das ist jetzt egal. Was ist das mit dem Speisewagen? Warum bist du in einem Speisewagen? Wohin fährst du und warum?« Sie klang jetzt beinahe hysterisch. Im Hintergrund hörte Roland Freibadgeräusche.

»Mona …« Er erklärte es ihr, in kurzen Sätzen und beschwichtigenden Worten. Nicht zwingend an die Tatsachen gebunden. Seine Version des Vorgefallenen klang dafür schlüssig:

Alten Freund getroffen.

Von einem Veteranenabend in der Kulturfabrik erfahren.

Spontan entschieden, nach Linz mitzukommen.

Eigenes Telefon zu Hause gelassen, geliehenes Handy erst aufladen müssen.

Ohne sie vor sich zu haben, wusste Roland, dass Mona zu diesem und jenem Punkt gerade ihre Fragen in Stellung brachte. Doch die Verbindung setzte schon wieder alle paar Sekunden aus.

»Du hättest mich …. unglaubliche Egoscheiße von dir! Ich möchte …« Monas Beschwerde ging im Rauschen unter. Unter diesen Bedingungen gelang es ihm, ihr Gespräch raschest dem Ende näherzubringen. »Bis später! … ruf … Linz … ich weiß …«, gab er abgehackt durch. Erneute Pause, Rauschen.

»Ist gut«, hörte er Mona noch resignierend rufen.

Dann längeres Rauschen. Dann aus.

Nach der Rückkehr in das Bordbistro wollte Roland wie versprochen Mosers Ausstände bezahlen, aber zu seiner Überraschung winkten die Marikas gleichgültig ab. Später. Offenbar besaß er nun Kreditwürdigkeit. Er setzte sich an seinen alten Platz.

»Was ist das, Moser?« Vor Roland stand ein Teller mit Essen. Noch unangerührt. Den safrangelben Reis konnte er selbst identifizieren, das daneben schien Putenfleisch zu sein.

»Huhn Tikka Masala«, presste Moser mit vollem Mund hervor. Er hatte eine eigene Portion davon in Arbeit und kaute genüsslich. »Schmeckt pipifein. Ich hab dir eines mitbestellt.«

»Sehr aufmerksam von dir, Moser, aber leider esse ich nichts mit Augen. Ich bin Vegetarier. Das hättest du doch wissen müssen als der große Seher, der du bist, oder funktioniert dein drittes Auge wirklich nicht hier drinnen?«

Moser hörte mit dem Kauen auf. Verwundert sah er Roland an. Dann begann er anhaltend zu lachen. In seinen Zahnzwischenräumen sah Roland gelbe Reiskörner kleben. Er wartete, bis Moser sich wieder einigermaßen beruhigt hatte.

»Freut mich, dass du nicht vor Verlegenheit erstickt bist, Moser«, sagte er dann. »Du könntest aber wenigstens so tun, als würdest du deinen gut gemeinten Eifer beim Ausgeben meines Geldes bereuen. Das wäre vielleicht angebrachter, als wie ein Zimmerspringbrunnen zu gluckern.«

Und weil Moser diese wirkungslose Beschwerde noch viel, viel komischer fand, musste Roland seinen letzten Satz nachträglich abändern – auf »reisspuckender Zimmerspringbrunnen«.

Nach seiner eigenen Portion verschlang Moser auch noch Rolands Huhn Tikka Masala.

»Zurück in die Verpackung kann es ja nicht mehr.«

Roland fügte sich dem Unvermeidlichen, fand es sogar einigermaßen amüsant. Den Ärger über das fehlbestellte Huhn hatte er jedenfalls schnell verdaut. Genauso wie das Panino »Mediterranes Gemüse & Feta-Käse« von der Karte. Er hatte es sich als Kompensation für das Huhn bei Marika eins bestellt. Dazu ein Mineralwasser. Die Dynamik ihrer Biertrinkerei brauche eine Bremse, argumentierte er den antialkoholischen Schwenk gegenüber Moser. Der konterte einfallsreich mit der Bestellung eines Weißweins.

Das heiße Sommerwetter lag faul und schwer auf dem Land, das sich zunächst zersiedelt zeigte. Überall Anhäufungen wild zusammengewürfelter Einfamilienhäuser, durchsetzt mit Kirchtürmen und Lagerhaussilos, nachlässig verborgen hinter Lärmschutzwänden. Quadratkilometer, wie sie in den Anzeigen der österreichischen Fremdenverkehrswerbung niemals vorkamen.

»Bah, stell dir vor, du lebst da«, sagte Moser. »Was macht man in so einer Gegend? Raiffeisenkredit, Töpferkurs, Tod vor dem Fernseher.«

Bald erstreckte sich rechts der Geleise jedoch eine Modelleisenbahnlandschaft. Schmale Stichstraßen schlängelten sich samtgrüne Anhöhen hinauf, einsamen Höfen entgegen. Getreidefelder wechselten sich mit Wiesen ab. Links beschränkte der ferne Alpenrand den Horizont, nur manchmal schoben sich Wälder und Grasbuckel davor, die Konturen in der Bruthitze verschwommen. Über der zerfransten Bergkette schwebten vereinzelt weiße, hingetupfte Wölkchen, sonst durfte der Himmel ungetrübt in abgestuftem Blau leuchten. Im Osten mischten sich bereits dunklere Nuancen darunter. Im Westen glimmte es orange. Der Sonnenuntergang schien um diese Stunde nicht mehr unvorstellbar.

Roland war kurz eingenickt, müde von der Mischung aus Anstrengung, Hitze und Alkohol, als Mosers leise Singstimme in sein Bewusstsein drang. »Boooo-ah-yooo-ya-do-na-yo.« Eintönig wie ein Didgeridoo klang das. Peinlich berührt, stellte er sich schlafend. Der Spuk wird bald ein Ende haben, dachte er, lange lassen ihm die Marikas das Gegurgle nicht durchgehen. Aber nichts dergleichen passierte. Keine der beiden Ungarinnen nahm Anstoß an Mosers Urlauten. Außer den Geräuschen des Zuges und der dahinfließenden Melodie war in der Ödnis des Bordbistros minutenlang nichts zu vernehmen. Als Roland später wagte, die Augen zu öffnen, sah er, wie Moser dem Fenster zugewandt dasaß. Einem Fühler gleich hielt er seine rechte Hand ausgestreckt und führte damit wellenförmige Bewegungen aus. Dabei orientierte er sich an der Silhouette des Bergkamms am Horizont. Roland wusste jetzt, was Moser vorhin mit Partitur gemeint hatte. Sein Reisegefährte interpretierte das Landschaftsprofil als notierte Melodie. Jeder Gipfel, jeder Einschnitt war eine Note, stand für einen bestimmten Ton.

»Woooo-woooo-ke-ke-KE.«

Das hohe »KE« schien der Ötscher zu sein, wenn Roland mit der Gipfelbestimmung richtig lag. Moser praktizierte das Gegurgle mit einer Engelsgeduld.

Die Stimmung im Bordbistro sollte sich auf den nächsten Streckenkilometern entkrampfen. Im Kabuff brühte Marika eins plörrigen Kaffee auf, den Marika zwei in der Ersten Klasse als *köstlichen Cappuccino* anpries. Ein müde wirkender Schaffner schritt durch den Waggon, ohne sie nach ihren Tickets zu fragen. Roland ließ die Zügel des gesellschaftlichen Zwangs nun vollends schleifen. Er schämte sich nicht länger für Mosers Auffälligkeiten. Er sorgte sich auch nicht mehr, dass sie aus dem Zug fliegen würden. Ihm war egal, welchen Eindruck ihre Performance auf wen auch immer machte. Unbekümmert driftete er den lautmalerisch interpretierten

Alpennordkamm entlang. Je weiter sie sich von Wien entfernten, umso entspannter wurde er. Als würde er mit Wien auch seine Panikattacke hinter sich lassen. Dass er sich so unbeschwert fühlte, wunderte ihn. Obwohl nichts daran auffällig war, prüfte er sicherheitshalber seinen Herzrhythmus. Die regelmäßigen Schläge bestätigten sein Gefühl. Er war auf dem richtigen Weg.

Bei Ybbs fuhr ihr Zug für einige Minuten parallel zur Donau. Kurz darauf hörte Moser abrupt zu singen auf.

»Das war gar nicht so übel, wie ich befürchtet hatte.«

Moser lächelte mit schmalen Lippen. Sein Ausdruck von Ernsthaftigkeit. »Songlines«, sagte er. »Darüber habe ich bei Bruce Chatwin gelesen. Die australischen Aborigines orientieren sich bei ihren ›Walkabouts‹ über den Kontinent an gesungenen Landkarten. Lässig, goi?«

Mit dem Didgeridoo war Roland also nicht so falsch gelegen. »Was passiert bei so einem ›Walkabout‹?«

»Wenig. Wenn einem Aborigine fad ist, geht er drauflos. Als Wandler auf den Spuren seiner Ahnen.«

»Und damit er sich dabei nicht verirrt, hat er ein Lied auswendig gelernt?«

»So ungefähr kannst du dir das vorstellen, ja. Das geht in Australien vermutlich besser. Dort ist viel unverbaute, ewig gleiche Gegend. Bei uns graben s' ja dauernd um. Auch wenn die Landschaft noch so schön ist. Brauchen sie einen Landeplatz für einen neuen Einkaufskampfstern, zeigt sich, woran den Leuten in Wahrheit liegt.«

»An Ikea?«

»Genau.« Moser grinste. »Aber bei Ikea hat wenigstens die sozialistische Idee überdauert. Einheitsdesign von wackeliger Qualität für alle.«

»Bist du wehmütig, Moser?«

»Ich? Na. Warum sollte ich das sein?«

»Weil der Sozialismus heute nur noch bei Ikea existiert? Oder weil das Leben ist, wie es ist? Kurz und mit den Jahren voller Beschwerden?«

»Der Sozialismus ist mir wurscht, und das Leben ist wie früher.«

Roland richtete sich auf. »Aber das Alter macht schon vieles anders, oder etwa nicht? Die Möglichkeiten werden doch ständiger weniger. Du hast vorhin selbst gesagt, dass aus dir kein Fußballprofi mehr wird.«

»Und? Ich dusche so oder so lieber alleine. Oder noch lieber mit einer Frau. Dann kann ich ihr gleich zeigen, wo bei mir der Seifenspender hängt.«

»Moser, bitte! Verschon mich mit solchen Bildern.« Roland legte sich die rechte Hand vor die Augen, was wenig half, der schlüpfrige Film ratterte bereits in seinem Kopf.

»Sei nicht katholisch«, sagte Moser, »und mach dir nicht ins Hemd: Die Party ist noch lange nicht vorbei.«

»Dass du dich da bloß nicht täuschst. Weißt du, was mir schon vor einiger Zeit aufgefallen ist? In Wien hängen ja oft Plakate für so Partys. Mal für eine ›Ü30-Party‹, mal für eine ›Ü40-Party‹. Aber eines für eine ›Ü50-Party‹ hab ich noch nie gesehen. Was sagst du dazu?«

Moser zuckte mit den Schultern. »Und du nimmst jetzt an, dass das Leben über fünfzig für keinen Exzess mehr gut ist, oder wie?«

»Das ist doch offensichtlich, oder nicht?«

»Ach was«, sagte Moser. »Die Partygeneration muss erst in die richtigen Jahre kommen. Ich bin da zuversichtlich. Das wird bestimmt lustig, wenn wir irgendwann das Altersheim übernehmen!«

Der Zug fuhr in den Sonnenuntergang. In einem weiten linken Bogen ging es über die Enns, vorbei an der gleichnamigen ältesten Stadt Österreichs, wie Roland noch aus dem Sachkundeunterricht wusste, leicht zu identifizieren am raketenartigen Stadtturm aus Fünfzehnhundertachtundsechzig. Gleichzeitig schoben sich rechterhand die grünen Hügel des Mühlviertels ins Bild, und kurz darauf sah Roland auch schon die Umrisse der Stahlstadt Linz in der Ferne. Hochöfen, Gasometer, Schlote, die ihren Rauch in den Abendhimmel bliesen – alles noch so, wie er es in Erinnerung hatte. Gut zwanzig Jahre lang hatte Roland kein einziges Mal an diese Silhouette gedacht, doch jetzt fuhr ihm in der Sekunde wieder ein, wie beeindruckend er es als Jugendlicher immer empfunden hatte, wenn in der blauen Stunde die Wolken über den Hochöfen hellrot schimmerten. Oder wenn sie später in lauen Sommernächten die Stadtautobahn dahinfuhren, mit runtergekurbelten Scheiben und einer Joy-Division-Kassette auf Autoreverse, hypnotisiert von den Lichtern der Industrieanlagen. Wer mit solchen Eindrücken aufwächst, entwickelt eine andere Vorstellung von Romantik.

All das kam Roland in diesem Augenblick wieder hoch. Ein vollseitiger, emotionaler Flashback. Er hätte es ahnen können. Wenn er zu viel Alkohol erwischte, wurde er jedes Mal sentimental.

PIA

Draußen ging der brütend heiße Sommertag in einen siedend heißen Abend über, aber davon wollte Pia im Augenblick nichts wissen. Für sie war vorrangig, was sich im Inneren des Gebäudes zutrug, wie es in der Agentur mit ihr persönlich weitergehen würde. Sie versuchte noch immer mit Harrys Grande-Dame-Titulierung von vorhin klarzukommen. War ihm bewusst, was er mit dieser Zuschreibung bei ihr angerichtet hatte? Ihre Irritation war nachhaltig, wollte einfach nicht weichen. Diesmal hatte Harry Bausch den Bogen überspannt. Sie verfiel in ihr übliches Muster bei Problemsituationen. Gezielte Aufhellung war gefragt, und das am besten gleich. Also doch ein zusätzliches Xantyl schlucken? Kurz erachtete sie das als naheliegendste Lösung, dann gewannen jedoch die Bedenken die Oberhand. Zwei Tabletten innerhalb weniger Stunden, das übertraf die ärztlich empfohlene Dosierung bei Weitem. Jetzt nicht auch noch Experimente mit verschreibungspflichtigen Psychopharmaka, gab sie sich vernünftig, das Gebot des Augenblicks lautete doch, sich von trüben Gedanken zu befreien – und nicht weitere unliebsame Reaktionen zu riskieren, oder? Nein, Xantyl war gegenwärtig wirklich nicht das Richtige für sie, das sah sie selbst ein. Ein anderes, wirkungsvolleres, aber nicht so unberechenbares Mittel musste her. Wenn nicht Xantyl, dann vielleicht … Papier?

Die Augen leicht gerötet, suchte sie auf dem Schreibtisch nach der neuesten Ausgabe der italienischen Vogue. Die hochglänzenden Seiten des Lifestylemagazins, durchzogen von Bildstrecken verehrungswürdiger Starfotografen, wo jede Aufnahme allergrößte Klasse besaß und das Editorial-Design grafische Maßstäbe setzte, hatten ihr noch jeden schräg verlaufenden Arbeitstag geradegerückt. Pia wühlte sich gleich durch einen Stapel aktueller Publikationen, Vanity Fair, GQ, Interview, Kinfolk, The Gentlewoman … aber die italienische Vogue befand sich nicht darunter. »Verdammter Mist«, ärgerte sie sich laut. Wieder einmal ungefragt ausgeliehen. Gott, wie ihr das auf den Geist ging. Dass sich die halbe Agentur in einem fort bei ihren privaten Magazinen bediente, sie turnusmäßig bitterböse Mails ausschicken musste, damit sie zurückerhielt, was ihr gehörte. Man mochte meinen, ihre Mails riefen zerknirschte Entschuldigungen reuiger Leihnehmer hervor, aber Fehlanzeige. Meist erfolgte die Rückgabe ebenso verstohlen wie das Entwenden. Kam Pia von der Mittagspause retour, lagen die per Mail eingeforderten Magazine wieder in ihrer Koje. Heimliche Handlungen, denen sie nicht nachforschte. Sie wusste, dass sich die Übeltäter irgendwann von alleine der Tat überführten. Wenn einzelne, eingescannte Fotos aus ihren Magazinen in den Präsentationslayouts junger Kollegen auftauchten. Als Demonstrationsbeispiele neuer Anzeigenmotive, was sich jedes Mal als fatal erwies, deckten doch die Etats der Bausch-&-Bogen-Kunden nicht einmal die Cateringausgaben einer internationalen Fotoproduktion. Pia fühlte mit jedem Fotografen, der mit bescheidenen Mitteln umsetzen sollte, was in New York mit Mörderbudgets bei größtem Aufwand entstand. Und alles nur, weil ein übermotivierter Wiener Junior Artdirector seine Layouts mit Bildern weltbester Fotografen illustrierte. Das sah natürlich erstklassig aus, führte bei ahnungslosen Kunden aber zu völlig unrealistischen Erwartungshaltungen. Sie verlangten nach vergleichbaren Ergebnissen. Das konnte aus Sicht der Agentur nicht gutgehen. Wenn Kunden auch nichts über den Aufwand wussten, Qualitätsunterschiede erkannten sie. Nach der letzten Irreführung hatte Harry eine zehnminütige Schreiorgie vor versammelter Mannschaft hingelegt. Der vorgeführte Junior AD arbeitete mittlerweile bei einer Bezirksligawerbeklitsche in Wiener Neustadt. Offenbar war diese öffentliche Hinrichtung aber ohne pädagogischen Effekt beim Team geblieben.

Pia gab es auf, nach der Vogue zu suchen, und griff sich stattdessen die neue Ausgabe von Apartamento. Ah, eine Wohltat, allein wie fein diese kleinformatige, daumendicke Zeitschrift schon in ihrer Hand lag. Wie gemacht dafür. Mit ihren Fingerkuppen strich sie in langsamen, sanften Bewegungen über das Cover. Seit sieben Jahren kaufte sie jede Ausgabe des in Barcelona auf Englisch erscheinenden Interieurmagazins, so auch die Nummer siebzehn, die sie nun genüsslich an einer beliebigen Doppelseite aufschlug. Martha Stewart blickte ihr entgegen, eine der berühmtesten Fernsehköchinnen Amerikas, fotografiert von keinem Geringeren als Terry Richardson. Gut, diese eine Strecke kannte sie bereits aus Harper's Bazaar. Aber Pia bekam neuerlich Gänsehaut davon, Richardsons Bilder von Martha Stewarts Zuhause waren nicht mit der fotografischen Hausmannskost hierzulande vergleichbar. Das war eine ganz andere, crazy Welt. Niemand in Österreich lichtete einen Koch privat so virtuos ab. Unmöglich. Undenkbar. Diesen Stil hatte niemand drauf. Dazu kam auch noch die Gestaltung. Das war nicht das übliche Grafikgenudle, mit dem alle sofort happy sind. Das war kein Nachbau eines Layouts. Das war etwas ganz anderes, Eigenes. Sie fühlte das. Die kreative Kraft des Magazins übertrug sich auf sie. Sie blätterte weiter zu einer Homestory über den englischen Künstler Liam Gillick. Ganz anders, jubilierte sie ein weiteres Mal. Bei uns sind Redakteure und Fotografen froh, wenn man sie auf Erwin Wurm loslässt, dann ist jedoch pflichtschuldig gleich wieder das Gediegene und Schöngeistige dabei, eine Darstellung in Apartamento gründete aber von vorneherein auf einer völlig anderen Herangehensweise. Hier stand der Porträtierte etwa barfuß auf einem roten Läufer. Liam Gillick hatte ja nicht einmal eine übergroße Wohnung. Der lebte in Manhattan auf ein paar Quadratmetern, das war charmant, das war angenehm, die Serie war absolut nett. Ihre Finger huschten weiter. Hier: Kathy Ryan. Seit dreißig Jahren die maßgebliche Fotoredakteurin der New York Times, noch so eine Grande Dame, wie manche österreichische Kleingeister sagen würden; die zeigte auf einem Bild ihre faltigen Hände, war Pia baff, normal ein Job für ein Retuschierstudio, aber die Ryan stand ganz klar über solchen Dingen, brauchte sich nichts zu beweisen. Da war ebenfalls nichts nachgeschärft, nichts aufgehellt, das war kein HDR-Scheiß, sondern völlig unprätentiös. Die Fotos zeigten sie in einer coolen, wunderbaren Wohnung. Und dann noch dieses großartige Bild von Kathy Ryan mit ihrem Mann und ihrer Tochter. So ein sympathisches Familienporträt habe ich noch nirgendwo gesehen, dachte Pia, das alles hatte unbestreitbar … NIVEAU. Allein diese Headline: Furniture Romance. Fast hätte sie begeistert mehrmals in die Hände geklatscht. Das war alles so gut. Ein Detail weckte ihr Interesse. Von wem stammte das klein abgedruckte Cover des New York Times Magazine? Von Alec Soth. Alles klar, freute sie sich beim Lesen der Credits. Champions League, in jeder Hinsicht. Pia war fest davon überzeugt: Die Praktikantin, Leonhard, Kiki, Harry Bausch, Heinz Himmelfreundpointner – keiner dieser österreichischen Husch-Pfusch-Patzer hatte einen Schimmer, wer Alec Soth überhaupt war. Sonst würden sie anders arbeiten, sich anders anziehen, anders reden.

»Links und rechts von mir schustern alle Bildchen und Sätzchen für Witzkunden wie Bad Fülsen zusammen. Orientiert sich aber jemand nicht an den lokalen Standardeinstellungen, wird die Leistungsspitze dem Mittelmaß zuliebe gestutzt«, murmelte Pia vor sich hin.

Mit Apartamento hielt sie den Beweis in Händen, was möglich war, wenn der Bildschirm nicht das einzige verbliebene Fenster zur Welt darstellte. Wenn nicht gespranzt und nachgebaut wurde. Wenn man beim Gestalten erhobenen Hauptes dem Geist der Zeit in die Augen sah. Dann kam es zu großartigen Seiten wie jenen über Klaus Biesenbach, einen Deutschen, vom Physischen her ein echter Teutone, zugleich aber Chefkurator des Museum of Modern Art. Der von Pia soeben aufgeschlagene Artikel betraf Biesenbachs Sommerhaus in den Rockaways nahe New York City. Das Haus durfte trashig aussehen, das wollte er so, Pia hatte den Text vor ein paar Tagen mit großer Begeisterung gelesen. Es ging darin nicht bloß um Selbstdarstellung, es ging um INHALTE. Das war ein richtiges Porträt, man wusste hinterher viel Neues über den Menschen. Zum Beispiel, dass Biesenbach in diesem Sommerhaus exotische Vögel züchtete. Er saß auf den Fotos auch nicht auf einem Designkrempelsessel, um zu zeigen, dass er arty war. So gekünstelte Übungen hatte der nicht nötig. Die meisten in ihrer Branche verstanden aber die Optik solcher Fotos nicht. Denen waren die Bilder vermutlich zu roh, zu ungeschönt mit einem Licht durchgeschossen.

Sie trat zu der Glastür, die ihre kleine, aus Glas und Buchenholz bestehende Koje von den – wie sie es gerne nannte – »billigen Plätzen« des Großraumbüros abgrenzte. Ausnahmsweise waren heute trotz vorgerückter Stunde noch alle Bildschirme besetzt, die Hälfte der Belegschaft isolierte sich mit dicken Kopfhörern von dem Gerede und Gebimmel ihrer Umgebung. Pia setzte sich von Zeit zu Zeit aus purer Neugier dem Musikgeschmack ihrer jüngeren Kollegen aus. Auf dem Agenturserver fand sie immer die neuesten

Playlists arbeitskompatibler Mixe. Es war jedoch selten etwas dabei, das sie persönlich ansprach. Im Gegenteil: Speziell bei den schnellen Tracks wunderte sie sich, wie jemand zu so forcierten, hart klingenden Rhythmen arbeiten konnte. Andersherum erklärte das technoide Gepolter die Fließbandanmutung von Leonhards und Kikis Entwürfen.

Pia sah der Praktikantin zu, wie sie eine Tasse Kaffee durch die Agentur balancierte. Von morgens bis abends am Einschleimen, dachte sie angewidert. *Scheiße, dass du hier bist.* Sie war am Verzweifeln. Warum darf die überhaupt im selben Raum sein wie ich? Was ist deren Eintrittskarte in unsere Welt? Inwiefern bereichert sie das Repertoire der Agentur? Ist es ihre Jugend? Denkt Harry, wir verlieren bei einem zu hohen Altersschnitt das Gefühl für Trends? Fickte er das Ding vielleicht auch noch?

Links von ihrer Koje standen Himmelfreundpointner und Ulrich beim Drucker zusammen. Himmelfreundpointner am Reden, Ulrich am beflissenen Nicken. Geschickt, unser Lancelot, dachte Pia, markiert sein neues Revier, sichert sich Loyalitäten, nimmt den untertänigen Ulrich als Schildknappen in den Dienst. Der nächste Waschlappen, der zu ihm überläuft. Der Graben zwischen ihr und den anderen wurde immer breiter. Sie ging zurück in ihre Koje und zog die Zugbrücke hinter sich hoch.

Erneut griff sie zu Apartamento. Aber der vorhin erlebte Zauber stellte sich nicht wieder ein. Das Magazin verlor seine aufhellende Wirkung auf sie. Dunkle Gedanken und üble Befürchtungen schoben sich dazwischen. Ihr gerade frisch gestärktes Selbstbewusstsein schwoll in rasantem Tempo ab. Bunkerstimmung. Raus hier, dachte Pia. Ich muss ein Zeichen setzen. Für mich. Für die Agentur. Für Harry. Ich kann unmöglich hierbleiben und diesen vom Himmel gefallenen Kronprinzen erdulden. Das packe ich jetzt nicht. Ich spüre mich ja kaum noch. Wenn du mit dem Namen Pia Hermes losgeschickt wirst, ist das ein Auftrag, etwas Großes aus deinem Leben zu machen. Ich wollte immer mit Leuten arbeiten, die mich pushen – aber jetzt sammeln sich Minderbegabte unter der Fahne eines Günstlings in der Absicht, die einzig wirklich Kreative in der Agentur zu stürzen.

Sie schaute auf ihr Handy. Keine eingegangenen Anrufe, keine Nachrichten. Niemand, der ihr etwas mitzuteilen hatte. Auch kein Liebhaber, der sie wissen ließ, dass er jetzt gerade an sie dachte. Enttäuscht machte sie ein Foto der Titelseite von Apartamento und postete es auf Instagram und Facebook. Darunter schrieb sie: »Thank you for the inspiration, guys! You rock as always!« – Daumen ernten bei ihren sorgfältig ausgewählten Kontakten. Sie brauchte Response, Response, Response, irgendwas, das ihr das Gefühl gab, sie wäre mit ihrer Sicht der Dinge nicht allein.

Wenn ich damals nur in Hamburg geblieben, nicht nach Wien zurückgekehrt wäre, dann sähe es jetzt völlig anders aus, hielt sie sich vor. Olli zum Beispiel. Ihr friesischer Ex-Kollege und Ex-Liebhaber aus der Hamburger Zeit. Der hatte es richtig gemacht, sich im passenden Augenblick abgesetzt, war nach New York gegangen, wo er heute Immobilienprojekte brandete, große Dinger, um viel Cash, verbunden mit ständig wachsendem Renommee. Dieser Weg war auch ihr offen gestanden. Sie hätte nur mit dem Finger schnippen müssen. Ein Designstudio in New York gründen. Gemeinsam mit Olli. Wie oft hatten sie in den kalten Hamburger Sommernächten auf der Terrasse des Alster Pavillons davon fantasiert? Und was war daraus geworden? Olli tat den Schritt alleine, kündigte bei Springer & Jacoby, buchte einen One-way-Flug in die USA und verwirklichte den zusammen ersponnenen Traum ohne sie. Ein Jahr lang musste er sich durchbeißen, jede Nacht bis zum Anschlag ausgehen,

Kontakte knüpfen, die richtigen Leute finden, aber mit seiner Beharrlichkeit und dem Gespür für Menschen gelangte er schneller als erwartet ans Ziel. Heute gehörte er in New York zu den Topdesignern. Alle paar Monate rief Pia Ollis Website auf und klickte sich neidisch durch die neuesten Arbeiten.

Sollte sie ihm jetzt schreiben? Eine E-Mail schicken? Ihn auf Facebook anchatten? Nein, nicht heute. Nicht jetzt. Sie war noch zu angegriffen. Stattdessen tat sie etwas, was in ihren neun Jahren Bausch & Bogen kein einziges Mal passiert war: Sie nahm ihre Tasche und ging nach Hause.

Als Erste.

LESBOS

Für einen erklärten Pazifisten und Familienvater driftete Poldi äußerst waghalsig um die Ecke. Die Reifen seines alten Kombis jaulten über das Kopfsteinpflaster. Bei dieser Fahrweise konnte er sich glücklich schätzen, dass es nur die Reifen waren, die aufjaulten. Da in der Sackgasse zur Kulturfabrik nur selten Autos verkehrten, schlichen hier die Katzen der Umgebung sorglos umher, und kleine Kinder watschelten beim Spazierengehen mit Duldung der Eltern weiter als sonst voraus. »Aber nur bis zur Kirche, ja?« Bis zur Kirche – damit war die Urfahrer Josefskirche mit ihrem abschüssigen Vorplatz gemeint. Genau jene Stelle, wo Poldis Volvo nun gefühlskalt in der Kurve lag. Zum Glück, ohne Schaden anzurichten. Die Gunst des Augenblicks glich Poldis fehlende Vorsicht aus. An diesem außergewöhnlich heißen Sommerabend präsentierte sich der verkehrsberuhigte Straßenabschnitt verwaist. Poldi genoss freie Bahn und drückte das Gaspedal durch. Erst knapp vor dem Tisch, an dem Lesbos mit Peter, Dörti und Scheibenzuber vor der Kulturfabrik im Freien saß, stoppte er das kantige Fahrzeug abrupt ab.

»Hallo, ihr Arschgeigen! Was gibt's Neues in Urfahr?«, rief Poldi ihnen durch das offene Autofenster bestens gelaunt zu.

Niemand aus der Runde antwortete. Alle saßen sie schockstarr in ihren Kunststoffstühlen und beobachteten entgeistert, wie Poldi seinem Kombi entstieg und die Fahrertür zupfefferte. Mit einem aus dunkler Quelle gespeisten Lächeln baute er sich vor ihnen auf.

»Na? Passiert auch selten, dass ihr alle zusammen schmähstad seids.«

Lesbos kannte Poldi seit etwas mehr als sechsunddreißig Jahren. Seit dem legendären Tag, an dem aus einer in Spinnweben verpuppten leerstehenden Tischlerei der Nachtfalter Kulturfabrik wurde. Er kannte den fülligen Lockenkopf Poldi als Aktivisten der ersten Stunde, der damals sofort überriss, dass eine unrechtmäßig übernommene Fabrik zum Funktionieren auch Öl braucht, soll heißen: Bier. Mit diesem gastronomischen Zündfunken bekam er sofort beide Fraktionen der ursprünglichen Besetzer auf seine Seite. Die etwas Älteren mit den Walkjankern. Und auch die jungen Lederjacken. Lesbos kannte Poldi seither als Brecher in der Brandung des Schankgewerbes, dem weder ein heraufziehender Gästeansturm noch der Drum-&-Bass-Orkan eines übermotivierten Discjockeys etwas anhaben konnte. Er kannte den Poldi des Haschischlächelns, den Poldi des Sonnenaufgangs nach durchschufteter Nacht, den Poldi des Pokerspiels. Aber dem Poldi des Gaspedals war er in all den gemeinsamen Jahren noch nie begegnet. Das irritierte ihn im Augenblick etwas. In der Kulturfabrik gehörten seltsame Auftritte durchgeknallter Freaks zum Programm. Gewöhnlich ging der Wahnsinn von den Gästen aus. Aber von Poldi? Das passte gar nicht. Hier spießte sich etwas, und das gewaltig. Lesbos' Herz schlug immer noch viel zu schnell. Trotzdem fand er als Erster am Tisch seine Sprache wieder. »Man muss auch nicht jeden Tag beim Biertrinken um sein Leben fürchten«, sagte er mit belegter Stimme.

»Geh, bitte! Seids doch keine Mimosen, Leute.« Poldi lächelte undurchsichtig. »Vergönnt doch eurem liebsten Abfüller das kleine Vergnügen einer Vollbremsung. Wo er doch bekanntlich wegen euch zarten Pflänzchen gerne Extratouren mit dem Auto fährt. Besonders an so einem schönen, angenehm warmen Tag wie dem heutigen.«

In der Runde wurden Blicke gewechselt. Darum ging es also. Die kaputte Bieranlage hatte Poldi den freien Tag versaut, und nun tat die Hitze das Ihre dazu. Sein hellgraues T-Shirt zeigte ein camouflageartiges Muster aus trockenen Stellen und großflächigen Schweißflecken. Unter den Achseln zwei Salzwasserseen. Der Kopf krebsrot, wie frisch gekocht.

»Ist alles okay bei dir, Poldi?«, fragte Peter.

»Ob alles okay bei mir ist? Du fragst mich, ob alles okay bei mir ist? Ja freilich, Peter«, sagte Poldi etwas schrill. »Schau her: Es ist alles in bester Ordnung bei mir.« Demonstrativ zog er an seinem tarnfleckigen T-Shirt herum. »Ich war nur den Tag über mit der Gitti und den Kindern in Ottensheim«, fuhr er fort, »in der Donau baden, rumliegen, sich in der Hitze möglichst wenig bewegen. Im letzten Tageslicht auf der Sandbank ein paar Koteletts auf den Grill werfen. So ein völlig entspannter Ottensheimer Sommerabend am Lagerfeuer, während ihr euch in Linz zu Tode schwitzt, okay?«

»Klingt doch nach einer super Geschichte«, sagte Dörti.

»Ja?«, presste Poldi hervor, ohne ihn eines Blickes zu würdigen. Stattdessen zählte er aus beruflicher Gewohnheit die auf dem Tisch stehenden Bierflaschen aus der Tschechischen Republik durch. Es waren deren zwölf, acht davon bereits leer. Machte – ohne Trinkgeld – vierzig Euro achtzig. Er verdrängte diesen Gedanken gleich wieder. »Passt gut auf«, sagte er, »die super Geschichte geht nämlich noch weiter. Gerade war ich dabei, den Abend zu genießen. Aber dann hab ich es nicht mehr ausgehalten«, kletterte Poldis Stimme eine Oktave höher. »Die Sehnsucht nach euch Sumpfblüten war einfach zu groß. Was machen wohl meine treuesten Gäste Lesbos, Dörti, Peter und der liebe Scheibenzuber, hab ich mich gefragt. Ich habe sie in dieser Woche erst an drei Abenden gesehen und es ist immerhin schon Donnerstag. Fangt schon einmal ohne mich an, habe ich deshalb zu Gitti und den Kindern gesagt. Besser, ich lasse den traumhaften Sonnenuntergang und das erste Kotelett aus und fahre schnell nach Linz runter. Um mich persönlich zu überzeugen, dass es den vieren wirklich gut geht und es ihnen bei ihrem täglichen Umtrunk an nichts fehlt.«

»Schnell bist du wirklich gefahren«, hakte Lesbos ein.

Dörti nickte. »Richtig. Du …«

»So ist es eben, wenn sich ein Schnellfahrer wie ich nach Schnelltrinkern wie euch sehnt«, schnitt ihm Poldi den Satz ab. Er hatte jetzt so einen schiefen Mundwinkel, halb früher Elvis Presley, halb Schlaganfallpatient.

Lesbos runzelte die Stirn. »Was willst du uns eigentlich die ganze Zeit sagen, Poldi?«, fragte er. »Dass wir Arschlöcher sind? Dass es viel zu heiß zum Arbeiten ist? Dass du einen undankbaren Job hast? Dreimal ein mehrstimmiges Ja. Wissen wir alles selber.« Er sah Poldi an und sprach mit schneidender Stimme weiter: »Aber um uns all das zu verklickern, brauchst du uns nicht extra mit deiner Karre ins Unfallkrankenhaus zu befördern oder einen Monolog aus einem Tarantino-Film hinwichsen. Poldi, was ist los mit dir? Wir sind's! Und wir sind ausnahmsweise unschuldig! Heute sind wir die Guten! Den Klimawandel haben die Kapitalisten zu verantworten. Und wir können nichts dafür, wenn bei deiner scheiß Zapfanlage nur noch Apfelsaft rauskommt und du deswegen deinen Grillabend unterbrechen musst.«

»Kurz hab ich gedacht, der Poldi haut dir eine rein«, sagte Scheibenzuber hinterher.

»Was hat er dann behauptet?«, fragte Dörti verwundert. »Wir hätten seine Bieranlage kaputtgetrunken? So eine Scheiße. Wie soll das bitte gehen? Wie trinkt man eine Bieranlage kaputt?«

»Es ist alles noch einmal gut gegangen, oder? Er hat sich ja wieder gefangen, und das Bier sprudelt sicher bald wieder wie gewohnt«, sagte Lesbos. »Poldi ist halt auch nur ein Freak. Und er verträgt die Hitze noch schlechter als wir.«

»Weil wir zufällig gerade vom Bier reden. Mir wäre es lieber, wenn endlich andere …«, begann Dörti.

Der Rest des Satzes ging in an- und abschwellender Musik aus dem Lokal unter. Synchron fuhren sie herum. Das Getöse steigerte sich immer mehr. Offenbar wurde der Volumenregler der Musikanlage im Sekundentakt von links nach rechts gedreht. Trotz der ungewöhnlichen Wiedergabe erkannte Lesbos das Stück auf Anhieb – »Ghost Town« von den Specials.

»Du liebe Zeit, Poldi hat heute wirklich nicht seinen besten Tag«, kommentierte Peter die Lautstärkeschwankungen.

»Er testet die Musikanlage«, erklärte Lesbos.

»Was? Ist die etwa auch kaputt?«

Lesbos zuckte mit den Schultern. »Vorhin hat sie jedenfalls geblubbert.«

Gewöhnlich genoss es Lesbos, abends mit Dörti, Peter und Scheibenzuber vor der Kulturfabrik zu sitzen. Keiner von ihnen hatte Dringliches zu tun. Keine Liebste, die zu Hause auf sie wartete. Kein »Wie war's heute in der Arbeit, Schatz?«. Keine Idee, die sie von diesem Lokal, dieser Stadt, diesem Kontinent fernhielt. Vor ihnen einzig die Prärie des Biertischs. Tagein, tagaus. Jede Woche dieselbe Welt. Jeder Abend ein Vorglühen auf den nächsten. Ihr Leben bestand aus Samstagen.

Gegenüber Gelegenheitsgästen der Kulturfabrik verhielten sich die vier meist überschwänglich. Dann wurde das Tafelsilber an Anekdoten hervorgeholt und aufpoliert zum Besten gegeben. Wie bei erfahrenen Entertainern, die jeden Abend denselben Witz an der gleichen Stelle brachten. War man unter sich, reichten Alltagsthemen. Viele Gespräche waren Aufführungen früherer Gespräche. Jeder beherrschte die ihm zugedachte Rolle mittlerweile perfekt. Dörti, der dienstälteste Punk der Stadt. Knapp einhundertsechzig Zentimeter groß, eingefallene Wangen, schütteres Resthaar, einer, der jahrzehntelang in der internationalen Showbranche tätig gewesen war, sprich, der in ganz Europa Konzertbühnen auf- und abgebaut hatte, aber nun mit lädiertem Rücken in Linz zum Bürokaufmann umgeschult wurde. Lesbos fragte sich häufig, ob das bei Dörti mit vierundfünfzig noch Sinn machte. Ein sitzender Beruf für einen Husky wie Dörti? Undenkbar, eigentlich.

Und Scheibenzuber? Dem ging es vergleichsweise tipptopp. Er war mit vierundvierzig auch noch nicht so störungsanfällig wie Dörti und Lesbos. Sein Atelier lag gleich um die Ecke. In die Kulturfabrik kam er, um den Staub der Tage abzuspülen, wie er es nannte. Scheibenzuber war Bildhauer. Ausgebildet an der Akademie der bildenden Künste in Wien. Ein klassischer Steinarbeiter. Er besuchte bewusst keine Symposien zur Zukunft der Skulptur, wie es viele seiner Kollegen taten, formte also nichts aus Kabeln, sah nirgendwo einen USB-Anschluss vor und vermied auch die Gesellschaft von Galeristen und Kuratoren, so oft er nur konnte. Am liebsten war er alleine im Atelier am Hämmern. Das entsprach schlichtweg seinem Verständnis von Bildhauerei: Weg mit dem Überflüssigen!

Wenn sich Dörti die jugendliche Aufgeregtheit für alles Schräge bewahrt hatte, dann war Scheibenzuber der Mann für den geraden, unbestechlichen Blick. Kaum ein Phänomen, das er nicht herzuleiten oder zu interpretieren wusste. Zwischen diesen Standpunkten war neuerdings Platz für Peter. An guten Tagen ein freundlicher Skeptiker, an weniger guten ein Skeptiker mit Hang zur Rechthaberei. Einer, der erst seit drei, vier Jahren mit ihnen am Tisch saß und nicht recht zur Besetzung passte. Beruflich machte er irgendwas mit Logistik. So genau wusste das keiner von ihnen, aber das war auch nicht wichtig. Lesbos mochte ihn nicht. Er betrachtete Peter als vorübergehende Erscheinung.

Eine neue Runde Budweiser wurde angeliefert. Lesbos wartete, bis Baldur mit dem leeren Tablett abzog. »Sagt mal, wie findet ihr eigentlich den neuen Kellner?«

»Welchen neuen Kellner?«, fragte Peter.

»Der dir gerade die Bierflasche hingestellt hat. Baldur heißt er«, sagte Lesbos.

»Ach, das war gar nicht Fritz?«

»Nein, das war Baldur. Arbeitet seit vier Tagen hier.«

»Fritz, Baldur … für mich sehen die Typen alle gleich aus«, sagte Dörti.

»Wenigstens hat er keinen Vollbart«, beschied Lesbos.

»Stimmt, die mit den Bärten sind überhaupt nicht auseinanderzuhalten«, sagte Peter. »Man weiß nie, ob man den jetzt kennt oder nicht. Darum grüße ich keinen mehr mit Bart. Vermeidet Irrtümer.«

»Ich mache es andersrum. Ich grüße einfach alle«, sagte Lesbos.

Dörti lachte meckernd.

»Bart hin oder her, Mann oder Frau: Den Jungen fehlt einfach der entscheidende Zipfel Persönlichkeit als Erkennungsmerkmal«, stellte Scheibenzuber fest.

»Nur Vicky ist anders«, sagte Lesbos. »Die sticht heraus.«

Das war ihm wichtig. Dass Vicky keines der Pelikankinder war.

»Stimmt, wegen ihrer Titten«, sagte Dörti.

»Die liegen sicher gut in der Hand«, bemerkte Peter.

Dörti grinste dreckig. »Wie eine Mozzarella-Packung.«

Lesbos verdrehte die Augen. Bei der Hitze war das dumme Gerede heute kaum auszuhalten. Er konnte es verstehen, dass bei Poldi die Sicherungen fielen.

»Wollt ihr meine Theorie dazu hören?«, fragte Scheibenzuber.

»Zu Vickys Brüsten?« Peters Nachfrage sorgte für noch mehr Gelächter.

Das reichte. Lesbos klinkte sich bei dem für ihn sensiblen Thema aus. Deshalb überhörte er, wie Scheibenzuber wortgewandt darlegte, es gebe nur noch Avatare. Die heutige Generation wähle ihr Erscheinungsbild wie bei einem Online-Multiplayer-Spiel aus einer Liste begrenzter Spielerfiguren. Was die verblüffende Ähnlichkeit vieler Mittzwanziger und -dreißiger begründe. Lesbos entging weiters, dass das Trio daran anknüpfend über den Begriff der Massenindividualisierung stritt. Peter tat diese Interpretation gleich als soziologischen Scheißdreck ab. Für Dörti stand sie hingegen fest. Die einstigen Insignien der Andersartigkeit seien zu Merkmalen des mehrheitsgesellschaftlichen Hinterherhechelns geworden. Sich heute noch seine Hanswursthaut tätowieren zu lassen: Was außer Konformität und Einfallslosigkeit wolle man damit noch ausdrücken? Lesbos' Gedanken wanderten unbewusst zu einem Schulterblatt mit der gestochen scharfen Abbildung von Hrimfaxi.

Erst als sich das Gespräch um Ameisen zu drehen begann, horchte er wieder auf.

»Ameisen?«, fragte er.

»Ja, oder etwa nicht?«, fuhr ihn Peter an. »In der heutigen Gesellschaft zielt doch wieder alles darauf ab. Funktionieren, funktionieren, funktionieren. Wie bei den Ameisen. Bei denen gibt's auch kein alternatives Weltmodell. Die leben in einem Staat, wo jeder gehirnlos fleißig seiner Arbeit nachgeht. Kommt euch das bekannt vor?«

»Stimmt ja nicht«, sagte Lesbos. »Auch unter den Ameisen gibt es Faulenzer. Die lungern nur so herum. Sie sind sogar in der Mehrheit. Und über ein Viertel im Staat tut oft tagelang nichts.«

»Wenn das wirklich stimmt, dann ist das geil«, jubelte Dörti. »One, two, three, four: Ameisen-Punks!«

»Das ist nichts als Unsinn«, behauptete Peter. »Faule Ameisen, pah!« Er warf Lesbos einen mitleidigen Blick zu.

»Von wegen Unsinn, mein Freund. Das ist wissenschaftlich er- und bewiesen!« Lesbos machte das Thema munter. »Ein paar Insektenforscher von einer Universität in Arizona haben das mit Spezialkameras untersucht.«

Scheibenzuber und Dörti lachten um die Wette.

Nur Peter blieb skeptisch. »Du behauptest allen Ernstes, viele Ameisen tun nichts?«

»Ja, genau – nicht das Geringste! Das hat die Beobachtung mit Kameras gezeigt. Nur eine winzige Minderheit ist ständig am Rackern. Die anderen lungern in der Zwischenzeit bewegungslos herum.«

»Jawohl! Fleißig am Arsch! Die Ameisen sind wie wir!« Dörti reckte die rechte Faust in die Höhe. »Hiermit schwöre ich hoch und heilig, dass ich nie wieder beim Wandern auf einen Ameisenhaufen brunzen werde. Die Faultiere stehen bei mir ab sofort unter Artenschutz.«

»Lasst uns darauf anstoßen«, sagte Scheibenzuber.

»Auf die Ameisen! Untätige aller Lebewesen, vereinigt euch!«, rief Dörti.

Klirrend stießen ihre Flaschen zusammen. Selbst Peter machte trotz aller Vorbehalte mit.

»Was wird denn hier gefeiert?«, fragte der neugierig gewordene Poldi.

»Arbeitsverweigerung«, sagte Lesbos.

»Bei Ameisen«, fügte Scheibenzuber hinzu. Mit wenigen Sätzen erklärte er Poldi den Sachverhalt.

»So, so. Ameisen. Hm«, sagte Poldi tiefsinnig. Er schnappte sich einen der herumstehenden Stühle und setzte sich zu ihnen an den Tisch. »Ich wusste gar nicht, dass ihr neuerdings auch auf dem naturkundlichen Trip seid. Zoologen, was? «

Lesbos zuckte achtlos mit den Schultern. »Man liest halt dieses und jenes.«

»Das stimmt, das stimmt«, sagte Poldi und nickte dann längere Zeit still und starr vor sich hin. »Passt auf, da habe ich aus derselben Ecke aber noch was für euch. Wisst ihr, was ich gelesen hab? Forscher haben kürzlich herausgefunden, dass die Dinosaurier Federn hatten. Und zwar ALLE Dinosaurier! FEDERN! Irre, oder?« Er suchte in den Augen der Runde nach übergesprungener Begeisterung, fand aber keine. »Euch ist hoffentlich klar, was das bedeutet?«

»Ja«, sagte Lesbos betont gleichgültig, »dass Steven Spielberg ›Jurassic Park‹ neu drehen muss.«

»Red keinen Scheiß, Lesbos.«

»Ernsthaft: Was willst du mit Dinosauriern, Poldi? Ameisen, die nicht arbeiten – das ist eine gute Geschichte. Aber Dinosaurier mit Federn? Wen interessieren schon Dinosaurier?«

»Komisch, dass ausgerechnet du Rockfossil das sagen musst«, sagte Poldi und lachte bösartig.

Lesbos lebte in einer Erdgeschoßwohnung. Über seiner Etage stapelten sich noch sieben weitere Stockwerke. Eine tonnenschwere Last aus gewöhnlichen Dingen und Existenzen. Darum gehörten ihm die gut achtzig Quadratmeter sozialer Wohnbau auch nicht alleine. Er teilte sie mit der Befürchtung, dass ihm eines Tages die Decke auf den Kopf fallen könnte. Wobei es gar nicht die Geräusche aus Plafond und Wänden waren, die ihn das befürchten ließen. Es war mehr das Rumoren in seinem Kopf. Die Gewissheit, unter sieben Schichten schwedischer Möbel und zwanzig Haushalten mit Abo der Kronen Zeitung leben zu müssen, hatte für Lesbos etwas Erdrückendes. Er behalf sich dagegen seit Jahren mit ausgesuchten Mitteln. Raum für Raum seiner Wohnung pölzte er mit Büchern ab, teils in Regalen nach Autoren und Gebieten sortiert, teils säulengleich bis zur Decke gestapelt. Das machte sein Zuhause buchstäblich erträglich, verschlang aber auch Erhaltungszeit. Ständig erwarb er neue Lektüre, begann er mit weiteren Säulen. Die Räume wurden dadurch enger und enger, kaum noch ein freier Meter Mauer. Aber mittlerweile glaubte Lesbos, dass es fatale Folgen für die Statik des gesamten Gebäudes hätte, würde er eine der Säulen einsparen oder ein gewichtiges Buch aus dem Verbund lösen. Er glaubte, der ganze Stumpfsinn, der auf seiner Decke lastete, ließe sich nur durch seine Bibliothek abfangen. Keiner der Nachbarn war sich im Klaren darüber, in welcher Gefahr alle im Haus schwebten. Dass es allein der bibliophilen Bergmann-Tätigkeit eines Erdgeschoßbewohners zu verdanken war, dass ihr Gebäude nicht in sich zusammenfiel.

Aber wurde Lesbos deswegen freudig begrüßt, wenn er sein Sixpack vom Diskonter heimtrug? Oder wünschte man ihm ein aufmunterndes »Glück auf!«, wenn er auf der Bank vor dem Haus zur Erbauung in Franz Jungs »Der Weg nach unten« las? Nein, umgangen und belächelt wurde er dabei, egal ob es alte Grantscherben oder junge Familien waren, was ihm aber die meiste Zeit nur recht war, weil es ihm lästige Unterhaltungen ersparte.

Das besagte Gebäude war eines unter vielen. Wer auch immer diese Siedlung Ende der Siebzigerjahre entworfen hatte – einen geraden Strich konnte er machen. Sehr viele gerade Striche sogar. Vielleicht wurde dieses Talent später erkannt und passender eingesetzt. Für die Planung von Gefängnissen etwa oder bei der Errichtung von Staumauern.

Lesbos wohnte seit fast dreißig Jahren zur Miete in diesem Haus. Unter Lesbos kannte ihn hier aber niemand. Hier hieß er wie früher, vor seiner Häutung. »Jäger« stand auf dem Klingelschild, denn unter diesem bürgerlichen Familiennamen hatte er bis knapp vor seinem sechzehnten Geburtstag eine unauffällige Urfahraner Kindheit und Jugend verbracht.

»Grüß Gott, Herr Jäger.«

Wurde er im Stiegenhaus oder auf der Straße von Nachbarn so angesprochen, machte er ein Gesicht wie nach dem Genuss von erst Salz, dann Tequila und abschließend Zitrone. Die Kombination aus katholischer Grußformel und seinem Familiennamen vertrug sich nicht mit seinem Selbstverständnis als Rock'n'Roll-Star. Manchmal fragte er sich, was wohl bei Slash, dem Gitarristen von Guns'N'Roses, zu Hause in Los Angeles an der Tür stand. Mr. Slash? Oder sein bürgerlicher Name, Saul Hudson? Das beschäftigte ihn schon deshalb, weil es ja nicht immer bei Klingelschild und Wohnungstür bleiben würde. Irgendwann musste für ihn, Lesbos, auch mal ein Grabstein her. Seine letztgültigen Überlegungen dazu lauteten: Hinter einer Tür mit der Aufschrift »Zacharias Jäger« konnte er leben. Unter einem Stein mit diesem Namen wollte er aber nicht eine Minute lang tot sein.

Natürlich, Lesbos wirkte in diesem Wohnblock wie ein Teil aus einem anderen Puzzle. So einer wie er ging im Chelsea Hotel in New York City ein und aus, seinesgleichen stolzierte ungeniert in eine Peepshow in Soho, gleich bei der Carnaby Street, wo er sich Neunzehnhundertsiebenundsiebzig eine schottenkarierte Bondagehose gekauft hatte. So einer wie er sah auch aus hundert Metern Entfernung klar nach Gitarren- und nicht nach Aktenkoffer aus. Trotzdem trat er Tag für Tag aus derselben milchverglasten Haustür wie seine in Normalität gehüllten Nachbarn, wenngleich in eine andere Welt, die für ihn aus gänzlich anderen Anlaufpunkten und Ritualen bestand.

Vorhin war er durch ebendiese Milchglastür in seine Wohnung zurückgekehrt. Aus der Einsicht heraus, dass die weitere Gesellschaft von Scheibenzuber, Dörti und Peter bei ihm auf einen raschen Vollrausch hinauslief. Einen Vollrausch konnte er aber für den weiteren Abendverlauf nicht gebrauchen. Stichwort Vicky. Guter Erhaltungszustand hin oder her: Mit dreiundfünfzig war man für eine Zweiundzwanzigjährige – wenn überhaupt – nur unter Aufbietung gewisser Vorzüge eine beischläferische Überlegung wert. Und eine das Sprachzentrum beeinträchtigende Alkoholisierung zählte sicher nicht dazu. Lesbos wollte die Baggerschaufel dort ansetzen, wo er bei Vicky bereits erfolgreich vorgegraben hatte. Um den Bagger richtig zu bedienen, musste er aber halbwegs nüchtern sein. Darum war für ihn in den nächsten drei Stunden kalter Entzug in der aufgeheizten Erdgeschoßwohnung angesagt. Duschen, anschließend Stimmungsmusik. Gegen Mitternacht würde er wieder am Tresen stehen. Mit klarem Kopf und Ziel. Das Fahrrad hatte er vor der Kulturfabrik zurückgelassen. Die Polizisten des Wachzimmers Ontlstraße waren dafür berüchtigt, alkoholisierten Radfahrern aufzulauern. Die Erfolgsstatistik dieser Arschlöcher wollte er nicht aufbessern.

Lesbos legte eine Platte von Shorty Rogers auf. Cool Jazz. Bei der Hitze hielt er das für angebracht. Leiser Fünfzigerjahre-Sound dudelte durch die Zimmer. Das weckte gleich die Lust auf eine Gauloises bei ihm. Mit einer Zigarette und einem Glas Bitter Lemon ließ er sich in seinen Musiksessel fallen. Er hörte Beckenschläge, Trompetenausritte und wie die gezupften Basssaiten dunkel schwangen. Der Nebel der Budweiser-Dröhnung riss auf und offenbarte einen Moment der Klarheit. Selbst als die Nadel des Plattenspielers längst die Auslaufrille erreicht hatte und dort festhing, saß er immer noch ruhig im Sessel und genoss die Zeitlupenatmosphäre seines Zuhauses.

Lesbos hatte sich seine Wohnung als schnickschnackfreie Zone eingerichtet. Bücher und Schallplatten reichten ihm als Dekoration. Als einzige Ausnahme blickte Robert Mitchum von der Wand herunter. In der Rolle des vorgeblichen Wanderpredigers Harry Powell in »Die Nacht des Jägers«. Ein tiefgründiger, fast schmerzlicher Blick, der den dahinter hausenden Dämon durchschimmern ließ, die mit »Love« und »Hate« tätowierten Pranken auf dem Geländer einer weißen Südstaaten-Veranda. Im Erscheinungsjahr Neunzehnhundertfünfundfünfzig ein veritabler Misserfolg bei Publikum und Kritik – heute längst als Meisterwerk rehabilitiert.

Das Szenenfoto des Films hatte Lesbos vor Jahrzehnten auf einem Kirchenflohmarkt in Sankt Magdalena um fünf Schilling gekauft. Es trug den Stempel der Produktionsfirma United Artists auf der Rückseite. Offenbar ein Original aus den USA, weshalb Lesbos lange gerätselt hatte, auf welchen Wegen diese Kostbarkeit wohl von dort bis nach Linz gelangt war.

Wer Lesbos nur als Großmaul am Tresen der Kulturfabrik kannte, wäre von seinem Zuhause überrascht gewesen. Die Wirkung der zusammengetragenen Möbel erweckte den Anschein, als wohne hier einer mit Auge und Gespür für Zwischentöne. Wahrscheinlich stimmte das sogar, denn Lesbos verdiente immer wieder gutes Geld damit, verkannte Designermöbel der Fünfziger- und Sechzigerjahre in Trödelläden und auf Flohmärkten zu entdecken. Die brachte er dann zu seinem Hehler, einem Wiener Restaurator mit besten Kontakten zu reicher Klientel. Mit den Einkünften aus diesen Geschäften kam Lesbos einigermaßen über die Runden.

Aber reichte dieses bloße Über-die-Runden-Kommen auch, damit Vicky über den Altersunterschied hinwegsah? Was konnte er ihr denn, abgesehen von einem alten Wittmann-Polstersessel, bieten? Geld hatte er keines. Porsche auch nicht. »Aber wenigstens keine Schulden.« Der für die familiäre Finanzlage gebräuchliche Standardsatz seines verstorbenen Vaters. Mehr als diese Formel hatte er von ihm letztlich nicht geerbt. »Aber wenigstens keine Schulden.« Wie viel sozialdemokratische Klein- und Gutmütigkeit steckte bitte in dieser Aussage? Lesbos sah gleich wieder das Goldene Gewerkschaftsabzeichen auf dem Sakkokragen seines Vaters aufblitzen. Wäre es noch eine Spur bescheidener gegangen? Wir haben zwar keine Eigentumswohnung, dafür aber auch keinen Garten? Nein, weder Bankkonto noch Besitz machten ihn sexy. Wahrscheinlich musste es wieder einmal sein früherer Ruhm für ihn richten. Exakt dreißig Jahre nach der Auflösung von BH-Wert wurde diese Währung in der Kulturfabrik schließlich nach wie vor gerne akzeptiert, oder etwa nicht? Kurz kamen ihm auch daran Zweifel. Sollte es ihn nicht beunruhigen, dass sein größtes Kapital die Vergangenheit war? Eine verblassende Vergangenheit zudem, deren Radikalität so ein mit fair gehandelten Bio-Limonaden und laktosefreiem Goa-Trance gefüttertes Pelikanjunges wie Baldur gar nicht erst begriff. Lesbos gab sich bezüglich seiner Bedeutung für die Jugend von heute keiner Täuschung hin. Du musst dringend etwas unternehmen, dachte er. Den alten Ruhm wieder mehren, ein bisschen Budget für amouröse Extras schaffen. Dieses so leichtfertig aus alter Gewohnheit ausgeschlagene Konzert für den Stadtrat

… vielleicht war das ja die ideale Gelegenheit, um beides zu verbinden. Es könnte vor allem wegen Vicky nicht schaden, einen Scheit Aufmerksamkeit nachzulegen. Just fiel ihm wieder ein, dass Poldi von einem Eintrag über BH-Wert im Internet gesprochen hatte. Er schritt zu dem beim Wohnzimmerfenster stehenden Schreibtisch und warf den Computer an. Während das etwas ältere Modell langsam hochfuhr, suchte er nach seiner Lesebrille. Eine Minute später sah er bezüglich Wikipedia klar.

BH-Wert

BH-Wert war eine zwischen 1977 und 1983 existierende Linzer Band, die eine impulsgebende Funktion in der frühen österreichischen Punk- und New-Wave-Musikszene ausübte.

Stil [Bearbeiten]

Ihr Stil setzte sich aus Elementen des Beat und englischer Punkbands wie The Sex Pistols, The Clash oder The Damned zusammen. BH-Wert verwendeten für ihre Texte ausschließlich die deutsche Sprache.

Besetzung [Bearbeiten]

Die Band bestand anfänglich aus Frenzy (bürgerlich Franz Träufel, Gesang), Lesbos (bürgerlich Zacharias Jäger, Gitarre), Walter Miksits (Bass) und Wolfgang Sailer (Schlagzeug). Ab April 1981 ersetzte Klaas Klever (bürgerlich Klaus Cijan) Wolfgang Sailer am Schlagzeug.

Diskografie [Bearbeiten]

Alben [Bearbeiten]

Elektroschock (1980)

Singles [Bearbeiten]

- Den ganzen Morgen schon (1978)

Das war alles? Lesbos war enttäuscht. Mehr stand da nicht? Die Hinterlassenschaft seiner ehemaligen Band pixelte gewaltig. Und da fand sich auch kein Sterbenswort von einer Taufe durch Poldi. Da hatte sich der Wirt vor seiner jungen Barfrau wohl selbst etwas aufspielen wollen. Lesbos klickte seinen verlinkten Namen an, landete aber bei dem Eintrag zur drittgrößten Insel Griechenlands. Schadenfroh stellte er fest, dass es Klausi diesbezüglich noch schlechter erging. Das Pseudonym des Schlagzeugers war mit der »Liste der Bewohner Entenhausens (Weitergeleitet von Klaas Klever)« verbunden. Komisches Ding, dieses Eigenbaulexikon, dachte Lesbos. Man erfährt wenig bis nichts, ist überall mit Aufrufen zum Bearbeiten konfrontiert, und die Abzweigungen führen auch noch in die Irre. Wenn das jetzt die allesgültige Wahrheit für die Musikarchäologen von heute ist, dann gute Nacht, Vermächtnis.

Draußen dunkelte es. Nur am Horizont kokelte die Glut der Sonne noch schwach vor sich hin. Die Lufttemperatur war unverändert hoch. Er stand am Fenster, ein zweites Glas Bitter Lemon, die fünfte Gauloises, und jonglierte mit Geldsummen.

Fünfzehntausend, dachte er. Ein Viertel davon nur für mich. Und als Zinsen und Zinseszinsen frischer Diskussionsstoff für die Abende in der Kulturfabrik. Ich brauche dafür kaum einen Finger zu rühren. Ich muss nur die Seite wechseln. Zu den Konformisten überlaufen. Eine Auftragsarbeit leisten. Und aus diesem Grund mit Frenzy reden.

Er wusste noch immer nicht, was ihm größeres Unbehagen bereitete.

PIA

Früher Abend in Wien, Innere Stadt. Im Ehrgeiz am Schubertring lief leiser Barjazz. Das Lokal hatte erst vor wenigen Monaten eröffnet, war aber in der kurzen Zeit zum beliebten Treffpunkt nach Arbeitsende avanciert. Die Gäste steckten demgemäß noch in ihrer Business-Kleidung fest. Leitende Angestellte aus Büros und Kanzleien, die Männer in tagblauen Anzügen, mit gelockerten Krawattenknoten und hochgekrempelten Hemdsärmeln, die Frauen im Blazer oder in Kostümen mit gedeckten Farben. Für einen Hochsommertag überraschend viele Leute. Sie unterhielten sich angeregt, streuten dem hohen Geräuschpegel dann und wann Lacher unter, dabei war der Feierabend noch jung und die vor ihnen stehenden Getränke kaum angerührt. Pia hatte sich an einem der Zweiertische nahe den vom Boden zur Decke reichenden Fenstern platziert. Zunächst wollte sie sich den im Ehrgeiz vorzüglichen antialkoholischen Shirley Temple bestellen, als sie aber der Kellner nach ihrem Wunsch fragte, entschied sie sich doch für die Variante mit einem Schuss Rum, einen Longdrink, den die Karte als Dirty Shirley führte.

Das Ehrgeiz war von einer parallel zur Fensterfront verlaufenden Bar aus eloxiertem Aluminium bestimmt. Dahinter zogen sich ein länglicher Spiegel mit Goldrahmen und das obligate Hängeregal mit den Spirituosenflaschen, davor standen in Zweierreihe eng gestellte Tische mit harmonierenden Stahlrahmenstühlen, die Sitz- und Rückenflächen aus braunem Leder. Pia hatte sich bei ihrem letzten Besuch im Ehrgeiz nach diesen auffälligen Stühlen erkundigt und erfahren, dass es sich um Fabrikate des Unternehmens Area Declic aus Manzano handelte.

Wer auch immer Pia nun auf einem dieser italienischen Designerstühle sitzen sah, konnte glauben, sie würde nicht lange alleine bleiben, gleich stürze ihre männliche Verabredung zur Tür herein, mit bedauernder Miene und einer charmanten Entschuldigung für das Verspätetsein. Oder er nahm an, sie warte noch auf eine Freundin, die den idealen Parkplatz für ihren neuen, protzigen Range Rover suchte, möglichst nahe am Lokal, um bei der Hitze nicht allzu weit laufen zu müssen.

Aber weder noch. Keine dieser Vermutungen stimmte.

Pia war mit niemandem verabredet.

Es hatte sie auf dem Heimweg von den Agentur spontan ins Ehrgeiz gezogen. Selbst die Aussicht auf den bei diesen Temperaturen schütter befahrenen Ring schien ihr nach einem für sie emotional verlaufenen Arbeitstag attraktiver als die eigene, geschmackvoll-minimalistisch eingerichtete Wohnung.

Hermes, ihr Kater, musste sich wohl oder übel mit der abendlichen Fütterung noch etwas gedulden.

Der Dirty Shirley wurde serviert, in einem leuchtenden Rot, auf dem Glasrand eine frische Limettenscheibe. Pia quittierte es mit einem freundlichen Nicken, hob das Glas zum Mund und saugte an dem schwarzen Kunststoffhalm. Genießerisch schloss sie für einen Moment die Augen. So teuer die Longdrinks im Ehrgeiz waren, hier verstanden die Barkeeper ihr Handwerk. Ganz anders als in den Abfülllokalen in den Gürtelbögen, wo frisch eingeschulte Studentenjobber beim Umgang mit Hochprozentigem pfuschten. Vom Nebentisch wehten Satzfetzen aus dem Büroalltag eines Baukonzerns zu Pia herüber. Zwei Juristen mit Kärntner Akzent bewiesen sich und dem Lokal in tiefen Stimmlagen ihre Wichtigkeit.

»… Führungsanspruch …«

»… Starallüren …«

»Ein einziger Albtraum.«

Grässlich, dachte Pia nach einer Weile des unfreiwilligen Mithörens. Die gesamte Arbeitswelt schien nur um Eitelkeiten und Positionsgerangel zu kreisen. Davon hatte sie heute in der Agentur schon genug abbekommen. Das Gerede kam ihr in jeder Hinsicht zu nahe, und den weichen, in ihren Ohren einfältig klingenden Kärntner Dialekt konnte sie partout nicht ausstehen. Enerviert sah sie sich nach einem freien Tisch im Lokal um, doch keiner war ihr weit genug von den Wichtigtuern entfernt. Nur an der Bar war noch Platz. Pia schnappte den Dirty Shirley samt Untersetzer, zeigte dem Gepluster der Juristen die kalte Schulter und drapierte sich in sicherem Abstand mit überkreuzten Beinen auf einem der Barhocker. Viel, viel besser, fand sie. Aus den Schlitzen der in der Decke versteckten Klimaanlage strömte kalte Luft zu ihr herab. Von den Gesprächen ringsum verstand sie nur Rhabarber. Eine Vase mit duftspendendem Öl verbreitete einen Hauch von Magnolie im Raum. Sie entspannte sich sofort wieder. Mit dem linken Fuß wippte Pia zu den Takten von »Smooth Operator« von Sade – einem Song, den sie mit ihrem pastellfarbenen Lebensgefühl der frühen Neunzehnachtziger verband.

Keine Minute später betrat ein groß gewachsener, gut aussehender Mann in einem hellen, etwas zerknitterten Sommeranzug das Ehrgeiz. Typ interessanter Fünfziger, von denen es in dieser Güteklasse in Pias Umfeld nicht viele gab. Sie verfolgte aufmerksam, wie er sich am anderen Ende der Bar gegen den Tresen lehnte und dem Kellner eine Bestellung zuflüsterte, um anschließend auf die Toilette zu verschwinden. »Hallo Alfons«, sagte Pia leise zu sich selbst. Pia kannte den neu eingetroffenen Gast, das heißt, wie jeder in der

Wiener Werbebranche kannte auch sie die Geschichten, die seit Jahren über ihn kursierten. Alfons Walser, Fons für Freunde, was nicht für viele Menschen infrage kam, ein Vorarlberger mit einem gebräuchlichen Vorarlberger Familiennamen, ehemals Werbetexter, nun unter der nebulösen Berufsbezeichnung *Strategischer Planer* bei United Directors tätig, galt als Enfant terrible der örtlichen Agenturszene, notorisch bekannt seit einer CCA-Gala vor gut zwanzig Jahren, bei der er sechs Auszeichnungen in Gold erhielt, so viele wie nie jemand vor oder nach ihm. Pia waren einzelne Sätze seiner Spottrede im Gedächtnis geblieben, die er am Morgen nach der Gala einer Journalistin eines Branchenblatts aufs Band gesprochen hatte. Eine schonungslose, aber blendend argumentierte Abrechnung mit Werbepreisen, dem – Walsers Meinung nach – missbrauchten Kreativitätsbegriff und den einem Geistesmenschen (Alfons Walser hatte Philosophie, Geschichte und Alte Geschichte studiert) kaum zumutbaren Banalitäten einer – wie er sagte – dauerpubertären Branche. Thomas Bernhard hätte es nicht zynischer und bösartiger zu formulieren vermocht, hätte er sich jemals mit den Niederungen dieses Gewerbes auseinandergesetzt.

Damals kam es natürlich, wie es kommen musste: Empörung, Getuschel, Bezichtigungen. In den Lokalen der Werber zerriss man sich über den zugereisten Nestbeschmutzer das Maul. Walser durchlebte daraufhin einige unruhige Wochen. Der Nimbus des Überfliegers: dahin – doch den Job bei United Directors behielt er. Die frisch verliehenen Preise auch. Allerdings blieben die sechs Weihen auch Walsers letzte. Sein nachfolgendes Schaffen verlief zwar vielbeachtet, aber unprämiert. Konsequenterweise reichten die United Directors keine einzige von ihm ausgehende Arbeit bei einem der nationalen oder internationalen Werbepreise mehr ein. Kein Goldener Bleistift dort, kein Silberner Löwe da. Pia wusste bis heute nicht, ob sie diese Haltung bewundernswert oder einfach nur arrogant fand. Es ärgerte sie, dass sich Walser damit allen Vergleichen und Juryentscheidungen entzog. Selbst wollte sie auf diese und ähnliche Trophäen keinesfalls verzichten. Das kam gar nicht infrage. Die Gala des Creativ Clubs Austria war ihr alljährliches Highlight. Wenn sie eine der begehrten, goldüberplatteten Nachbildungen der Venus von Willendorf erhielt – was seit Jahren mit schöner Regelmäßigkeit der Fall war –, konnte sie es gar nicht erwarten, auf dem roten Teppich Richtung Bühne zu schweben, beklatscht von Kollegen, Freunden und Neidern. Genau wegen dieses hoch angesehenen Preises brannte ihre Schreibtischlampe in den stürmischsten Phasen als nächtliches Leuchtfeuer von Bausch & Bogen. Als deutliches Signal an sich selbst und die Kollegenschaft. Keine im Raum schwebende Idee, keine in Betracht gezogene Kampagnenvariante sollte an den Klippen begrenzter Zeitkapazitäten zerschellen. Nicht, solange sie hier der Kreation angehörte.

Der Barkeeper stellte ein kleines, perfekt schaumgekröntes Bier auf den schimmernden Tresen. Als Walser wenig später von der Toilette zurückkehrte, hielt er schnurstracks darauf zu. Er stürzte das Bier in einem Zug hinunter und wischte sich hastig mit dem rechten Handrücken die nassen Lippen trocken. Pia beobachtete jede seiner Bewegungen genau. Sie wunderte sich. Die vornehme Anzugmarke (Brioni?) und das ungestüme Trinkverhalten passten ihrer Meinung nach nicht zusammen. Walser wirkte unkonzentriert, erschöpft, aber das konnte auch von der Hitze herrühren. Sie wandte sich ihm zu. »Santé, Alfons.«

Langsam drehte sich Walser zu ihr um. Er brauchte eine Weile, ehe er ihrem Gesicht den richtigen Namen zuordnen konnte. Enttäuscht nahm sie es zur Kenntnis. Als es endlich klick bei ihm machte, patschte sich Walser mit der flachen Hand auf die Stirn.

»Pia, natürlich, du bist's. Grüß dich, meine Liebe. Entschuldige vielmals, mir gehen gerade so viele Dinge durch den Kopf.« Er winkte den Barkeeper herbei und orderte einen Martini Dry.

Pia blieb trotz allem charmant. »Nichts zu entschuldigen, es fiel gerade noch unter die gesetzlich tolerierte Reaktionszeit«, gab sie vor.

»Das ist lieb, dass du so nachsichtig mit einem vergesslichen alten Mann bist. Lange her, seit wir uns das letzte Mal begegnet sind, nicht? Darf ich?« Er setzte sich auf ihre einladende Geste hin neben sie an die Bar.

»Mindestens zwei Jahre, oder?«

»Zwei Jahre? Ehrlich? So lange musste ich auf deine Gegenwart verzichten? Das erklärt auch, warum ich permanent Trost im Alkohol suche.«

Wie aufs Stichwort begann der Kellner direkt vor ihnen mit dem Cocktailshaker zu hantieren. Einander zulächelnd warteten beide auf das Ende des lauten Rituals. Immerhin tröstet er sich jetzt mit Stil, stellte Pia erleichtert fest, als Walser kurz darauf den fertig gemixten, mit einer aufgespießten Olive verzierten Drink in einem Kelch serviert bekam.

»Gibt es heute etwas Besonderes zu begießen?«, fragte sie mit ehrlichem Interesse.

»Da bin ich mir noch nicht so sicher.«

»Klingt so, als möchtest du beichten. Soll ich das für uns beide beurteilen? Willst du mir davon erzählen?«

Er atmete tief ein und senkte dabei den Kopf, als würde er in einen Abgrund blicken. Gleich darauf schielte er aber verschmitzt zu ihr hinüber. »Also gut, es wird in dieser tratschsüchtigen Stadt ohnehin kein Geheimnis bleiben, also ziehe ich dich ins Vertrauen: Ich soll Partner bei United Directors werden. Mir wurde Roswithas Anteil an der Firma angeboten. Fünfundzwanzig Prozent.«

»Wow, Partner! Gratuliere. Das ist doch …«

»Nein, das ist es nicht«, schnitt er ihre Antwort ab.

Sie kniff das rechte Auge zusammen. »Sondern?«

»Taktik, Bequemlichkeit, kleinster gemeinsamer Nenner, such dir das Passende aus.«

»Ja?« Ihre Lust am Rauskitzeln war noch mehr geweckt. Sie signalisierte es ihm, indem sie sich mit beiden Ellbogen auf die Bar lehnte, das Kinn auf die Handflächen stützte und ihn mit weit offenen Augen ansah. War er nicht recht bei Sinnen? Ihm fiel das Glück in den Schoß – und er griff nicht zu? Fünfundzwanzig Prozent von United Directors! Töten, töten, töten würde sie für dieses Angebot! Und der Tropf schien sich nicht einmal ansatzweise darüber zu freuen. Sie fasste es nicht.

»Es geht ihnen nur darum, mich zu halten.«

»Warum?«

Sie sah, wie er zu ihrer rausgerutschten Frage gequält lächelte. Zu unüberlegt, zu verletzend? Wahrscheinlich.

»Autsch!« Pia biss sich reuig auf die Unterlippe. »Tut mir leid, Alfons. So war es nicht gemeint, ich weiß natürlich genauso gut wie du, weshalb …«

»Ja, klar, weil ich so ein Riesengenie bin, oder? Bitte, Pia. Schon gut. Selbst wenn ich eines wäre, wäre das nicht der wahre Grund.«

Walser stocherte mit dem Cocktailspieß in seinem Martini herum, so als ließe sich auf dem Boden des Glases die passende Erklärung dafür aufwirbeln. Pia wunderte sich weiterhin über die Stimmungslage ihres Gesprächspartners. Lag es an dem Wermutanteil des Martinis, dass er so bitter auf sie wirkte?

Walser räusperte sich. »Ich bin, das weiß ich, und das will ich wohl auch so, ein Arbeitstier, ein waschechtes Muli«, sagte er dann. »Und für Roswitha gilt das in ähnlichem Maß. Egal wie man es dreht und wendet: Sie ist der Goldesel im Führungsteam. Die übrigen drei Partner beschränken sich seit Jahren nur noch auf das Nötigste – den Chef raushängen lassen und alle zwölf Monate Gewinn abschöpfen. Viel mehr kommt von denen nicht. Rudi hat ein Segelboot in Split liegen, Gisela ist seit dem zweiten Kind kaum noch in der Agentur, und Niklas gefällt sich halt immer mit Luftnummern, hirnrissigen Ideen und Konzepten, die kein Kunde braucht, geschweige denn kauft. Sollte Rosi also Ernst machen und ihren Ausstieg durchziehen, braucht es einen vollwertigen Ersatz in der Leitung, ein neues, williges, berechenbares Zugtier, damit für die anderen Pflaumen alles so weiterläuft wie bisher.« Er sah sie an und zuckte mit den Schultern, als müsse er sich für etwas entschuldigen. Dann spielte er wieder mit dem Cocktailspieß.

Pia spürte, dass er noch mehr loswerden wollte.

»Roswitha und ich sind ein eingespieltes Team, weißt du«, fuhr er fort, die Augen jetzt auf die schmelzenden Eiswürfel gerichtet. »Ohne uns würde der Laden schon lange nicht mehr funktionieren. Aber wie wird das in Zukunft sein, ohne sie? Ich weiß nicht, ob ich mir das als Soloshow antun soll. United Directors, der Name taugt ja nur noch als Hülle, von der Idee einer Kreativkommune ist nichts mehr übrig …« Unvermittelt wandte er sich ihr zu. »Ich rede überflüssiges Zeug, oder? Verzeihung, Pia. Du weißt ja genauso gut wie ich, wie es da und dort in unserer Branche läuft.« Die während des Sprechens tiefer gewordenen Sorgenfalten auf der Stirn glätteten sich etwas. »Gerade das Goldeselprinzip soll dir auch nicht ganz unbekannt sein, was man sich so über Bausch & Bogen erzählt.«

Pia war durchaus geschmeichelt, gab sich aber nonchalant. Sie rückte näher, flüsterte: »Lass es mich so sagen: Ich deute den Goldesel zum Zugpferd um und nehme den Rest als Kompliment … an das ich aber nicht so recht glauben will.«

»Das kannst du aber«, bestätigte ihr Walser mit Nachdruck. »Das kannst du unbedingt. Ich bin ein großer Bewunderer deiner Arbeiten. War ich immer schon. Darf ich meine Wertschätzung insofern hochoffiziell unterstreichen, indem ich uns auf den nächsten Drink einlade?«

»Danke, sehr gerne. Hoffentlich tust du das aber auch deshalb, damit wir beide mit vollen Gläsern auf deinen bevorstehenden Einstieg bei einer der besten Agenturen Wiens anstoßen können.«

»Jein. Eher um dich zu würdigen und mich in Martini zu ertränken.«

»Ertränken? Ernsthaft? Wegen dieses Angebots? Warum so tiefsinnig?«

Er tat erschrocken. »Bin ich das? Tiefsinnig? Ich bin unmöglich, verzeih. Das tut mir leid. Bitte führe mich zurück an die Oberfläche.«

»Du meinst, in mein ureigenes Metier?«

»Das hast jetzt du gesagt.«

Sie musterte ihn streng. »Alfons Walser, deine Meinung über meinesgleichen ist hinlänglich bekannt und schriftlich dokumentiert. Lassen wir dein Kompliment von vorhin einmal außer Acht. Jeder Art Director in der Stadt weiß doch seit damals, was du von unserer Arbeit hältst.«

»Seit damals. Herrlich, wie du das betonst.« Wieder huschte ein bitteres Lächeln über Walsers Gesicht. »Aber danke, dass du mich daran erinnerst. Ein eingespritztes Interview im Horizont, seither ist mein Besserwisser-Image in Österreich auf alle Zeit betoniert. So betrachtet die erfolgreichste Kampagne, die ich je gelauncht habe, oder?« Er lachte. »Vielleicht sollte ich sie eines Tages doch noch in Cannes einreichen. Was meinst du?«

»Eine herrliche Idee, mein Lieber.« Sie betapste seinen Oberschenkel. »Wenn du das wirklich irgendwann beabsichtigst, bereite ich dir sehr gerne die Unterlagen dafür auf«, schlug Pia in derselben Humorlage vor.

»Bemüh dich erst gar nicht. Das schaffe ich auch selbst.«

»Ach ja? Du beherrschst InDesign?«

»Nein, brauch ich nicht«, sagte Walser. »Ich kann Kartoffeldruck, das reicht völlig.«

Der Höflichkeit halber lächelte sie dazu.

Er nippte mehrmals in kurzer Abfolge an seinem Martini. »Und bei dir?«, fragte er schließlich, »was tut sich da? Hältst du es immer noch mit Harry und seinen ausgebeulten Cordhosen aus?«

»Natürlich. Alles fein zwischen uns. Ich kann mich nicht beklagen«, log Pia.

Als sei ihm gerade etwas Wichtiges eingefallen, klopfte sich Walser an die Brusttasche seines Sakkos und förderte ein goldenes Feuerzeug hervor. »Ich muss jetzt eine rauchen«, sagte er. »Rauchst du auch? Oder begleitest du einen Suchtkranken aus Mitleid auf eine Zigarettenlänge nach draußen?«

Nach einer Zigarette, zwei Dirty Shirleys und drei Martinis hatte Walser die ganze Wahrheit über die Einstellungspolitik bei Bausch & Bogen von Pia erfahren.

»Komisch. Was hat sich Harry nur dabei gedacht? Himmelfreundpointner? Noch nie gehört, den Namen.«

»Er kommt von TNT.«

»Na ja, an sich nicht die schlechteste Adresse, oder?«

»Früher vielleicht. Aber heute?« Pia war froh, dass es den kühlen Aluminiumtresen gab, an den sie sich lehnen konnte. Sie spürte, wie ihr der Rum in den Kopf stieg und ihr die Wortwahl erschwerte, während ihr Walser mit jedem Martini souveräner vorkam.

Alfons, Alfons, Alfons. Nein, Fons klang cooler. FONS. Unbedingt in Großbuchstaben zu schreiben, in serifenloser Schrift. Helvetica Neue Mittelfett. Ihre Aufmerksamkeit flatterte herum. Gott, ich bin wirklich angeschickert, dachte sie.

»Darf ich indiskret sein, Alfons?«

»Nach drei Shirleys darfst du fast alles.«

»Fast?«

»Fast.«

»Gut, gehen wir es langsam an«, sagte sie zu ihm, während sie ihre Wange auf die Handfläche stützte. »Wie alt bist du eigentlich?«

Die Frage überraschte ihn. »Achtundvierzig«, antwortete er.

Es folgten die Sätze, die sie immer an dieser Stelle brachte: »Man sieht es dir nicht an. Keines dieser Jahre.«

Walser blieb ungerüht. Zu dick aufgetragen? »Danke, aber das macht mich auch nicht jünger.«

»Stimmt. Verheiratet?«

»Ja und nein. Meine Frau behauptet immer, sie sei die einzige Witwe, deren Mann noch lebt.«

Pia rang sich ein Lächeln ab. Zugegeben, schlagfertig war er. Oder griff auch er zu bewährten Smalltalkwaffen?

»Habt ihr Kinder?«

»Nein. Aber Gegenfrage: Wo führt uns das jetzt hin? Ist das ein Test aus der Brigitte? Warum diese Fragen?«

»Um herauszufinden, was du mit achtundvierzig eigentlich noch vom Leben erwartest«, sagte sie.

»Echt? Sitze ich mit meinem biblischen Alter automatisch in der Psychoecke?«, wunderte sich Walser. In sarkastischem Tonfall fuhr er fort: »Wer bin ich, und was will ich? Was kann ich noch erreichen? Warum bin ich hier?«

»Mach dich nur darüber lustig. Achtundvierzig *ist* ein biblisches

Alter in unserem Metier! Du brauchst dich nur in eurer Agentur umzuschauen. Mit Ausnahme der Chefs bist du sicherlich der Zimmerälteste, oder? In deiner Situation ist es also legitim, sich genau diese Fragen zu stellen.«

»Nein, das ist überhaupt nicht legitim, meine Liebe, sondern einfach nur absurd.« Er seufzte. »Das Leben ist grundsätzlich absurd, oder? Wie heißt es noch mal? ›Das Absurde entsteht aus der Gegenüberstellung des Menschen, der fragt, und der Welt, die vernunftwidrig schweigt.‹«

Pia seufzte. »Okay, sag es mir – von wem ist dieser schlaue Satz, der mich von dir und seinem Verfasser beeindrucken soll?«

»Von Albert Camus, ›Der Mythos des Sisyphos‹.«

Sie sah ihn fast bedauernd an. Echt? Camus? Der eitle Vorarlberger Pfau kam ihr jetzt mit seiner Leseliste des über zwanzig Jahre zurückliegenden Philosophiestudiums? Das verdiente eine giftige Antwort.

»Absurd ist einzig und allein, dass du nicht bei einer Agentur zum Partner aufsteigen willst, für die du ohnehin seit Jahrzehnten Steine im Kreis schleppst. Herrgott! Auf was wartest du!«

»Auf Weltfrieden und das Ende deiner fürsorglichen Lebensberatung.« Er sagte es nicht unhöflich.

Sie rückte dennoch ein Stück von ihm ab und verschränkte demonstrativ die Arme.

Beide schwiegen eine Weile, aber dann fragte Walser an Pia gewandt: »Du willst also wissen, was ich will und warum ich hier bin?« Er klang jetzt angriffslustig. »Kann ich dir ganz leicht erklären: Ich bin hier, weil ich diese Bar mag. Und warum mag ich sie? Weil sie nicht so aussieht wie diese Lokale mit dem auf persönlichen Touch getrimmten Einheitsdesign aus Holzdielenboden, rohen Mauern, Rennrad an der Wand und derartigen Mätzchen. Der ganze Kreativscheiß, der sich irgendwann durchgesetzt hat und heute überall auf der Welt wiedergegeben wird. ›Love, Smile, Coffee‹, ›do more of what makes you happy‹, ›Stop saying I wish start saying I will‹ … Seit die Jungen rund um die Uhr Wollmützen tragen, werde ich überall von solchen Sätzchen an den Wänden belästigt. Aber hier …«, er führte mit dem Arm eine halbkreisförmige Bewegung im Lokal aus, »hier bin ich davor sicher. Darum bin ich hier!«

»Nur deswegen? Die Martinis sollen in diesem Etablissement nämlich auch nicht so übel sein«, merkte Pia an.

Walser beugte sich in ihre Richtung und flüsterte ihr zu: »Jeder hat eben seine ganz eigene Art, sich gegen den allgemeinen Unsinn zu imprägnieren.«

Du weißt nichts, nichts, nichts von mir, dachte sie, bemühe dich also gar nicht erst, mich mit deinem Durchblick zu verunsichern. Ein halbes Xantyl, und ich zaubere dich weg, du großer Philosoph, samt Martini, Anzug und Zino-Wolke (gab es dieses klassische Eau de Toilette von Davidoff etwa wieder?). Sie glaubte keine Sekunde lang, dass Walser trank, er gab sich nur gerne als trudelnder Einzelgänger aus. Dass er grau und ausgelaugt auf sie wirkte? Geschenkt. Es war brennheiß, die Lüftung der Stadt defekt und der Mann auch schon achtundvierzig. Da zeigten sich selbst bei Männern mit solidem Lebenswandel langsam die Jahre.

Wie die Zeit vergeht. Der iPhone-Klingelton dieses Namens tönte unbeachtet vor sich hin.

»Ich höre es läuten«, sagte Pia.

»Bitte?«

»Es läutet. Du wirst gerade angerufen.«

»Ah ja?« Ohne Eile zog Walser sein Telefon aus der Jacketttasche und zoomte mit zusammengekniffenen Augen auf das Display.

»Sorry, ich muss …« Mit dem iPhone am Ohr verschwand er nach draußen, um fünf Sekunden später heftig gestikulierend vor dem Fenster wieder in Pias Blickfeld aufzutauchen. Eine ganze Weile beobachtete sie, wie Walser auf dem Gehsteig auf und ab lief und unaufhörlich redete und fuchtelte. Im Sakko. Bei anhaltend mörderischen Außentemperaturen. Umgekehrt war sie heilfroh, hinter Glas und direkt unter der Lüftung des Ehrgeiz zu sitzen. Statt Sade beschallte nun Matt Bianco das Lokal.

»Noch einen Dirty Shirley, Madame?«

Sehr charmant, dieses englische *Madame*. Eine Anrede ganz nach ihrem Geschmack. Etwas schleimig vielleicht, aber auch schmeichelnd. Aber ja doch, ein letzter Drink kann nicht schaden, sagte sie sich. Damit sich der liebe Walser ohne Zögern an ihren schönen Namen erinnerte, wenn er zur nächsten Monatsmitte seine Kreditkartenrechnung zugeschickt bekam.

»Phono ergo sum«, gab ein deutlich besser gelaunter Walser bei seiner Rückkehr entschuldigend zum Besten. »Der große Fluch unserer Zeit, oder?«

»Einer davon.«

»So? Welche vergleichbar schlimmen Flüche fallen dir noch ein?«

»Liebespaare, die sich schmatzend küssen?«, nahm Pia die Herausforderung sofort an.

»Brr. Ich höre es, und mich schüttelt es.«

»Kampfhunde?«

Walser hob den Zeigefinger. »Oho, jetzt wird es brisant! Eine psychologisch interessante Zumutung, oder? Das sagt etwas aus, sich so ein schwer erziehbares, ungemütliches Viech zuzulegen. Meist sind ja die Halter ebenso schwer erziehbar. Kriegerhunde! Die brauchen Kriegerhunde. Das scheint wichtig für das Selbstbild zu sein. Muskeln auftrainieren, das Gaspedal durchtreten, Härte ausstrahlen, mit der Welt im Dauerclinch liegen. Ein Dackel reicht dafür nicht.«

Sie unterbrach ihn. »Was redest du da? Klingt, als seist du selbst von einem Hund gebissen worden.«

»Ich? Nein, ich nicht. Aber meine Schwester in Bludenz letztes Jahr. Von einem Bullterrier mit dem schönen Namen Wolverine. Achtzehn Stiche am Unterschenkel und sieben Wochen Krankenstand.«

Pia machte ein schmerzverzerrtes Gesicht. »Okay, dann darfst du psychologisieren. Hundefreund wirst du also keiner mehr … Wundert mich aber nicht, kreative Menschen bevorzugen Katzen.«

»Ja? Ist das so?«

»Behauptet meine Friseurin.«

Walser spitzte abwägend die Lippen. »Nicht ganz unplausibel.«

Pia wurde wieder ernst. »Der Anruf vorhin … ging es dabei um deine Teilhaberschaft?«

»Ja.«

»Und? Hast du jetzt zugesagt?«

»Nein, ich wurde nur ein weiteres Mal gebauchpinselt.«

Ein nachdenklicher Ausdruck auf ihrem Gesicht machte sie älter. Nach einem langen Seufzer sagte sie: »Jedem fällt etwas zu. Himmelfreundpointner kriegt meinen Job, Harry bekommt einen frisch gegelten Arschkriecher, du wirst Partner bei …«

»Moment! Warten wir ab, ob das passiert. Noch habe ich nicht zugesagt.«

»Egal. Du hast zumindest die Chance darauf. Partner! Das ist toll, wirklich beneidenswert. Ich hingegen? Was habe ich? Was werde ich? Was hält die Zukunft für mich als Belohnung bereit? Was bin ich überhaupt? Eine Grande Dame! Weißt du, dass Harry mich heute allen Ernstes vor anderen so beschimpft hat? *Grande Dame*! Ich bin eine übergangene, in zwei Tagen schon wieder um ein Jahr älter werdende Grande Dame.«

Er hörte ihren Kummer, trotzdem konnte er der Revanche für vorhin nicht widerstehen. »Warum so tiefsinnig, Pia?«

Sie blickte ihn mit feuchten Augen an. »Weil nichts so ist, wie es sein sollte, darum … Bitte bring mich zurück, wo ich hingehöre … an die Oberfläche.«

Walser sah sie lange und nachdenklich an, dann senkte er den Blick in sein Glas. Die Eiswürfel waren geschmolzen, der Martini verwässert. Er suchte nach einer tröstenden Weisheit für Pia. Ihm fiel nichts Passendes ein, außer sich für die Retourkutsche soeben zu entschuldigen. »Sorry«, sagte er.

»Schon gut«, schniefte Pia.

»Kann ich dir irgendwie helfen?«

Sie zögerte mit der Antwort. »Du könntest anfangen, mir Avancen zu machen.«

Er blickte irritiert.

Das kränkte sie erneut. »Du musst nicht so erschrocken schauen. Es war nicht ernst gemeint.«

»Das ist es nicht«, sagte er. »Also, ich meine …«

»Lass es, Alfons. Wirklich.«

Er signalisierte dem Barkeeper, dass er zu zahlen wünschte. Pia kam sich mit ihrem Geschniefe komisch vor. Das war alles ein bisschen viel heute. Tränen in der Agentur, Tränen im Ehrgeiz. Schluss, aus, Hermes wartet auf mich, rief sie sich zur Räson. Walser ließ sich inzwischen eine Mehrwertsteuerrechnung ausstellen. Das auch noch, dachte Pia. Er schreibt das alles ab.

ROLAND

»Puh, mir bluten gleich die Ohren«, klagte Roland über die kreischend einfahrende Straßenbahn im Untergeschoß des Linzer Hauptbahnhofs. So dissonant hatte er sich seine Rückkehr nach Linz nicht vorgestellt. Gleich der erste Weg hatte ihn in eine riesige, wild hallende Grube hinabgeführt. Selbst hier in der Tiefe war die Hitze des Tages ungemindert zu spüren.

»Dir gefällt gar nichts.« Moser rief die Antwort beinahe.

»Gefallen? Ein absolut unterirdischer Krach ist das!«

»Ach was, Musik ist das, Industrial Rock! Der Soundtrack zur Stadt.«

»Klingt eher nach einem schweren Planungsfehler«, konterte Roland, während er mit den Handflächen beide Ohren abschirmte. Ein letztes, lautes Kreischen, dann hielt die Straßenbahn zu seiner Erleichterung endlich an.

»So, Friede im Bergwerk«, sagte Moser. »Alles einsteigen zur Stadtrundfahrt. Dass du mir aber keine Liste anfängst, was noch alles verschwunden ist, goi. Erspare mir die Vergleiche mit früher. Vergleiche sind anstrengend. Was war, war. Was ist, ist. So ist's!« Er spielte darauf an, dass Roland vorhin über die Chance gesprochen hatte, ein Altkleidergeschäft beim Bahnhof, das schon lange nicht mehr existierte, so wie es den gesamten Häuserblock nicht mehr gab.

»Apropos verschwunden«, hakte Roland trotzdem ein, »jetzt bin ich schon neugierig. Wer, glaubst du, wird heute Abend in der Kulturfabrik auftauchen?«

»Na ja. Erfahrungsgemäß so einige.«

Über Lesbos und Irmgard hatten sie ja bereits kurz gesprochen. Roland dachte nach, wem von damals er noch zutraute, in ihrem alten Stammlokal abzuhängen.

»Der Jaksch?«, sagte er dann erwartungsvoll.

»Jaksch? Welcher Jaksch?«

»Komm schon, Moser, du kennst doch den Jaksch.«

»Wahrscheinlich. Aber mir hat es leider so viele Namen gelöscht, hilf mir ein bisschen auf die Sprünge.«

»Der Reggae-Jaksch mit seinem von der Oma gestrickten Jamaica-Hauberl!«

»Ach so, der Jay«, sagte Moser mit eigenartigem Blick. »Nein, den wirst du eher nicht treffen, der Jay ist nämlich tot.«

Ein Moment der Stille.

»Tot? Wie, tot?«, fragte Roland.

»Na, tot eben. Tot-tot.«

»Aber doch nicht der Reggae-Jaksch?«

»Doch, genau der. Lass mich nachdenken … Den hat es vor ungefähr vier Jahren erwischt.«

»Wie kann das sein? Der war doch noch keine vierzig.«

»Na und? Gerüchteweise kann man sich auch vorher erfolgreich davonmachen.«

»Das schockiert mich jetzt … Weißt du, woran er gestorben ist?«

»Ich würde sagen an Lkw-Seuche.«

Roland musste Mosers Nachricht erst dechiffrieren. »Ein Unfall?«, fragte er dann.

Moser nickte. »Ein Speditionslaster hat ihn mitgenommen. Auf der Rohrbacher Bundesstraße. In Puchenau, Höhe der Tankstelle. Platschbumm. Praktisch vor Jays Haustür.«

»Scheiße.«

»Das kannst du laut sagen. Esche zu Esche, Laub zu Laub. Sehr ungünstiger Abgang.« Er blickte Roland durch die Gläser seiner John-Lennon-Brille vielsagend an. »Der Jay hat einigen noch einiges an Kohle geschuldet. Um die achttausend, heißt's. Bei Poldi stand er schwerstens in der Kreide – alles mit einem Schlag weg und auf ewig abzuschreiben. Ein Jammer, was?«

»Aber in so einem Fall geht es doch nicht um Geld.«

»Ach so? Sagt wer? Sagst du, weil es nicht deines ist, goi.« Selbst jetzt schaffte es Moser, halbwegs zu grinsen. »Frag lieber mal den Poldi, was er darüber denkt.«

Meinte Moser das wirklich ernst? Fielen ihm zu Jakschs Tod zuerst dessen Schulden ein? Roland wusste, dass es keinen Sinn machen würde, mit ihm darüber zu argumentieren. Jaksch war nicht mehr am Leben, der Reggae-Jaksch aus der Gartenstadt. Er konnte es nicht fassen. Durch Rolands Linzer Mosaik lief ein frischer Riss. Nicht der einzige, wie er in den folgenden Minuten bemerkte. Je mehr er während der Straßenbahnfahrt von der Stadt mitbekam, umso rissiger erschien ihm sein eingeprägtes Bild von Linz. Es war nicht zu übersehen: Dem alteingesessenen Einzelhandel hatte die Zeit im wirtschaftsvereinigten Europa schwer zugesetzt. Auf der Landstraße gab es nun die gleichen Filialen internationaler Ketten wie überall. Dafür waren einige alte Geschäftsnamen verschwunden. Da fehlte ihm ein vertrautes Lokal, dort eine Buchhandlung. Er starrte in das Gesicht einer austauschbaren, bewusstlosen Stadt. Sämtliche Neubauten waren Allerweltshäuser, beliebige Geschäftsarchitektur, schnell und billig gebaut, teuer vermietet. Fassaden, an denen das Auge gleich wieder abgleitet. Die Leute gingen mit Einkaufstaschen aneinander vorbei. Er sah ihnen zu und vermisste das Linz-Gefühl, sein Linz-Gefühl. An die Befindlichkeit der Stadt musste er sich erst wieder gewöhnen.

In Linz beginnt's. Diesen Reim verband jeder sofort mit der Stadt. Aber niemand konnte sagen, was damit gemeint war. Auch Roland nicht. Um was ging es hier überhaupt? Um Shopping, wie an jedem Ort, wo ein wenig Geld zu Hause war und Einkaufen als Freizeitbeschäftigung galt. Um was war es ihm und seinen Freunden früher hier gegangen? Um Musik, ums Anderssein, was auch immer das mit sich brachte. Um eine in der Generation davor ins Rollen gebrachte Sache am Laufen zu halten. Sie knüpften dort an, wo BH-Wert aufgehört hatten. Aber irgendwann war der neue Elan weg gewesen, verraucht, verbraucht, vergangen. Von da an hatte er anders auf die Stadt geblickt, klarer, nüchterner. So wie in diesem Augenblick. Wenn sich an den Haltestellen die Türen der Straßenbahn öffneten, strömten mit der ungewöhnlichen Backofenluft auch Menschen jeden Alters herein. Ausgeschlossen, sie für Großstädter zu halten, dachte Roland. Sie erschienen ihm plastischer, unmittelbarer, lebensechter, wie in Ultra-HD ausgestrahlt. Er vermisste die Indifferenz. Der Maßstab der Stadt wirkte auf die Einheimischen ein, so sah er das jetzt. Die Innenstadthäuser waren nicht so hoch wie in Wien, die Straßen breiter, die Wege kürzer, alles schien näher, fassbarer, die Häuser, die Menschen, aber auch der Himmel, ganz besonders der. Vom Himmel war in Wien ja meist nur ein schmaler Ausschnitt übrig. Der freie Blick war verbaut. In Linz reichte der Himmel aber von ganz rechts bis ganz links. So kam es ihm jedenfalls auf der Brücke nach Urfahr vor. Erstaunlich, dachte Roland, was mir jetzt an der Stadt auffällt, von der ich die Jahre über geglaubt habe, hier könne mich sicher nichts mehr überraschen.

MONA

»Ich werde Roland verlassen«, sagte Mona am Telefon zu ihrer Schwester Hanna.

»Das kannst du nicht! Jedenfalls jetzt nicht«, kam es zurück.

Mona war von der entschiedenen Reaktion verdutzt, reagierte pampig. »Ach so? Und wann wäre deiner Meinung nach der passendere Zeitpunkt?«

»Später irgendwann, aber nicht jetzt. Du weißt doch selbst am besten, wie es ihm derzeit geht.«

»Ja, ich weiß aber auch, wie es mir derzeit geht.«

»Trotzdem, Mona … In Rolands augenblicklicher Situation wäre das höchst unverantwortlich.«

»Nein, wäre es nicht. Ich bin nämlich nicht die Alleinverantwortliche für Rolands Glück. Und ich bin es zunehmend leid, bei ihm auf Besserung zu warten, verstehst du? Wenn ich darauf warten muss, bis er wieder auf der Höhe ist, bin ich verfallen. Ich bin bald vierzig, Hanna. Meine Zukunft heißt Falten und Orangenhaut.«

»Also bitte, bei deiner Haut und Figur. Du steigerst dich da etwas zu sehr hinein«, hielt ihr Hanna vor.

»Um was geht es dir?«, ärgerte sich Mona. »Dass ich ein Holzkreuz durchs Leben schleppe? Dass ich meine letzten guten Jahre opfere? Warum? Für wen? Für den armen Roland? Hast du mir in den letzten Monaten überhaupt zugehört? Weißt du, ich gehe jeden Tag in den beschissenen Copyshop, drücke stundenlang stupid auf Knöpfchen, obwohl mir das längst sowas von zuwider ist. Denkst du etwa, mir macht Kopieren Spaß? Und was treibt er in der Zwischenzeit? Nichts! Er geht den ganzen Tag baden! Ich habe Lukas nicht alleine in die Welt gesetzt, weißt du? So wie ich mich daran erinnere, war da noch wer daran beteiligt. Einer, der es jetzt erneut nicht schafft, seiner Rolle als Vater gerecht zu werden und sein eigenes Kind vom Kindergarten abzuholen. Termine setzen ihn unter Druck, behauptet er. Großartig, oder? Das macht mich so wütend! Sich um Lukas zu kümmern ist für Roland jetzt ein Termin. Seit seiner Panikattacke muss ich alles selbst übernehmen. Alles! Weil sich der Herr laut ärztlicher Meinung keinerlei Stress aussetzen darf. O Gott, ich bin es so leid! Immer soll ich auf die Befindlichkeiten anderer Rücksicht nehmen. Aber was ist verdammt noch mal mit meinen?«

Am anderen Ende der Leitung blieb es still.

Mona fühlte sich herausgefordert, nachzulegen. »Was bin ich denn jetzt? Was? Verdammt, ich wollte Künstlerin werden!«

»Du *bist* eine Künstlerin!«, versicherte ihr Hanna sanft.

»Ich weiß nicht …«

»Doch, doch. Ich weiß es!«

»Aber eine Künstlerin macht Kunst – und was mach ich? Kopien! Nein, seien wir ehrlich: Ich bin nur eine Kopistin, Hanna.«

»Aber doch nur vorübergehend.«

»Nein, eben nicht vorübergehend! Hör mir bitte mit vorübergehend auf. Seit vier Jahren mache ich das schon. Vier Jahre sind nicht vorübergehend … Aber es ist nicht nur der Kopierjob, es ist mehr.«

»Du musst jetzt auch das Positive sehen: Roland hat heute die Astschere zurückgebracht und –«

»– beim Zahnarzt war er auch. Ja, ich weiß. Nach zwei Monaten des täglichen Verschiebens. Ein Wahnsinn, oder? Aber soll ich dir was sagen? Das ist mir egal. Es ändert nicht das Geringste. Das merke ich jetzt. Das habe ich in den letzten Stunden endlich begriffen. Es ändert nichts. Erst dachte ich auch, es sei allein die Astschere. Aber es ist mehr. Jetzt, wo dieses Scheißding aus der Welt ist, erkenne ich glasklar, dass es mehr ist als das.«

»Und was? Ist es –«

»Ich weiß nicht genau, was es ist, okay? Es ist jedenfalls nicht einfach nur eine Sache. Es ist alles zusammen, verstehst du? *Er* ist es. *Ich* bin es. Keine Ahnung. Ich hab keine Lust mehr auf seine hängenden Schultern und die ganzen Zaudereien. Früher haben wir über alles gesprochen, jetzt ignorieren wir uns erfolgreich. Früher hatten wir Sex, jetzt haben wir Netflix. Früher konnte ich wenigstens noch hin und wieder ins Atelier, aber jetzt bin ich nur noch mit Roland, Lukas und dem Job beschäftigt. Ich denke immer öfter, dass ich eine falsche Abzweigung im Leben genommen habe. Es hätte damals auch andere als Roland gegeben …« Sie seufzte bekräftigend.

»Du hast dich aber ganz bewusst für ihn entschieden, Mona. Und was dir jetzt als Eingesperrtsein vorkommt, ist das Ergebnis deiner freien Entscheidungen. Wenn du jetzt unzufrieden bist, tust du dir selbst unrecht.«

Diesmal war es Mona, die länger schwieg. »Bei sechsundvierzig Jahren liegt der durchschnittliche Tiefpunkt der Lebenszufriedenheit«, bemerkte sie dann.

»Sagt wer?«

»Sagt Dr. Eller, Rolands Psychotherapeutin.«

»Warum das so ist, muss ich wohl nicht fragen.«

»Nein, zieh einfach an deiner Bindehaut und denk an deine Beziehung.«

»Mit Christian ist es auch nicht immer einfach.«

»Tut mir leid, aber das schaffe ich heute nicht, mit dir über Christian zu reden, okay? Ich brauche gerade ein offenes Ohr für meine Probleme.«

»In Ordnung, Mona … Also, was wirst du tun?«

»Wie ich dir schon sagte: Roland verlassen. Diesmal meine ich es ernst. Ich tue es wirklich. Ich muss raus aus diesem Leben.«

Hanna schwieg. »Es ist nie zu spät, noch einmal neu anzufangen«, lenkte sie ein.

»Natürlich ist es das«, entgegnete ihr Mona. »Aber in meinem Fall nicht. Dafür werde ich sorgen, Hanna. Du wirst es sehen.«

LESBOS

»Ja?«

»Hallo Frenzy.«

»Ich glaub es nicht: Lesbos!«

»I am a Rock, I am an Island.«

Ein tiefes Luftholen am anderen Ende der Leitung.

»Woher hast du meine Nummer?«

»Ist das wichtig?«

»Ja. Also?«

»Poldi hat sie mir gegeben. Unter der Bedingung, es dir nicht zu verraten.«

»Was dich nicht daran hindert, es ungeniert zu tun. Geht es also gleich wieder weiter, wie es aufgehört hat. Mit einem Verrat.«

»Ich hab dich nicht verraten.«

»Doch, hast du. Wir waren wie Brüder, Lesbos. Was heißt wie? Wir waren Brüder, echte Blutsbrüder. Erinnerst du dich?«

»Natürlich, als ob es gestern gewesen wäre. Café Karner, Winter Neunzehnhundertachtundsiebzig. In dem Hinterzimmer mit der Jukebox. Zwei Ritzer mit einem Küchenmesser.«

»Frau Rosa ließ uns die Sauerei anschließend selbst aufwischen – und dann hat sie uns einen Obstler als Heftpflaster hingestellt … Und jetzt? Was willst du? Warum rufst du mich an?« Ein lautes, dumpfes Tuten folgte der Frage.

Lesbos verzog das Gesicht.

»Pah, mir reißt gleich das Trommelfell! Was ist das für ein Höllenlärm bei dir?«

»Eine Schiffssirene. Hier fährt gerade die Fähre ein. Ich bin im Hafen von Korcula. Weißt du, wo das ist?«

»Ja, sicher.«

»Logisch, Inseln waren ja immer schon dein Ding. Aber bevor das zur Unterhaltung wird, Lesbos, noch mal: Was willst du von mir?«

»Wir haben ein Angebot bekommen.«

»Wir?«

»Ja, wir. Du, ich, Walter, Klausi.«

»Was? BH-Wert? Das ist nicht dein Ernst! Vergiss es.«

»Fünfzehntausend Euro. Für einen einzigen Auftritt.«

Kurze Stille in der Leitung.

»Du wolltest damals um keinen Preis mehr weitermachen. Das wirst du doch nicht vergessen haben?«

»Wir waren zu der Zeit schon am Ende, Frenzy. Das weißt du genauso gut wie ich. Walter ist nicht mehr von dieser blonden Unternehmerstochter runtergekrochen, in Klausis Nasenlöchern war ständig Party, die Leute sind ausgeblieben, wir sind uns wegen jedem kleinen Scheiß an die Gurgel gegangen, Plattenfirma, Radio – alle haben auf uns geschissen. Unser Haltbarkeitsdatum war ganz einfach abgelaufen.«

»Ach ja, die blonde Unternehmerstochter, die du dann ja auch noch unbedingt ficken musstest.«

»Gut, das hat es zum Schluss echt nicht gebraucht. Das war vermutlich ein Fehler.«

»Lesbos, ich staune. *Fehler*! Wer hat dir denn dieses neue Wort beigebracht? Nicht einmal, als du in Neufelden einen ganz anderen Song als der Rest der Band gespielt hast, warst du hinterher bereit, von einem Fehler zu sprechen.«

»Das war in einem anderen Jahrtausend.«

»Das macht die Geschichte aber nicht weniger wahr.«

Lesbos lag eine zornige Erwiderung auf der Zunge. Aber so einfach wollte er es Frenzy nicht machen. Er schluckte seine Bissigkeit hinunter. »Ist für dich ein gemeinsamer Auftritt im neuen Jahrtausend vorstellbar oder nicht?«, fragte er direkt.

Die Antwort kam prompt: »Sag mir einen guten Grund, warum wir nach so vielen Jahren noch einmal gemeinsam auf einer Bühne stehen sollten?«

»Wegen fünfzehntausend Euro?«

Diesmal antwortete Frenzy nicht gleich. Lesbos hörte dumpfe Stimmen und startende Motoren.

»Das reicht dir als Grund?«

»Es reicht mir als Anlass, um dich trotz allem anzurufen.«

»Und mir reicht es, dir wegen allem zu sagen, dass du es vergessen kannst.«

»Das war auch meine erste Antwort.«

»Schau an, und was ist dann passiert?«

»Dann wollte ich unbedingt wieder einmal deine Keifstimme hören.«

»So viele Jahre sind vergangen und du bist immer noch dasselbe Arschloch.«

»Leg dir endlich eine neue Platte zu, Frenzy. Die alte hängt.«

Hinterher ärgerte sich Lesbos über seinen gut gemeinten Versuch. Er hätte es wissen müssen. Mit Frenzy zu reden war völlig sinnlos. Es endete immer an derselben Stelle, an irgendeinem Zeitpunkt Anfang der Achtziger, den sein einstiger Bandkollege und Freund einfach nicht überwinden konnte. Also kein Comeback von BH-Wert. Keine fünfzehntausend. Kein roter Samtläufer zu Vickys Himmelbett. Trotzig griff er sich eine Langspielplatte von Johnny

Thunders heraus. Einen passenderen Song als »Born to Lose« gab es für ihn und den Augenblick nicht. Nadel in die Rille. Regler bis zum Anschlag. »Gib es ihnen, unsterblicher Donnergott«, murmelte Lesbos zu den Anfangstakten des Liedes. Die Nachbarn würden gleich wissen, auf wessen Fundament ihr Haus stand.

PIA

Die schlaffen Blätter des wilden Weins begannen sich an den Rändern einzurollen. Pia goss deshalb die dreifache Ration Wasser in die Pflanzentöpfe. Kaum daheim, war sie in ihr luftiges, seidenes Hauskleid geschlüpft, in dem sie nun barfuß über feines Akazienholz trippelte, um mit ihrer formschönen Gießkanne aus solidem Edelstahl, die sie kürzlich im SZ-Magazin entdeckt und gleich um dreiundsiebzig Euro im Internet bestellt hatte, den Erhalt ihres sorgsam gepflegten Terrassengrüns sicherzustellen. Einstweilen leckte Hermes, Pias tiefschwarzer Kater, die Reste der Hühnerleber aus der Dose auf, um dann mit der Zunge ausgiebig in der Wasserschüssel herumzuplätschern. Zufrieden schnurrend schmiegte er sich hinterher an ihre Schienbeine. Ihr Mobiltelefon gab dreimal in kurzer Folge Laut. Pia ließ sich davon nicht beirren, füllte Gießkanne um Gießkanne und wässerte weiter ausgiebig das Pflanzenwerk. Seit Maximilian vor vier Jahren ausgezogen war, wohnte sie alleine auf achtundachtzig Quadratmetern plus acht Quadratmeter Terrasse. Ein Luxus, den sie sich mit ihrem Art-Direktorinnen-Gehalt weiterhin leisten konnte. Nach dem Gießen holte sie sich auch für sich selbst ein Glas Wasser, mehrere Magazine, Handy und iPad und ließ sich in ihren bequemen Hängesessel fallen. »Sieh an«, sagte sie zu sich, als sie die neu eingegangenen Mitteilungen las. Florian, der One-Night-Stand von vor drei Wochen, kann also doch schreiben. Auch wenn sie sich mehr als ein »Wie geht's?« gewünscht hätte, empfand sie die Nachricht als kleinen Triumph. Man ging nicht einfach mit ihr ins Bett und vergaß sie hinterher. Sollte sie ihm antworten? Gleich, später, gar nicht? Sie blieb unschlüssig, scrollte bei den Nachrichten vorerst nach unten.

Die beiden anderen Mitteilungen waren von ihrer Mutter und ihrer Freundin Eveline. Beide spielten auf Pias Geburtstag übermorgen an.

»Nimm dir Samstagnachmittag bloß nichts vor, Piacenza«, schrieb Eveline und garnierte es in ihrer üblichen digitalen Überschwänglichkeit mit küssenden Smileys, Tortenstücken, Partyhut und Konfettiregen. Total Eveline-Style, dachte Pia.

Die Nachricht ihrer Mutter war länger, frei von derartigen Symbolen, lief aber auf dasselbe hinaus.

Auf der Dachterrasse eines Nachbarhauses wurde heute schon gefeiert. Rauch war zu sehen, und wenn Pia die Nase aus dem Hängesessel steckte, roch sie gegrilltes Fleisch. Überdrehte Stimmen schallten herüber. Der Partylärm machte ihr nichts aus. Im Gegenteil. Nach diesem Tag wäre ihr Stille unpassender erschienen, so kam wenigstens etwas Sommerstimmung in der einsamen Höhe ihres Refugiums auf. Pia fühlte sich zu müde und uninspiriert, um auf die Nachrichten zu reagieren. Was Eveline mit ihr vorhatte, konnte sie sich ohnehin selbst zusammenreimen. Wie in den Jahren zuvor würden sie an ihrem Geburtstag im Schwarzen Kameel frühstücken, Eveline würde sie mit einem geschmackvollen Geschenk überraschen, in ebenso geschmackvollem, aufwendig gestaltetem Papier verpackt, dann ging es mit dem Auto in ein von Restaurantführern empfohlenes Landgasthaus zum Mittagessen, und je nachdem, wo, würden sie noch einen kleinen Spaziergang in der Natur oder durch irgendein besonderes Örtchen in der Nähe machen. So wie vor drei Jahren in Großmugl, vor zwei in Rust und im Vorjahr bei den Ötschergräben. Selbst als es Maximilian in Pias Leben gab, war Eveline nicht von diesem Ritual abzubringen gewesen.

Nebenan klatschten jetzt einige Partygäste den Takt eines souligen Rap-Songs mit. Eine schwarze Stimme sang auf Englisch, springe deinen vertanen Chancen nicht hinterher, denn davon werden die Träume nicht wahr. Anders als die gerappten Strophen klang der gesungene Refrain entspannt und dadurch lebensklug. Pia hob den Blick und spähte auf die Terrasse hinüber. Das zu einem langsamen Beat vorgetragene Lied zog sie in den Bann. Fast sehnsüchtig wartete sie auf die nächste Wiederholung des Refrains. »Oh no, no, don't …«, begann es gleich darauf erneut. Die Worte kamen ihr wie eine allein an sie gerichtete Botschaft vor. Dieses Gefühl hatte sie früher häufig gehabt. Die unvermittelte Ahnung, dass Ereignisse in ihrer Nähe nur ihr galten. Wie um ihr zu signalisieren, es gebe keinen Grund, sich wegen irgendetwas zu sorgen, ihr persönlicher Schutzengel würde schon über sie wachen. So wie jetzt gerade. »Oh no, no, don't …«

Als der Rhythmus wechselte, der Song vom nächsten abgelöst wurde, hielt sich bei Pia die positive Stimmung. Sie ging in ihr Vorzimmer, zog dort die Schachtel Xantyl aus der Handtasche, drückte eine Tablette nach der anderen aus der Verpackung und spülte sie allesamt die Toilette hinunter. Sieh her, mein guter Engel, ich habe deine Botschaft vernommen, sollte diese Aktion aussagen. Sie musste ihre Probleme anders lösen. Heinz Himmelfreundpointner war zwar nicht so einfach loszuwerden wie die süchtig machenden Tabletten, aber auch für den gab es einen Spülknopf. Als sie zurück auf die Terrasse kam, lag Hermes im Hängesessel. Seelenruhig putzte sich ihr Kater sein Fell. Statt ihn zu verscheuchen, setzte sie sich vor ihm im Schneidersitz auf den Akazienholzboden, Handy und iPad in Griffweite. Der Tag musste anders zu Ende gehen.

»Sehr gut«, antwortete sie Florian auf seine Whatsapp-Nachricht. Mal sehen, worauf es hinausläuft, dachte sie während des

Abschickens. Dann begann sie eine E-Mail an Olli zu schreiben. Ein paar Tage in New York wären das beste Geburtstagsgeschenk, das sie sich selbst machen konnte. »Dann kommst du in die Katzenpension«, sagte sie zu Hermes und lachte tiefgründig. Ihr Kater hielt beim Putzen inne und schaute sie fragend an.

ROLAND

Roland musste sich auf einen der weißen Monobloc-Stühle vor der Kulturfabrik setzen, um die frischen Eindrücke zu sortieren. Seit seinem letzten Urfahr-Besuch waren einige vertraute Ecken im Viertel geschliffen worden. Die Wirklichkeit kam dem besetzten Haus mittlerweile gefährlich nahe. Und die Wirklichkeit hieß: Betongold. Investoren und Immobilienentwickler waren eifrig dabei, die letzten Reste von gestern zu beseitigen – und die lästigen Gespenster der Vergangenheit gleich dazu. Billige Füllungen, wohin Roland auch blickte. Das galt für die angrenzenden Neubauten wie für die Gebisse von Dörti und Scheibenzuber. Moser hatte ihn seinen Zechbrüdern und -schwestern als verlorenen Sohn der Stadt vorgestellt. Sie hatten ihn als solchen sofort akzeptiert. Nun hockte Roland mit ihnen vor dem Austragungsort seiner Jugendfestspiele, darum bemüht, die Krümmung von Raum und Zeit zurechtzubiegen. Die Nacht war angebrochen, die LED-Lichter der Nachbarfassade tauchten die gealterten Gesichter alle paar Minuten in neue Farben.

Roland assoziierte. Aus Himbeer-Soda wurde WC-Stein-Blau. Früher leuchtete hier ein anderes Licht, dachte er. Da strahlten die Leute von innen heraus. Jetzt wurden sie mit kuriosen Farben angeleuchtet. Immerhin wirkten sie nicht gänzlich ausgebrannt. Um ihn herum wurde viel gesoffen und noch mehr geraucht. Außer Moser, Dörti und Scheibenzuber kannte er niemanden am Tisch von früher. Die anderen waren zu jung, wohl erst nach seinem Weggang in die Stadt eingesickert oder spät im Leben zum »A-wop-bop-a-loobop-a-wop-bam-boom« konvertiert. Roland hörte ihren Gesprächen zu, trug kaum Eigenes dazu bei. Mit den üblichen Fragen an ihn waren sie schnell durch gewesen. In welchem Bezirk er in Wien wohne, welche Lokale es dort gäbe, welche Linzer er in Wien treffe. Nach seinem Beruf fragte niemand. Seine fallengelassene Bemerkung, er sei Sysadmin in der Firma von Anton, dessen Name außer Moser nur Dörti und Scheibenzuber etwas sagte, interessierte in Wirklichkeit niemanden. Er fand es zunächst angenehm, vorbehaltlos am gemeinsamen Lagerfeuer zu sitzen. Buddy Rich trommelte unaufgeregt vor sich hin. Über Ameisen wurde geredet, welche Insekten hitzeverträglicher seien als andere, dass es jetzt einen Webshop gäbe, bei dem man geröstete Wanderheuschrecken und gefriergetrocknete Buffalowürmer bestellen könne. Unter viel Gelächter hatte Dörti einen Spontankauf erwogen. Rezepte wie Couscous mit Heuschrecken wurden über Handy im Internet aufgerufen und laut vorgelesen.

Roland interessierte das Gerede aber immer weniger. Er blickte sich im Gastgarten nach weiteren Bekannten um. Weil er kein vertrautes Gesicht erblickte, inspizierte er das Lokal, lugte aus sentimentalen Gründen in den vertrauten Konzertsaal der Kulturfabrik und freute sich am Klo über das Wiedersehen mit dem gesprungenen Waschbecken. Er atmete auf. Alles noch so versifft wie eh und je. Hier war die alte Ordnung noch in Kraft, galten in seliger Umkehrung zur Außenwelt weiße, geputzte Fliesen unverändert als atmosphärische Störung. Sein Linz-Gefühl – hier war es noch zu spüren. Roland holte sich ein Freistädter-Bier an der Bar, zufrieden, dass auch hier alles noch auf demselben Fleck zu sein schien. Tresen, Barhocker, DJ-Pult, die abwärts weisenden Schnapsflaschen, der abplättende Putz, wenn auch vom Zigarettenqualm deutlich gelber als in den Neunzigern.

TOMMI

Der bestätigende Anruf kam gegen zehn. Sie hatten die letzten Stunden mit Bier und alten Geschichten verbracht. Inzwischen war es dunkel geworden. Normalerweise schwand im Hochsommer um diese Zeit die Hitze. Aber an diesem Abend: nichts. Inge stellte ihnen eine Kerze auf das Weinfass und bat sie, weniger laut zu lachen. Es gäbe ein paar neue Nachbarn, die sich an dem Lärm vor ihrem Lokal störten.

»Kein Problem. Wir sind praktisch schon weg«, sagte Tommi.

»Auf zum Klassentreffen?«

»Genau.«

Sie zahlten. Auf Tommis Anweisung hin stellten alle ihre Mobiltelefone auf Flugmodus. Wegen der Handyortung, wie er ihnen beizubringen versuchte. Dann machte sich ein Quartett auf den Weg zum Taxistand gegenüber der Pfarrkirche St. Michael. Gü ließen sie in Inge's Pub zurück. Sie wollten ausschließen, dass die Diabolik Kids zu früh Lunte rochen. Uwe trug seine Wechselkleidung unter dem Hawaiihemd, Tommi hatte sich ein dunkelgrünes T-Shirt in einen Jutebeutel gestopft.

Am Taxistand war nur ein einziger Wagen. Der Fahrer saß zusammengesunken im Sitz, als würde er schlafen. Tommi klatschte mit der flachen Hand an die Scheibe. »Kundschaft«, sagte er laut.

Ob ihm die vorne und hinten zusteigenden Fahrgäste komisch vorkamen, ließ sich der Taxifahrer nicht anmerken. Zackig richtete er sich in seinem Sitz auf und startete den Motor. Tommi, der vorne Platz nahm, sah sich genau an, wer sie da gleich nach Urfahr kutschieren würde. Junger Typ, schwarze Haare, Brille, Pockennarben. Osteuropäer vermutlich, keinesfalls Türke oder ein Nahost-Johnny, prägte er sich alle Auffälligkeiten ein.

»Wohin soll's gehen?«, fragte der Fahrer.

Ein leichter Akzent, den Tommi nicht gleich zuordnen konnte. »Reindlstraße«, sagte er. Ihre Racheaktion kam ins Rollen. Über den Spiegel in der Sonnenblende verfolgte er, wie sich seine Freunde auf der Hinterbank aneinanderpressten. Helmut saß in der Mitte, die Knie auf Brusthöhe. Speedy spielte mit dem Fensterheber herum.

»Mach das Fenster zu, verdammt. Sonst funktioniert die Klimaanlage nicht«, fuhr ihn Uwe an.

»Scheiß auf die Klimaanlage, davon krieg ich immer eine rinnende Nase.«

»Blödsinn! Die kommt bei dir von was anderem«, sagte Helmut.

Alle außer Speedy und dem Taxifahrer lachten.

»Wir sind eben echte Koksstierler«, sagte Uwe.

Helmut begann aus der Tiefe seines Brustkorbs ihr altes Kampflied zu singen. Sofort stimmten Uwe und Speedy mit ein.

»Wir sind alle Bindermichler Buama,
und wer was will,
der soll ruhig kumma!«

Tommi drehte sich zu ihnen um und flüsterte eindringlich: »Haltet einfach für fünfzehn Minuten die Fresse, ihr Volltrotteln. Es muss ja nicht jeder wissen, wer da unterwegs ist.«

Der Fahrer schaute mit unbewegter Miene nach vorne und kümmerte sich nicht um das Geplänkel seiner Fahrgäste.

Kaum Verkehr auf der Stadtautobahn. Sie glitten durch die

Nacht, durch eine heiße, alle Sinne betörende Sommernacht, um aufmüpfige Typen zurechtzustutzen, die halb so alt waren wie sie. Auf Radio Arabella liefen die Beach Boys: »Sloop John B«. Kalifornische Kastratenstimmen sangen:

»Let me go home
Why don't they let me go home
This is the worst trip I've ever been on.«

Speedy pfiff mit falschen Tönen die Melodie dieses Evergreens mit. Das Taxi fuhr jetzt über die VÖEST-Brücke. Rechts war die Kirche von St. Magdalena im Scheinwerferlicht zu sehen, links hob sich der schwarze Rücken des Pöstlingbergs vom dunkelblauen Himmel ab. Unterhalb floss die Donau zäh und gleichgültig dahin. Der Tropf, an dem die Stadt seit ihren Anfangstagen hing. Hineinmodelliert in die Landschaft. Tommi durchströmte bei diesem vertrauten Szenario sofort ein Glücksgefühl. Es gab größere Städte, und sicherlich fanden sich schönere, aber keine bedeutete ihm so viel wie diese. Um sie würde er, egal wann und gegen jeden, kämpfen. Wie ein Markomanne, wenn es die Situation gebot.

Sie kamen vom Karlhof, nahmen die Leonfeldner Straße und bogen in die Linke Brückenstraße ein.

»Du kannst schon mal die Landeklappen ausfahren«, sagte Tommi zu dem Taxifahrer. »Da vorne an der Ecke steigen wir aus.«

Die Hansibar lag noch gut siebenhundert Meter und zwei Straßen entfernt. Aber niemand auf der gerade noch vorlauten Rückbank beschwerte sich wegen der Distanz. Jeder von ihnen wusste, dass es ein schlauer Zug war, jetzt noch ein paar Schritte zu laufen, um dabei die Muskeln zu lockern und die Spuren ihrer Anreise zu verwischen.

Tommi wollte sich aber noch weiter vor einer möglichen Rückverfolgung absichern. »Raus mit euch«, kommandierte er, »ich muss mit dem Gentleman hier noch etwas unter vier Augen besprechen.«

Er wartete, bis die Freunde vom Gehsteig aus interessiert ins Wageninnere glotzten.

»Was kommt jetzt?«, fragte der Fahrer mit Unbehagen.

»Ein unwiderstehliches Angebot«, sagte Tommi und bleckte die Zähne. »Achtzehn Euro Fahrpreis, wenn ich den Taxameter richtig lese … Mit zwei Euro Trinkgeld sind wir auf zwanzig. Pass auf, Amigo: Ich gebe dir das Doppelte. Zwanzig Euro extra, und wir sind nie mit dir gefahren. In Ordnung?« Aus der rechten Seitentasche seiner beigen Cargohose holte Tommi eine dicke Brieftasche hervor und klopfte damit auf seinem Oberschenkel herum. »Also?«

Der Taxifahrer schluckte und sagte leise: »Natürlich, kein Problem. Ich habe euch nicht gefahren, nichts gehört und nichts gesehen.«

Tommi grinste zufrieden. »Ich wusste gleich, dass wir zwei uns gut verstehen werden. Ich hab einen Blick für Leute mit schneller Auffassungsgabe.« Zwei Zwanzig-Euro-Scheine gingen von Hand zu Hand. Als Tommi schon die Tür offen hatte, drehte er sich noch einmal um und sagte in beiläufigem Ton: »Ach ja, fast hätte ich etwas vergessen.« Mit dem Mobiltelefon fotografierte er die auf dem Armaturenbrett klebende Taxizulassung.

»Grigol Bidzina. Grigol, hmm … Bist du Russe?«

»Georgier.«

»Ah, so wie Stalin, oder?«, sagte Tommi. »Dein Name und Bild sind gespeichert, Grigol. Okay? Hier und hier.« Er klopfte sich mit dem Smartphone gegen die Stirn. »Solltest du uns also doch nicht ganz aus dem Gedächtnis kriegen, finde ich dich. Garantiert. Schönen Abend noch!«

Die Hansibar befand sich im Erdgeschoß eines Wohnblocks. Über dem Eingang lockte ein leuchtendes Zipfer-Bierschild nachtaktive Fluginsekten und schräge Vögel an. Zugezogene, fleckige Vorhänge verhinderten die Sicht ins Lokal. Die Tür stand offen, leise Musik drang heraus, dem Rhythmus nach irgendein Schlager, so genau konnte Tommi das nicht bestimmen, denn in der Nähe zirpten Grillen um die Wette. Er deponierte seinen Jutebeutel in einem der leeren Blumentröge aus Waschbetonplatten, die den Parkplatz vor dem Lokal markierten.

»Wie lautet der Plan?«, fragte Speedy. Weil keiner der Freunde antwortete, schaute er unsicher Tommi an. »Wir haben doch einen?«

»Sicher«, sagte Tommi, »drei von uns marschieren rein und hauen sie um. Einer bleibt auf dem Parkplatz und passt auf. Diesen Job übernimmst du, Speedy, okay?«

»Na, toll. Ihr habt euren Spaß, und ich bin der Blöde. Wenn ich das vorher gewusst hätte, wäre ich gar nicht erst mitgefahren.«

»Bist du aber – und jetzt ist der falsche Zeitpunkt, um das auszudiskutieren.« Tommi hielt die Eingangstür im Blick. Keine besonderen Vorkommnisse. »Rein ins Vergnügen, bevor sie etwas merken«, sagte er dann.

Die Hansibar war nicht groß. Fünfzig Quadratmeter Fliesenboden, bestückt mit gepolsterten Sitzbänken und Stühlen, deren beste Zeit zwanzig oder dreißig Jahre zurücklag, wie das Muster der Bespannung verriet. Zwei Neonröhren an der niedrigen Decke sorgten für grelles Licht. Tommi brauchte eine Weile, bis sich seine Augen an die Verhältnisse gewöhnt hatten. Dann sah er aber klar. Sie waren zu sechst. Junge Kerle in kurzen Hosen. Auf ihren T-Shirts prangten in Frakturschrift Botschaften wie »Thug Life«

und »Diaboliks«, aus den Ärmeln züngelten wilde Tätowierungen. Außer den Bilderbuch-Ultras befand sich nur noch die Bedienung im Lokal. Ein harmlos wirkender Kerl mit aufgedunsenem Gesicht und großen Tränensäcken. Die kurzen Blicke, die über Tommi, Uwe und Helmut streiften, lösten keinen Alarm bei den Youngstern aus. Wir sind ihnen wohl zu alt, vermutete Tommi. Oder sie halten uns für gewöhnliche Tschecheranten, weil wir nicht mit den üblichen Klamotten ankommen. Wobei schon einiges dazugehört, in Heli nicht den Hulk zu erkennen, der er ist. Aber das soll mir nur recht sein.

Zwei der Typen saßen mit dem Rücken zum Eingang an der Bar und redeten mit dem Kellner, vier widmeten ihre ganze Aufmerksamkeit dem Darts-Automaten, und Nummer sieben, ein dickbäuchiger Glatzkopf, trat gerade aus der Tür zur Toilette ins Bild. Wie der Rest der Truppe wirkte auch er nicht mehr nüchtern. Das Kinn auf der Brust, beide Hände damit beschäftigt, den widerspenstigen Reißverschluss der Hose zuzukriegen. Tommi, Uwe und Helmut warteten geduldig, bis der Zipp endlich oben war.

»Bravo«, kommentierte Uwe.

Der Glatzkopf glotzte sie mit nebeligen Augen an. »Was seids denn ihr für Vögel?«

»Naturfreunde Bindermichl«, sagte Tommi.

»Ach ja? So bunt, wie ihr daherkommts, hätt ich euch eher für drei Schokostecher gehalten.«

»Du musst es ja wissen, als Experte.«

Die Miene des Glatzkopfs verfinsterte sich. »Pass auf, was du sagst, Alter. Ein blöder Spruch noch, und du lernst mich kennen.«

»Und das soll mich jetzt beeindrucken, oder was?«

»Wenn du nicht mit dem Sargmacher telefonieren willst, dann schon.«

»Abmarsch, Freunde«, kam es von einem der Darts-Spieler herüber, »Oldies-Abend ist nächsten Samstag wieder.«

Die Typen lachten über sie. Tommi strich sich über den Mund, als denke er über etwas nach. »Was meinst du?«, wandte er sich dann an Uwe. »Ist das auch sicher die Schwulensauna, die man uns empfohlen hat?«

»Ich denke schon. Die Beschreibung passt wie die Faust aufs Auge. Es hat hier die richtige Temperatur, und die Boys wirken unheimlich aufgeheizt auf mich.«

In die vier Darts-Spieler kam jetzt Bewegung. Breitbeinig positionierten sie sich hinter dem Glatzkopf, der in der Mitte des Lokals Tommi, Uwe und Helmut mit trotzig vorgeschobenem Kinn gegenüberstand.

»Willst du damit sagen, wir sind schwul?«, fragte der Glatzkopf.

»Ja, sicherlich«, sagte Tommi mit schief gelegtem Kopf, »aber das ist nicht das größte Problem. Das größte Problem ist, dass es hier nach Scheiße stinkt. Du solltest mal die Windeln wechseln, Homofürst.«

Für einen Moment sah es danach aus, als lichte sich jetzt der Nebel im Blick des Glatzkopfs ein wenig, als blinzle dort die Erkenntnis durch, hier sei etwas durch und durch Merkwürdiges im Gang. Niemand, der keine tödlichen Tricks auf Lager hatte, riskierte in klarer Unterzahlsituation derart freche Töne. Das hätte dem Septett eigentlich Warnung genug sein müssen. Doch die Typen waren noch jung und mit ihrer Einschüchterungstour bislang überall durchgekommen. Außerdem hatten Tommis Worte sie an der richtigen Stelle getroffen. Nach neun, zehn Sekunden trübten sich deshalb die Bedenken bereits wieder ein, das Vertrauen in die eigenen Kräfte kehrte zurück – und das Verhängnis durfte seinen Lauf nehmen.

Tommi hatte jetzt genug vom Reden. Das Wortgefecht gehörte zum Ritual eines anständigen Kampfes wie der Anlauf zum Hochsprung, aber man musste wissen, wann es genug war. Er drehte den Kopf zu Helmut und nickte Richtung Bar. »Deine Fleischration«, hieß das. Wie ein hungriger Bär stapfte Helmut auch gleich los. Einer der beiden Ultras am Tresen glitt mit beschwichtigenden Gesten vom Barhocker und schleuderte Helmut einige unverständliche Sätze entgegen.

Irritiert hielt Helmut inne. »Was ist mit dir? Hast du einen Sprachfehler?«

»Lass sie aus dem Spiel, Arschloch. Das sind unsere Brüder aus der Schweiz«, rief jemand von hinten.

»Ach so«, sagte Helmut. Er rammte seine Rechte gegen das Kinn des Stehenden, en passant fegte er den zweiten Schweizer mit einem linken Handkantenschlag vom Hocker. Beide landeten auf dem Fliesenboden. Wütendes Geheul wurde laut. Das unvermeidliche Getöse vor dem Sturm. Bruckners *Fünfte* in Tommis Ohren. Der glatzköpfige Wortführer und die Darts-Runde gingen jetzt zum Angriff über. Aber Tommi war wieder einmal der Schnellere. Mit einer raschen Vorwärtsbewegung schnitt er dem ersten Angreifer den Weg ab. Der Raumgewinn erlaubte es ihm, das Knie in die Weichteile des überraschten Gegners zu rammen, gleichzeitig fuhr er ihm mit seiner linken Hand ins Gesicht und drückte den Kopf mit allen fünf Fingern kräftig nach hinten. Dem Torkelnden schickte er einen Tritt zwischen die Beine hinterher. Dann trat er dem Typen links gegen das Knie. Ein hässliches Geräusch ließ auf Schlimmes schließen. Das wusste Tommi auch ohne Medizinstudium. Ein weiterer Schritt vorwärts, und der sich aufrappelnde Glatzkopf fasste den nächsten Tritt von ihm aus. Damit verblieb auf seiner Flanke nur noch ein intakter Gegner. Der hatte die Lust am

Kämpfen jedoch schlagartig verloren, mit erhobenen Händen wich er langsam zurück. Tommi grinste. So hatten sich die Diabolik Kids das Sieben-gegen-drei sicher nicht vorgestellt.

Das Kampfgeschrei ebbte genauso schnell ab, wie es aufgebrandet war. Tommi gestattete sich erst jetzt einen kurzen Blick zur Seite. Er sah, dass Helmut auf einem der Barhocker saß und die zappelnden, nach Luft ringenden Schweizer eisern im Schwitzkasten hielt. Bei einem von Uwes Gegnern tropfte Blut aus dem Mund, und die Nase stand schräg, der zweite fuchtelte hektisch mit einer abgeschlagenen Bierflasche herum. Lächerlich, dachte Tommi. Die Wichser kapitulierten entlang der gesamten Front, das sah und roch er. Von wegen Diabolik Kids. Kam Verwandtenbesuch aus der Hölle vorbei, wurden sie zu Chorknaben. Kein einziger Markomanne darunter. Niemand, der sich ihnen mit germanischem Heldenmut entgegenwarf. Erbärmlich. Die ganze Aktion hatte keine Minute gedauert.

Der Kellner stand kreidebleich und mit schlotternden Gliedern hinter dem Tresen. Gut so, befand Tommi. Der Kerl durfte keinesfalls Zirkus machen. Dafür würde er später persönlich sorgen. Aber noch waren sie mit den aufmüpfigen Dummköpfen nicht fertig. Noch wartete die Züchtigung auf sie. Noch …

Tommi hielt den Atem an. Er sah eine abgeschlagene Bierflasche auf Uwe zufliegen. In wirklich allerletzter Sekunde riss Uwe instinktiv seinen Kopf zur Seite – und hatte riesiges Glück. Der scharfzackige Rand streifte die linke Ohrmuschel, die sofort eine tiefe, blutrote Kerbe bekam. Ehe er sich wieder zurechtfand, war der Flaschenwerfer schon zur Tür hinaus. Wutentbrannt wollte Uwe ihm hinterher.

»Lass ihn!«, pfiff Tommi ihn zurück. Er brauchte ihn hier drinnen, um die restlichen Typen in Schach zu halten. Speedy würde vor der Tür schon alles auf seine Art regeln. Widerwillig gab Uwe die Verfolgung auf, eine Hand auf das stark blutende Ohr gepresst, die andere zur Faust geballt. Er brüllte seinen Zorn über das schmerzende Cut hinaus, an seinen Unterarmen traten die Adern, grünblauen Kabelsträngen gleich, hervor. Uwe war nun völlig entfesselt. Mit irrem Blick taxierte er das Angebot an Opfern. Gefährlich wie ein verwundetes Tier im Hawaiihemd, dachte Tommi. Er wusste, was zu tun war. Er musste Uwe zuvorkommen, sonst würde der den letzten aufrecht stehenden Gegner im Raum zu Brei schlagen. Tommi nahm deshalb den Typen am Darts-Automaten selbst ins Visier. Okay, Freundchen, du und ich. Letzte Chance, bei mir an Achtung zu gewinnen. Der junge Kerl erfasste die veränderte Lage. Der Waffenfrieden war gebrochen. Er nahm Kampfhaltung an. Füße auseinander, linke Ferse angehoben, federnde Knie, beide Arme oben, mit den Ellbogen nach unten. Wie im Boxlehrbuch Seite eins. Tommi grinste böse. Aber erneut änderte sich die Situation von einer Sekunde auf die nächste. Speedy schleifte soeben den vorhin entflitzten Flaschenwerfer in die Hansibar zurück. Von einem Zweikampf vor dem Lokal hatte Tommi nichts mitbekommen. Und doch hatte es dort zwischen den beiden gekracht, denn Speedys T-Shirt hing in Fetzen und das Gesicht des Flitzers sah nicht mehr allzu frisch aus. Mit voller Wucht schleuderte ihn Speedy gegen den Darts-Automaten, der daraufhin blinkte und eine Melodie abspielte. »Fünfzig Punkte«, jubelte Speedy und hob beide Arme in Siegerpose. Das kehlerne Lachen Helmuts dröhnte durch den Raum. Für Tommis Opponenten war das endgültig zu viel. Er sackte auch ohne Treffer in sich zusammen.

Bonusrunde. Züchtigung. Sie ließen sie spüren, warum sie gekommen waren. Der Glatzkopf handelte sich ein zugeschweißtes Auge ein, als er zugab, Güs T-Shirt mit Klebeband über dem

Pissoir befestigt zu haben. Zur Strafe musste er es holen, sorgsam vor ihnen zusammenfalten und sich anschließend entblättern. Alle der Diabolik Kids wurden gezwungen, sich komplett auszuziehen, auch die beiden Schweizer. Auf dem Boden bildete sich rasch ein großer Kleiderhaufen. Spontan öffneten Uwe und Speedy ihren Hosenstall und pissten darauf. Tommi zischte ihnen dabei mehrmals warnend »DNA, DNA« zu, aber das hielt die beiden nicht von ihrer Aktion ab. Uringestank reicherte die heiße Luft an. Die sieben nackten Kerle nahmen diese Demütigung schweigend hin. Uwe reichte das aber noch nicht. Er griff zu einer Glasscherbe und kerbte dem Flaschenwerfer beide Ohren ein. Dann packte er ihn an der Gurgel, hob ihn zwei, drei Zentimeter vom Boden ab und schrie ihn an: »Hast du es jetzt kapiert? Das ist der Preis, wenn man einen von uns beim Kinderkutschieren attackiert!«

Einstweilen leistete Tommi bei den anderen bewährte Überzeugungsarbeit. Klatschende Geräusche auf nackter Haut. Nach ein paar Minuten spürte er seinen Arm kaum noch. Uwe und Speedy mussten für ihn übernehmen. Nur Helmut langte zur Überraschung aller kein einziges Mal hin. Er sah den dreien mit seligem Gesichtsausdruck bei ihren Schlägen und Tritten zu. Hatte er vorher eine Liebesdroge erwischt? So entspannt hatte Tommi seinen alten Freund noch selten erlebt.

Der Kellner würde nicht aussagen. Er schwor es ihnen beim Leben seiner Kinder. Tommi hoffte für ihn, dass er auch wirklich welche hatte. Für einen handwerklichen Routinier wie ihn war es eine Kleinigkeit, die richtigen Druckpunkte zu finden, um ihn auf die Risiken und unerwünschten Nebenwirkungen einer Anzeige hinzuweisen. Ohne es mit der physischen Gewalt zu übertreiben. Die Drohung, von nun an jeden Abend wiederzukommen und ähnlich veranlagte Freunde mitzubringen, reichte völlig.

»Ah!«, rief Tommi erleichtert aus, als sie wieder unter freiem Himmel standen. Sein überanstrengter Arm hing schlaff herab. Das Rosa seines T-Shirts war mit roten Flecken übersät. Uwe knöpfte sich sein ebenfalls besudeltes Hawaiihemd auf. Anders als bei Tommi stammte das meiste Blut auf seiner Kleidung aber von ihm selbst. »Zahlt sich aus, so ein Wechselgewand«, sagte er. »Aber lange wird es nicht sauber bleiben.«

»Reiß einen Streifen von deinem Hemd herunter und mach dir ein Stirnband«, schlug Speedy vor. Die Kerbe an Uwes Ohr blutete heftig. Es blieb ihm gar nichts anderes übrig, als Speedys Rat zu befolgen.

Er fluchte: »Na toll, damit seh ich aus wie Rambo.«

»Aber besser als vorher«, behauptete Helmut.

In der Ferne war ein Folgetonhorn zu hören. Sie lauschten.

»Ist das die Rettung?«, fragte Uwe.

Tommi schüttelte den Kopf. »Nein, das sind die Bullen. Und wenn mich nicht alles täuscht, fahren sie genau in unsere Richtung.«

»Die sind aber doch nicht wegen uns unterwegs, oder?«

»Mögen wir das nie herausfinden, Speedy. Besser, wir biegen ab«, sagte Tommi. »Sofort! Und zwar auf die bewährte Tour.«

Jeder von ihnen wusste, was das bedeutete. Sie würden sich aufteilen. Vier Typen, vier Himmelsrichtungen. Das hatte noch immer funktioniert. Also zischte Helmut in Richtung Karlhof ab. Speedy setzte sich auf die Wartebank bei der Bushaltestelle. Uwe spazierte gemächlich zur Eisenbahnbrücke – und Tommi machte sich zur Donau auf. Das blutbeschmierte T-Shirt warf er unterwegs in einen Altpapiercontainer. Wenn alles glattlief, konnten sie in einer Stunde bei Inge auf den gelungenen Ausgang des Abends anstoßen.

MONA

Mona schaute sich in ihrem Wohnzimmer um. Sie wählte probeweise aus, welche Sachen sie bald von hier mitnehmen würde. Die Stehlampe mit dem Schirm aus handgeschöpftem Japan-Papier. Den Couchtisch aus dem Caritas-Lager am Mittersteig. Die kunstvoll gedrechselte Holzschüssel aus Pézenas. Über die Jahre von ihr angeschaffte Dinge, denen Roland selten bis nie Beachtung geschenkt hatte. Sie betrachtete es realistisch. Von ihm zu verlangen, aus der gemeinsamen Wohnung auszuziehen, brächte nichts. Bevor Roland kapierte, wie ernst es ihr mit dem Start in ein neues Leben war, lag Schnee auf Wiens Straßen. Sie wollte aber nicht schon wieder darauf warten müssen, dass sich Roland bewegte. Es war an ihr, die nötigen Schritte zu setzen. Nichts mehr aufschieben, nichts aus der Hand geben, nahm sie sich vor. Am besten gleich einen Vertrag aufsetzen. Mit sich selbst. Sich schriftlich zum unverzüglichen Handeln verpflichten und mit eigenhändiger Unterschrift bekräftigen. So machte man das als Frau der Tat! Nach vorne denken, sich nicht einschränken lassen.

Sie malte sich ihre Zukunft aus. Sie würde sich eine kleine Wohnung in Wien suchen, ihre Eltern um Startkapital fragen, ihnen drohen, mit Lukas in ihr altes Kinderzimmer in Krems zu ziehen. Das würden ihre Eltern nicht wollen, der Nachbarn wegen oder weil sie längst eine andere Verwendung dafür hatten. Also würden sie ihr wie üblich mit Geld aushelfen. Davon hatten sie genug. Den Job könnte sie dann auch kündigen. Seltsamerweise machte ihr das in diesem Augenblick keine Angst mehr. Mona sah sich in ihrem

Atelier stehen, vor einer Leinwand, mit dem Eigentlichen beschäftigt. Ah, das Eigentliche. Sie hätte es nicht so lange vernachlässigen sollen.

TOMMI

Das Gelände an der Donau war dunkel und leer. Tommi hielt sich in der Mitte der Wiese, schlich dort über das verdorrte Gras, wo ihn die spärliche Beleuchtung der Uferpromenade an der Donau nicht erfasste. In seinem Rücken schallte weiterhin Sirenengeheul durch die Sommernacht. Drei Folgetonhörner, deren Crescendo ihn vorwärts trieb. Tommi huschte aber keineswegs kopflos voran, er bewegte sich ohne Hast, so als ob ihn das Getöse oben auf der Straße nichts anging. Daran glaubte er steif und fest. Wer hätte der Polizei die Boxerei in der Hansibar stecken können? Die Diabolik Kids etwa? Unmöglich. Die Typen mochten sich nicht ganz im Griff haben, aber was in der Hansibar geschehen war, blieb in der Hansibar. Kein Ultra redete mit der Polizei. Ganovenehre wurde das mal genannt. Und der Kellner? Nein, auch den schloss Tommi nach kurzer Überlegung sofort wieder aus. Den hatte er ausreichend präpariert. Damit blieben einzig die Nachbarn als Anschwärzer übrig. Aber müßig, noch länger darüber zu spekulieren. Was passiert war, ließ sich nicht mehr ändern. Unverdrossen stapfte Tommi weiter über die Wiese. Sein rechter Arm hing schlaff herab. Die Muskeln waren nach der Schlägerei nun endgültig hinüber. Noch gut zwanzig, höchstens dreißig Meter, dann war er bei den Parkplätzen am Jahrmarktgelände angelangt. Dort würde Tommi wieder ins Licht der Laternen zurückkehren. Sollten die Bullen tatsächlich wegen ihres Rachefeldzugs unterwegs sein, lag es nahe, dass sie auf diese Engstelle ein aufmerksames Auge hatten. Aber nichts geschah. Ungehindert schlüpfte Tommi im gelben Licht der Laternen zwischen den Autoreihen hindurch. Eine Minute später bog er in die Verlängerte Kirchengasse ein. Hinter der Mauer zu seiner Rechten lag der Pfarrfriedhof Urfahr, links zog sich ein altes Gebäude dahin. An der Ecke zur Schulstraße geriet er in eine Gruppe Nachtschwärmer, die auf die Häuserzeile mit der Kulturfabrik zusteuerten. Die jungen Typen hielten sich an Bierflaschen fest, lärmten und kümmerten sich nicht groß um ihn. Ideale Umstände für Tommi. Eine bessere Tarnung als diesen Pulk konnte er sich für den weiteren Rückzug nicht wünschen. Vor der Kulturfabrik standen und saßen Dutzende Gäste in der Hitze der Nacht zusammen. Tommi kannte das Lokal von früher. Von zwei, drei Besuchen, bei denen er jedes Mal binnen kürzester Zeit mit Punks aneinandergeraten war. Doch solche Fehden unter verfeindeten Subkulturen gab es längst nicht mehr, weshalb sich Tommi im Windschatten der Gruppe sorglos in das trotz der Hitze gut gefüllte Lokal drängte. Sicher ist sicher, sagte sich Tommi. Es schadete nicht, hier ein gemütliches Bier zu trinken und abzuwarten. Sollte mich später jemand in der Hansibar-Sache belasten, kann ich mich mit einem abendfüllenden Besuch dieser Ratzenburg herausreden. Ich werde schon dafür sorgen, dass sie sich hier gut an mich erinnern. Wäre ja nicht das erste Mal.

LESBOS

Lesbos stand rauchend an der Straßenbahnhaltestelle Biesenfeld. Die Haare wie üblich im Stil Keith Richards' zurechtgezupft, zwei Gläser feinsten Whiskys in der Blutbahn. Zeug aus seiner guten Flasche. Torfiger, rauchiger, sechzehnjähriger Single Malt von der schottischen Insel Islay. Extramotivation und reinstes Kalkül. Auf nüchternen Magen hatte er noch nie jemanden abgeschleppt. Nüchtern fehlte ihm der Zugriff auf seine Instinkte. Brrbrrbrr. In der Hosentasche seiner Röhrenjeans vibrierte das Handy. Er holte es heraus, öffnete die Textnachrichten, las Frenzys SMS. Das bereits sechste seit ihrem Telefonat vorhin. Keine fünf Minuten nach dem Auflegen war es mit dem Bombardement losgegangen:

»MELDE DICH NIE WIEDER BEI MIR!!!«

Lesbos äußerte sich wunschgemäß nicht dazu.

Kurz darauf:

»FÜNFZEHNTAUSEND? WO IST DEINE ÜBERZEUGUNG GEBLIEBEN? DU BIST SO BILLIG GEWORDEN!«

In der Tonart war es weitergegangen. Neue Vorwürfe und Beleidigungen in Großbuchstaben.

»LÄSST DU DIR DEMNÄCHST AUCH EHRUNGEN IN DEN ARSCH SCHIEBEN???«

Frenzy, wie ihn Lesbos aus den gemeinsamen Kampftagen kannte. Dogmatisch, aggressiv. Offenkundig hatte sein Anruf die nie verheilte Wunde des Auseinandergehens von BH-Wert aufgerissen. C'est la vie. Lesbos fehlte die Lust, sich mit den psychischen Defekten seines einstigen Weggefährten abzuplagen. Es gab Wichtigeres zu tun. Das einundzwanzigste Jahrhundert war voll im Laufen. Jeder musste selbst schauen, wo er blieb.

Brrbrrbrr. Auch Nachricht Nummer sieben ließ nichts von Frenzys Wahnsinn vermissen: »Glaubst du, Walter hätte dir nach alldem verziehen???«

Nach alldem? Was meinte Frenzy damit? Die Unternehmerstochter? Meine Güte, wie kleinlich und nachtragend, dachte Lesbos. Eine Nacht Matratzengymnastik sollte nach über dreißig Jahren vergeben sein. Woraus leitete gerade Frenzy das Recht ab, auf Moral zu machen? Keiner von ihnen hatte damals zum Klosterschüler getaugt. Die Scheinheiligkeit Frenzys wurde im Alter unerträglich. Wenigstens schrumpften die Buchstaben wieder auf Normalmaß. Aber das war für Lesbos bedeutungslos geworden, mit Frenzy würde er in diesem Leben nicht mehr an einem Tisch sitzen, geschweige denn sich eine Bühne teilen. Er löschte die Nachrichten, löschte Frenzys Kontaktdaten und schaltete auch das Handy ab. Ab jetzt war er bis auf Weiteres analog unterwegs. Die Straßenbahn brauste heran. Lesbos stieg ein, mit den Gedanken nun einzig und allein bei Vicky. Zum zweiten Mal an diesem Tag fuhr er extra wegen seiner Jean Seberg zur Kulturfabrik.

TOMMI

Früher wäre er in der Kulturfabrik unangenehm aufgefallen, jetzt beachtete ihn hier niemand mehr. Mit zwiespältigem Gefühl süffelte Tommi an seinem Bier. Es war ihm im neuen Inkassojob durchaus recht, dass die meisten alten Geschichten Schnee von gestern waren. Andererseits hatte er sich immer daran geweidet, die Angst der Punks zu spüren. Sein Name war unter den Zerrupften berüchtigt gewesen. Vor Tommi hatten sie in ihren Lederjacken gezittert. Obwohl er sich nur selten mit den schmalgepickten Figuren abgegeben hatte. Ein-, zweimal in seiner Erinnerung, aber das hatte wohl zur Zementierung seines Rufs gereicht. Tommi kannte man. Tommi fürchtete man. Von dieser Ehrfurcht war jedoch nichts mehr übrig geblieben. Nicht ein grübelnder Blick, der ihm galt. Kein nervöses Wegsehen, egal wen er wie böse musterte. Er musste es sich nach der Hansibar auch in der Kulturfabrik eingestehen: Er wurde nicht mehr als der Tommi von früher wahrgenommen. Er war achtundvierzig, die Jüngeren sahen einfach einen alten Bargast in ihm – oder blickten arglos durch ihn hindurch. Von allen ignoriert, lehnte er am Ende des Tresens, eine Hand am Bierglas, den schlaffen Arm an den Körper gepresst. Die Boxen dröhnten. Der Regler der Anlage war voll aufgedreht. Die Gäste brüllten sich zur lauten Musik an. »Taube Trottel«, murmelte Tommi, ohne dass jemand seine Worte verstand. Er wartete, bestellte noch ein Bier, trank es genauso stumm und missmutig wie das erste. Nach einer Weile entschied er, es sei nun ausreichend Zeit seit dem Überfall verstrichen. Er aktivierte das Mobiltelefon, kniff die Augen zusammen, gab den PIN-Code ein und probierte die Freunde zu erreichen. Aber Uwes Handy war ausgeschaltet oder noch auf Flugmodus, und auch bei Helmut landete er gleich in der Sprachbox. Nur bei Speedy läutete es, allerdings ohne dass er abhob. Tommi wurde per Ansage aufgefordert, später anzurufen oder eine Nachricht zu hinterlassen. Er verfluchte seine eigene Übervorsichtigkeit. Er wollte jetzt auf der Stelle wissen, was Sache war. Hatten sich alle rechtzeitig aus den Staub gemacht? Warum waren die Kieberer herumgeschwirrt? Er ging vors Lokal, suchte sich eine stille Ecke und wählte die Linzer Vorwahl plus der sechsstelligen Nummer von Inge's Pub.

»Ja?« – Inges kratzige Nikotinstimme.

»Servus Chefin, ich bin's, Tommi …«

»Was ist? Nichts mehr los auf dem Klassentreffen?«

»Was? Welches … Doch, aber …«

»Ich frage nur, weil deine Amigos schon wieder bei mir sitzen.«

»Alle drei?«

»Ja, alle drei. Obwohl der Uwe eher in ein Krankenhaus gehört, wenn du mich fragst. Schaut aus, als hätte ihn euer alter Lehrer am Ohr gerissen.«

Tommi hatte gerade keine Nerven für Inges Humor. »Gib mir einen von ihnen!«, sagte er.

»Weil du so lieb ›bitte‹ sagst, oder was?«, wurde er angeblafft.

»Bitte gib sie mir!«

»Aber gerne, der Herr.«

»Danke!«

»Telefon!«, hörte er die Wirtin schreien. »Der General begehrt euch zu sprechen!«

Tommi hörte Gemurmel. Schrammen von Stuhlbeinen auf dem Fliesenboden. Dann der vertraute Klang von Speedys Stimme: »Pronto, Missjö?«

»Alles in Ordnung bei euch?«

»Alles bestens, Tommi. Wir sind vollzählig und wollten gerade mit Averna Sour auf den erfolgreichen Ausflug anstoßen.«

Tommi grinste. So hatte er es sich gewünscht. »Fein. Lasst mir einen Averna übrig, hörst du? Ich bin gleich bei euch.«

»Ist recht. Ach ja, das Beste weißt du sicherlich noch gar nicht: Es war nicht wegen uns.«

»Was?«

»Der Lichtorgelumzug. Der war nicht wegen uns. Die Kieberer sind mit zwei Wagen an mir vorbei die Freistädter Straße hinausgefahren. Richtung Biesenfeld. Da muss noch was anderes los gewesen sein.«

»Schön zu hören … Was macht dem Uwe sein Ohrwaschl?«

»Ist noch dran, aber er sollte es sich besser flicken lassen, die Inge redet ihm deswegen schon gut zu … Sag, wo bist du überhaupt?«

»In der Kulturfabrik.«

»Was, echt? In dem Loch? Was machst du dort?«

»Ich warte auf einen schmissigen Song, und dann tanze ich mit den Wichsern Pogo.«

»Na, ich hoffe, du bist zeckengeimpft.«

Als Tommi kurz darauf das Gespräch beendete, hörte er Speedy immer noch über seinen eigenen Witz lachen.

ROLAND

»Sag mal, ist das nicht dieser Fußballhooligan?«, fragte Roland an Moser gerichtet.

»Wer?«

»Der Dicke dort.«

»Wo?«

»Dort! Der mit der steifen Pfote, der gerade telefoniert.«

Moser stierte ungeniert hinüber. »Noch nie gesehen, den Typ«, sagte er.

»Ich bilde mir ein, dass ich den kenne. Der war, glaube ich, dabei, als es zu Ostern diese Schlägerei gab. Neunzehneinundneunzig, du erinnerst dich sicher noch, da war zuerst die Sache mit den Rockern und ... Tommi? Heißt der nicht Tommi?«

»Keine Ahnung, mir hat es einfach ...«

»... zu viele Namen gelöscht. Ja, ich weiß«, seufzte Roland. »Bei dir sollte wirklich mal einer ein Software-Update durchführen, Moser.«

LESBOS

Halb zwölf. Der in den Sommermonaten übliche nächtliche Auflauf im Gastgarten der Kulturfabrik. Lesbos ließ den Tisch, an dem seit dem Abend unverändert Peter, Dörti und Scheibenzuber saßen, links liegen, um ohne Umschweife im Lokal nach einem blonden Haarschopf Ausschau zu halten. Viel Volk, keine Vicky, wie sich dabei herausstellte. Das wurde langsam zur Gewohnheit. Enttäuscht steuerte er die Bar an. Einloggen am Tresen, ein knappes Handzeichen für Baldur. Der wusste, was gewünscht war. Lernfähiger Bursche, dachte Lesbos. Vielleicht wird doch noch einmal was aus dem. Während er auf sein Bier wartete, machte sich neben ihm Peter mit ausgefahrenen Ellbogen breit. Nur widerwillig trat Lesbos ein Stück des Tresens an ihn ab. Dabei blieben seine Augen auf prallvollen Jeans hängen. Aber sie gehörten nicht wie erhofft Vicky, sondern einer jungen Frau, die sich auf Zehenspitzen über die Plattenteller beugte, um mit dem DJ zu reden.

»Magst du den Song nicht?«, fragte Peter, der glaubte, Lesbos werfe dem Plattenaufleger vernichtende Blicke zu.

»Klingt wie das Gewinsel ungebumster Engländer«, kommentierte Lesbos trocken.

Baldur stellte ein mustergültig gezapftes Bier auf den Tresen. Lesbos hob wegen der zwei Zentimeter Schaum und der aufsteigenden Kohlensäure anerkennend den Daumen.

»Eins fuchzig«, sagte Baldur, »Hauspreis.«

Lesbos steckte ihm Geld zu. »Danke, stimmt so, Baldi.«

Baldur blickte auf die Münzen in seiner Hand.

»Wieso? Wenn du mir eins fünfzig gibst, kriegst ja ohnehin nichts raus.«

»Sag ich doch, stimmt so.«

»Warum gibst du deinem neuen Freund Baldi kein Trinkgeld, Lesbos?«, fragte Peter süffisant von der Seite.

Lesbos nippte am Bier und sah Peter finster an. »Weil ich in Japan aufgewachsen bin. Da ist Trinkgeld unbekannt.«

»Echt, das wusste ich noch gar nicht. Du bist in Japan aufgewachsen?«

»Nein, aber ich wandere noch dorthin aus, wenn hier weiterhin so erbärmliches Gewinsel läuft.«

Peter schüttelte mitleidig den Kopf. »Du bist musikalisch echt nicht mehr auf der Höhe, Lesbos. Das sind Amazon Fittipaldi aus London! Die reißen gerade alles nieder. Der Song hat bereits über zwei Millionen Klicks auf Youtube!«

»So? Zwei Millionen? Das ist ja ganz fan-tas-tisch! Berührt mich aber nicht im Geringsten, okay? Das pfeift sogar völlig an Arsch und Ohren bei mir vorbei«, sagte Lesbos. Und an Baldur gerichtet, fügte er hinzu: »Gib Peter ein Speibsackerl. Er weiß wieder einmal nicht, wohin mit seiner Weisheit.«

Peter funkelte Lesbos böse an. Sollte er ruhig. Lesbos fühlte sich gut dabei. Das kam gar nicht infrage, dass sich Peter jetzt auch noch als Musiksachverständiger aufspielte. Der Trottel wusste doch nicht einmal, wie viele Saiten eine Gitarre hat. Es war an der Zeit, ihn aus ihrer Runde zu katapultieren.

ROLAND

»Geh, leih mir noch einmal dein Handy«, bat er Moser. Je länger Roland unter alten und neuen Bekannten saß und je mehr ihm die belanglosen, aber nicht unwitzigen Gespräche die Seele kneteten, umso mehr wuchs sein Wunsch, Mona davon zu erzählen. Er wusste, er hatte etwas gutzumachen bei ihr. Und nicht bloß etwas, sondern vieles. Ob er es konnte oder sie das noch zuließ, stand auf einem anderen Blatt. Sie anzurufen, entsprang einer ganz anderen Intention. Er wollte ihr in dem Augenblick nur mitteilen, dass es ihm gutging – und warum das so war. Wie schon beim letzten Anruf hielt er Mosers Handy auch diesmal weit vom Ohr weg. Aber Mona hob nicht ab. Lag es an der späten Uhrzeit? Konnte nicht sein. Mona ging selten vor zwölf schlafen. Dreimal probierte es Roland ohne Erfolg auf ihrer Nummer. Mehrere Minuten lang behielt er das Telefon im Blick, um ihren Rückruf nicht zu versäumen. Aber das Handy blieb die ganze Zeit über stumm. Als er es nach zwei weiteren Versuchen in sich gekehrt an Moser zurückgab, deutete der mit beiden Zeigefingern über seine Schulter.

»Für den Hooligan war vorhin Schlusspfiff«, sagte er, »aber schau, wer hinter mir gerade vorbeistelzt.«

»Lesbos!« Roland fiel die Kinnlade runter. »Der schaut ja aus wie früher!«

»Ja, die elendige Frisur hat er wirklich schon sehr lange«, grinste Moser. »Gib ihm ein paar Minuten zum Aufwärmen, dann schauen wir bei ihm vorbei.«

»Okay, cool.«

Roland hatte BH-Wert nur dreimal live gesehen. Einmal bei einem Freiluftkonzert im Schillerpark und zweimal in der Kulturfabrik. Jedes Mal waren den vier Typen auf der Bühne die Sicherungen durchgebrannt und ihm selbst dabei ein Licht aufgegangen, das die ihm bekannte Welt völlig anders aussehen ließ. Diesen Impuls hatte er nie vergessen. Partikel davon schwammen immer noch in seiner Hirnrinde herum. Sicherlich nicht in dem Ausmaß, wie sie bei Leuten wie Moser, Dörti, Scheibenzuber oder Lesbos herumschwammen, aber vollständig herausgefiltert waren sie auch bei ihm nicht.

»Hast du gehört, was ich gesagt hab?«, fragte ihn Moser.

»Was?«

»Danke, das reicht als Antwort.«

»Sorry, ich war in Gedanken«, sagte Roland.

»Wo ist das?«

Roland überlegte kurz. »Nicht wo, sondern wann«, sagte er dann. »Pass auf, Moser. Ich stelle eine spontane Theorie auf. Ich behaupte, wir sind nicht nur an einem Ort, sondern genauso in einem schmalen Zeitabschnitt zu Hause. Irgendwann haben wir eine Welle erwischt, von der kommen wir nicht los. Auf ihr gleiten wir mit einem Surfboard unablässig Richtung Strand. Und wenn wir das Gleichgewicht verlieren, vom Brett rutschen, fallen wir aus der Zeit. Dann rollt das Meer über uns hinweg, dann sind wir nur noch Schaum im Rauschen der Ewigkeit. Was sagst du dazu?«

»Zweitausenddreihunderteinundzwanzig«, antwortete Moser trocken.

»Hä?«

»In dem Jahr bin ich zu Hause. Das ist meine Zeit. Davon bin ich geprägt. Das ist meine Welle. Ich spüre es. Banzai zum Quadrat!« Moser lachte diesmal wie ein stotternder Motor.

»Lass mich raten: Mit deinem dritten Auge siehst du alles deutlich vor dir.«

»Ja.«

Roland wartete auf die unvermeidliche Ausschmückung, aber Moser ließ der kurzen Antwort keine nähere Erklärung folgen. Am Ende glaubt er das wirklich, dachte Roland. Zweitausenddreihunderteinundzwanzig! Zuzutrauen wäre es ihm, irgendwohin musste Moser während seines ungünstig verlaufenen LSD-Trip gereist sein. Warum nicht in die Zukunft? Er sah seinem seltsamen Bekannten dabei zu, wie er sein halb volles Glas Bier in einem Zug austrank.

»Ah!« Moser wischte sich über die feuchten Lippen. »Komm, jetzt schnappen wir uns den Lesbos.«

Der stand an der Bar, wirkte mürrisch. Ohne die Zwischenschaltung von Moser hätte ihn Roland nicht angesprochen. Sie hatten sich links und rechts von ihm positioniert. Moser wechselte mit Lesbos ein paar Sätze, die Roland wegen der lauten Musik im Lokal nicht verstand. Er rückte näher heran.

»Das ist der Roli aus Wien«, hörte er Moser sagen.

»Roland«, mischte er sich ein. »Ich war nie der Roli.«

»Echt nicht? Nie?«, fragte Moser.

»Nein, nie.«

Lesbos griff nach seinem Bier und musterte die beiden skeptisch. »Was wird das?«, wollte er von ihnen wissen.

»Eine Unterhaltung?«, schlug Moser vor.

»Ich wollte nur kurz Danke sagen«, bemerkte Roland. »Für BH-Wert, für den Arschtritt, den ihr mir mit eurer Musik damals verpasst habt. Und nicht nur mir – uns allen!«

Lesbos wurde lockerer. Er lehnte den linken Ellbogen auf den Tresen, als erwartete er noch weitere Bekundungen. Vermutlich ist er das gewohnt, dachte Roland. Heldenverehrung. Roland hoffte, er fiel Lesbos nicht lästig damit.

»Wir überlegen gerade, ob wir mit BH-Wert noch einmal spielen sollen«, sagte Lesbos lässig.

Roland tat begeistert. »Echt? Macht ihr das wirklich?«

»Der Frenzy möchte das, aber ich bin aus Prinzip strikt dagegen.«

Moser nickte. »Richtig so. Alles hat seine Zeit«, er zwinkerte Roland zu, »und wie grausam so Wiederbelebungen sind, war bei den Sex Pistols zu sehen.«

»Mein musikalisches Lieblingsjahr«, schweifte Lesbos ab, »bleibt sowieso und für alle Zeit Neunzehnhundertneunundsiebzig … Was da in kürzester Zeit rausgehauen wurde … ›London Calling‹ von The Clash, das Debüt der Specials, ›Eat to the Beat‹ von Blondie, Roxy Music veröffentlichten ›Manifesto‹, Madness ›One Step Beyond‹ … Jedes dieser Alben stand für ein eigenes Lebensgefühl. Das war kein so ein Gemurkse wie das da, oder?«

Roland hatte vorher überhaupt nicht darauf geachtet, welche Musik im Lokal lief, aber nun tat er Lesbos den Gefallen und hörte bewusst einige Takte lang hin.

»Und? Was sagst du?«, wollte Lesbos von ihm wissen.

Roland zuckte mit den Schultern.

»Die heißen angeblich Amazon Fickipaldi und sind aus London!«, schrie ihm Lesbos während eines gerade anhebenden Gitarrensolos zu. »Die haben acht Milliarden oder noch mehr Klicks auf Youtube.«

»Kenne ich nicht, die Band«, rief Roland zurück. »Und Klicks sind egal, oder? Es zählen immer nur die Kicks.«

Roland sah Lesbos mit weit aufgerissenem Mund lachen. Hören konnte er die kehligen Laute wegen des Getöses aus den über dem

Tresen auf sie herunterfeuernden Lautsprechern nicht. Dann bekam er von seinem Star von einst einen anerkennenden Schlag auf die Schulter verpasst.

»Sehr gut, Roli aus Wien«, sagte Lesbos, als das laute Solo abgeklungen war.

Roland widerstand dem Drang, ihn zu korrigieren.

»Kicks, darum geht's«, fuhr Lesbos fort. Er schob die linke Hüfte vor, mimte ein paar Griffe auf einer Luft-Les-Paul und sang dazu: »I wanna hold her, wanna hold her tight, get teenage kicks right through the night.«

Im Anschluss an diese Performance unterhielten sich Roland und Lesbos blendend. Zwischendurch verloren sie die Aufmerksamkeit von Moser. Er schlief einfach neben ihnen ein. Mit verschränkten Armen und Stirn auf der Theke. Das passiere ihm neuerdings regelmäßig, behauptete Lesbos. Eine Alterserscheinung.

LESBOS

Und dann entdeckte Lesbos den blonden Elfenschnitt Vickys doch noch in der Menge. Als er bereits nicht mehr mit ihr gerechnet hatte. Gegen halb drei Uhr morgens, nach Stunden des Redens und Biernuckelns. Im Halbschatten des schummrigen Lokals hätte er sie fast übersehen. Sie drehte ihm den Rücken zu, redete mit einem jungen Typen, der ebenfalls nicht ohne Vollbart auszukommen glaubte. Seit wann war sie da? Wieso hatte sie nicht wie üblich mit Kuss links, Kuss rechts neben ihm an der Bar eingecheckt? Warum sprach sie mit dem Zottelbart und nicht mit ihm? Lesbos sah den Draht zwischen ihnen durchhängen. Wie hatte er mit der Erfahrung seiner dreiundfünfzig Jahre ernsthaft glauben können, sie sei an ihm als Schwanzträger interessiert? Wahrscheinlich lief es eben doch auf eine Beraterkarriere als väterlicher Freund hinaus. Aber nicht mit ihm! Er reichte Baldur sein leeres Glas über den Tresen. »Einmal volltanken, bitte.«

»Hey, alter Mann!« Vicky.

Alles, was er gerade noch an dunklen Gedanken gewälzt hatte, war schlagartig wieder weg. So wie sie ihm den Ellbogen auf die Schulter legte, ihn mit einem eindeutig uneindeutigen Lächeln anstrahlte, konnte das auch gar nicht anders sein. Wie ein Schuss in die Vene, dachte Lesbos. Es gab in diesem Augenblick in der Bar der Kulturfabrik nur noch sie und ihn. Die junge Frau im bauchfreien Tanktop, deren Gin Tonic – sichtlich nicht ihr erster heute Abend – aus dem Glas zu schwappen drohte, und den konservierten Rock'n'-Roller in seinen besten Jahren. In Lesbos' Wahrnehmung der Szene.

»Hast du Lust zu kiffen?«, fragte ihn Vicky.

»Du stellst Fragen.«

»Sehr gut. Dann gehen wir doch runter zur Donau.«

»Okay, ich warte nur noch auf mein Bier.«

Artig trottete er hinter ihr her. Dass Lesbos der eine oder andere neiderfüllte Blick dabei folgte, richtete sein Ego vollends wieder auf. Ja, schaut ruhig her, vom alten Lesbos könnt ihr noch was lernen. Einmal Raubtier, immer Raubtier. Von wegen außer Dienst. Sie setzten sich auf die Uferverbauung. Vicky streckte ihre langen Beine aus. Die Lichter von Linz spiegelten sich im Fluss. Von der Nibelungenbrücke drang Verkehrslärm zu ihnen herab. Ein Oberton im unterschwelligen Brummen der Stadt.

»Wie war's am Attersee?«

»Türkis.« Sie lächelte. Lesbos auch. Ein Feuerzeug flammte auf. Dann roch es nach Gras. Abwechselnd sogen Vicky und er an dem Joint. Ein Flusskreuzfahrtschiff ließ sanfte Wellen gegen die von der Sonne noch warmen Steine branden, auf denen sie es sich bequem gemacht hatten.

»Hab ich dir schon von Ymir erzählt?«, fragte Vicky nach einer Weile des stillen Genießens.

Scheiße, im Drogennebel rückt sie also heraus damit. Lesbos spürte gleich wieder Enttäuschung … Hatte sie also doch einen Bespringer. Dem Namen nach einen Türken. Oder war Ymir nur der Dealer, dessen gutes Gras sie gerade rauchten?

»Nein, hast du nicht«, sagte er mit belegter Stimme.

»Dann wird es höchste Zeit.«

»Warst du mit ihm heute am See?«

»Was?«

»Na ja, Ymir und du … wart ihr gemeinsam baden?«

Vicky schaute ihn abwägend an, als versuchte sie aus dem Sinn seiner Worte schlau zu werden. Dann begann sie lange und herzhaft zu lachen. Tränen traten ihr in die Augen, ihr flacher, nackter Bauch zitterte. Lesbos blieb nichts anderes übrig, als ihr dabei zuzusehen. Offenbar hatte er gerade etwas sehr Dummes von sich gegeben. Er wusste nicht, ob er beschämt, verärgert oder erleichtert darauf reagieren sollte. Als Vicky sich nach einiger Zeit wieder gefangen hatte, stand sie auf, breitete die Arme aus, reckte das Kinn und sagte feierlich:

»Es war in alten Zeiten,
als Ymir hauste,
weder Sand noch Meer
noch kühle Wellen,
Erde fand sich nicht
noch Aufhimmel,
gähnender Abgrund war
und nirgends Gras.«

»Heilige Scheiße«, sagte Lesbos.

Vicky deutete eine Verbeugung an. »Bin ich gut oder bin ich gut?«

»Entweder das, oder die Kiffe paniert mich mächtig her.«

»Kann nicht sein. Es heißt doch: ›und nirgends Gras‹.« Sie lachte hell auf und setzte sich wieder.

»Okay, wer zum Teufel ist Ymir?«

»Das erste Wesen.«

Lesbos fuhr sich durch die Haare. Zeit seines Lebens war er vielen ersten Wesen begegnet. Hank Williams. Elvis »The Pelvis« Presley. Hugo Ball, Johnny Rotten. Aphex Twin und wie sie alle hießen. Aber von einem Ymir hatte er noch nie gehört.

»Was ist das wieder für ein Typ?«, fragte er.

Kaum dass der Satz seine Lippen verlassen hatte, durchlebte er ein Déjà-vu. So eine butterweiche Heimsuchung eines glücklichen Sekundenbruchteils, zugeflüstert aus der Vergangenheit. Als wäre er mit Vicky schon hundertmal hier in einer Sommernacht auf den warmen Steinen gesessen und hätte ihr genau diese Frage gestellt. Wenn das kein ermunterndes Zeichen aus der Chefetage des Universums war, was dann?

»Ein zweigeschlechtlicher Urzeitriese.«

»Aus der Wikingerabteilung?«

»Kann man so sagen. Mehr Wikingerabteilung ist unmöglich. Die ersten Götter Odin, Vé und Vili töteten Ymir und bauten aus seinen Körperteilen die Welt. Aus seinem Fleisch wurde Erde, sein Blut zum Meer, die Knochen ergaben Fels und Gebirge, seine Haare verwendeten sie als Bäume.«

»Respekt, das nenne ich einen vorbildlichen Umgang mit Ressourcen. Kein Vergleich mit der Wegwerfgesellschaft von heute.«

»Warte, das Recycling geht noch weiter. Ymirs Augenbrauen wurden zu Midgard.«

»Midgard? Kommt mir von irgendwoher bekannt vor.«

»Mittelgarten. Der Wohnort der Menschen. Unser Zuhause.«

»Wir wohnen auf den Augenbrauen eines zweigeschlechtlichen Riesen?«, konnte es Lesbos nicht fassen.

»Stell dir vor, ja. Und der Himmel über uns ist nichts anderes als Ymirs Schädel. Die Wolken sind sein aufgeschäumtes Gehirn.«

Lesbos nahm einen tiefen Zug von dem Joint. Tabakbrösel klebten ihm auf der Zunge. Gedankenversunken blickte er dem träge fließenden Wasser hinterher. »Mir kommt vor, als sei alles Geheimnisvolle dieser Welt vor langer Zeit geschehen. Und wir erleben nur noch den fantasielosen, von allem Zauber befreiten Ausklang.«

»Kann sein«, sagte Vicky. Sie faltete bereits das nächste Papierschiffchen für einen weiteren Joint. »Kann aber auch sein, dass um uns herum gerade Großartigkeiten passieren, um die uns wiederum Menschen in tausend Jahren beneiden werden. Immer schön positiv bleiben, alter Mann.« Sie lachte.

Er sah ihr dabei zu, wie sie reichlich Dope in den Tabak krümelte. »Ich sollte mir dieses nordische Sagazeug auch mal reinziehen«, sagte er.

»Ja, das solltest du!« Es klang selbstbewusst, wie Vicky, ohne ihn anzusehen, ganz auf das Gelingen des Joints konzentriert, diesen Satz sagte. So, als sei nicht etwa Lesbos der Lebenserfahrene, sondern ihre Weisheit der seinen weit voraus.

»Wonach muss ich suchen?«

»Fürs Erste nach der Völuspá. Der Schöpfungsreportage einer Seherin, überliefert in einem mindestens tausend Jahre alten Gedicht.«

»Spielt da auch Ymir mit?«

»Klar, gleich im dritten Vers tritt er auf. Ohne den geht es ja auch nicht, oder? Und als Draufgabe gibt es einen siebenstrophigen Zwergenkatalog. Der ist auf seine Art flashig.«

»Lass hören.«

Sie ließ sich Zeit mit den Zwergen. Erst gab sie dem in Arbeit befindlichen Joint den letzten Dreh. Lesbos verfolgte lüstern, wie sie nur mit der rosa Zungenspitze das Zigarettenpapier befeuchtete. Dann kamen die Zwerge nach und nach an die Reihe. Hanarr, Dori, Niping, Dwalin … Er schenkte den Namen kaum Beachtung, ihn faszinierte, mit welcher Begeisterung und mit welchen Gesten Vicky sprach. Mit ihr in dieser heißen Nacht kiffend in Mittelgarten an der Donau zu sitzen, entflammte ihn wie ewig nichts mehr. Irgendwann hielt Vicky beim Reden inne. Der Vortrag aus dem

Zwergenkatalog war zu Ende. Sie nahm einen tiefen Zug von dem zwischen ihnen hin und her gereichten Joint, blies den Rauch aus ihren Nasenlöchern und ließ den Stummel im Fluss verschwinden. Als sie ihre Arme durchstreckte, konnte Lesbos gar nicht anders, als auf ihre Brüste zu starren. Ein Augenblick verging, ein zweiter. Vicky lächelte weich. Lesbos schluckte. Seine Kehle fühlte sich trocken an. In seinem Kopf war alles rosarot ausgemalt. War es nun soweit? Sollte er sich zu ihr beugen, nach ihrer Hand greifen, die Zunge ausrollen? Erwartete sie das von ihm? Ein dritter Augenblick verging. Vicky saß ganz still auf dem warmen Uferstein, immer noch mit diesem weichen Lächeln auf den sensationell geschwungenen Lippen. Lesbos forschte in ihren Augen, suchte nach einer eindeutigen Aufforderung. Doch, da funkelte etwas, ja. Da war eine Veränderung, ein sich Hingeben in ihrem Blick. Kurz setzte sein Denken aus. Gleich würde er eine Dummheit begehen, so oder so. Er musste es wagen. Es konnte nicht sein, dass er sich den glühenden Draht zwischen ihnen nur einbildete. Langsam beugte er sich vor und –

»Wolltest du nie weg aus Linz?«

Ihre plötzliche Frage stoppte ihn bei seinen Absichten. Er beließ es bei der Andeutung, instinktiv begreifend, dass es besser so war. Verdammt, fluchte er innerlich. Sein Herz schlug wild. Er hatte den richtigen Moment verpasst. Im selben Sekundenbruchteil, in dem er sich aus der Deckung gewagt hatte, war Vicky wie in einem Spiel von ihm zurückgewichen.

»Doch, oft«, sagte er ernüchtert.

»Warum bist du dann nach wie vor hier?«

»Na ja, ich wollte immer wieder zurück.«

»Und das einmal öfter, als du weg wolltest.«

»Scharfsinnig kombiniert.« Er suchte neuerlich ihren Blick, das gerade noch Verheißungsvolle darin, doch vergebens. Zwar lächelte Vicky weiterhin weich vor sich hin, aber dieses Lächeln galt nicht länger ihm. Es galt dem Sommer, dem Haschisch, dem Gefühl, jung und unsterblich zu sein. Lesbos erinnerte sich in diesem Moment genau daran, wie sich das anfühlte. Einerseits beneidete er sie darum, andererseits auch wieder nicht. Die Zeilen eines Songs von Pete Seeger schossen ihm ein:

»To everything – turn, turn, turn
There is a season – turn, turn, turn
And a time to every purpose
under heaven.«

Sofort hatte er die weit bekanntere Version der Byrds dazu im Ohr. Getragen vom unverwechselbaren Spiel Roger McGuinns auf seiner zwölfsaitigen Rickenbacker-Gitarre. Ein wochenlanger Nummer-eins-Hit aus dem Jahr Neunzehnhundertfünfundsechzig. Produzent der Aufnahme war damals Terry Melcher, der Sohn von Doris Day. Lesbos widerstand zunächst dem Drang, Vickys Ymir-Vortrag zu imitieren, aufzustehen, die Arme auszubreiten und sein Götterlied zu rezitieren. Aber dann berührten sich zwei Kontakte in seinem Kopf, und er tat es doch. Mehr noch. Er rezitierte nicht, er sang, ließ seine gesamte Rock'n'Roll-Erfahrung in diese vier Zeilen fließen, und weil Vicky dazu ein begeistertes »Wu!« ausstieß, fügte er mit demselben Enthusiasmus gleich noch eine Strophe hinzu:

»A time to build up
A time to break down
A time to dance
A time to mourn

A time to cast away stones
A time to gather stones together.«

»Heilige Scheiße«, lachte Vicky. »Das sind die Byrds, oder?«

»Ja. Wobei das Lied eigentlich Pete Seeger geschrieben hat. Der hat sich für den Text einfach an der Bibel bedient. Altes Testament, Prediger eins.«

»Mein Vater hat das früher immer gehört. Als ich noch ganz klein war.«

Ihr Vater … Er sagte nichts darauf, setzte sich wieder neben sie auf die warmen Ufersteine. Sie zog ihre nackten Beine an, umschlang sie mit ihren Armen und legte den Kopf leicht schräg.

»Weißt du, was ich besonders an dir mag, Lesbos?«

»Nein.«

»Dass du Lesbos geblieben bist.«

»Wer sollte ich sonst sein?«

»Irgendein Trottel. Was halt mit den Jahren so wird aus den Leuten.«

»Es ist ja noch nicht ausgestanden«, sagte Lesbos. »Vielleicht wird ja aus mir auch noch so ein Loser.«

»Nein.«

»Nein?«

»Nein.« Vicky lachte. »Bitte bleib so, wie du bist.«

»Okay, wenn du dir das so wünschst«, sagte Lesbos. »Wenn ich zwei Sachen gut kann, dann ist das eine davon.«

»Jetzt soll ich dich wahrscheinlich nach der anderen fragen.«

Sie begann den nächsten Joint zu bauen. Er zuckte mit den Schultern.

»Wenn du willst, kannst du heute bei mir schlafen«, sagte sie dann.

Er sah sie an. Irritiert von den beiläufig ausgesprochenen Worten. Nichts an Vickys Verhalten deutete darauf hin, dass der Satz wirklich gefallen war. Sie hantierte einfach weiter mit dem Zigarettenpapier herum, als sei das in der Situation völlig selbstverständlich.

»Gerne«, sagte er mit derselben Beiläufigkeit.

»Gut.« Sie grinste.

So geht das also heute, wunderte sich Lesbos. Für einen wie ihn, der aus dem Neolithikum des Rock'n'Rolls kam, war die Sachlichkeit ihres gerade getroffenen Arrangements verstörend. Andererseits war es irgendwie aber auch wieder cool, weil nichts daran hing, keine falschen Versprechungen, keine Verbindlichkeiten, kein …

»Hallo!«, hörte er Vicky laut sagen. Sie bot ihm schon seit einer Weile ihren Joint an. Lesbos hatte es vor lauter Verwunderung gar nicht bemerkt.

ROLAND

Roland ging schon zum zweiten Mal den menschenleeren Bahnsteig acht des Linzer Hauptbahnhofs in seiner ganzen Länge ab, aß Kägifret-Waffeln aus dem Automaten und genoss das lange vermisste Glück einer durchgemachten Nacht. Die Luft war jetzt erträglich warm, das morgendliche Zwielicht golden und weich, keine andere Stunde des Tages barg größere Möglichkeiten. Um diese frühe Zeit fuhren keine Personenzüge, weder nach Osten noch nach Westen. Die Lautsprecher hatten nichts durchzusagen. Nur Rolands Kauen war zu hören. Er dachte an Jaksch, den es nicht mehr gab. An den einen oder anderen gemeinsam gerauchten Joint vor der Kulturfabrik. Während im Saal eine Reggaeparty lief, Irmgard mit Lesbos schmuste und sich Moser mit einem Verkehrsschild unterhielt. Damals. Als alles noch vor ihnen lag. In einem anderen Jahrtausend.

»Mach's gut, alter Kiffer«, sagte er leise.

Laut der Anzeigetafel musste er noch fünfunddreißig Minuten auf die Ankunft des Euronight aus Bregenz warten. Und dann? Dann würde er mit diesem Schnellzug nach Wien retour fahren. Zurück zu Frau und Kind – und dem gesprungenen Glas. Mona würde ihm nach seiner Rückkehr Fragen stellen. Viele Fragen sogar. Noch mehr als sonst. Sie würde ihm Vorwürfe machen und beim Reden gestikulieren, wie sie es immer tat, wenn sie gereizt war. Aber das würde er überleben. Sein Puls ging normal. Darüber wunderte er sich am meisten. Dass er durchgehalten hatte. Ohne einzuknicken. Keine Panikattacke. Und auch keine Panikattackenpanik.

Nicht ein einziges Mal. Es ging ihm ungleich besser als vor der Begegnung mit Moser. Er wusste jetzt, er konnte bei über vierzig Grad Bier um Bier trinken, bis zum Sonnenaufgang ausgehen, ohne dass er aus den Latschen kippte.

Gerne wäre er noch länger hier stehen geblieben, auf genau diesem Bahnsteig, in genau dieser Minute. Aber das ging nicht.

DANKE

Ein besonderes Danke meinen drei Quartiergebern. Martin Freilinger, der mich in Ruhe herausfinden ließ, welcher Stoff noch warten muss. Andreas Strauss, bei dem mit Blick auf die Donau alles in Fluss kam. Klaus Mosbauer, der mir sein Haus im Echerntal für einen langen, sonnenlosen November öffnete.

Ein großes Danke an Barbara Eder für erste Kritik und wertvollen Rat. An Martin Jütte für seine Präzisierungen. Und an Thomas Unger, der mir mit großem Engagement zeigte, wie viel noch fehlt.

Danke an Tina Auer, Andreas Balon, Wilfried Steiner, Rainer Krispel, Daniela Larcher, Thomas Heher, Oskar Obereder, Günther Eisenhuber, Jimmy Deix, Ulli Hager, Tim Mohr, Peter Lang, Letitia Lehner, Pizi Deininger, Alf Peherstorfer, Resi Lichtenegger für die nette Aufnahme im Echerntal, Alex Stelzer, Hansi Riener, Georg Maißer, Udo Titz, Gin Zauner, Markus Zett, Claudia Nickl, Kerstin Breyer, Wiebke Sophia Haag.

Und natürlich an Susi, für alles und noch mehr.

Empfehlungen aus dem Hause Milena

Silvia Pistotnig
TSCHULIE

Roman

ISBN 978-3-903184-03-9

Julia Kratowatz, genannt Tschulie, ist Schulabbrecherin, arbeitet (noch) in einem Sonnenstudio und wohnt bei ihrer Mutter und deren Freund. Sie soll aber schleunigst ausziehen, weil die Wohnung für drei viel zu klein ist. Die Lösung wäre, einen Millionär zu finden, aber das Einreichformular von *Der Bachelor* ist total kompliziert.

Irgendwie bekommt Tschulie nicht viel auf die Reihe. Selbst der auserwählte, reiche Gymnasiast entpuppt sich als verwöhnter Loser, der am Rockzipfel seiner reichen Mama hängt. Dafür entdeckt seine spießige Mutter Karin in Tschulie ein willkommenes Selbstverwirklichungsprojekt. Der Teenager lenkt die perfektionistische Alleinerzieherin von der eigenen chronischen Unzufriedenheit ab. Durch Karin landet Tschulie bei einer esoterischen Frauengruppe auf dem Lande und …

Ein hochorigineller Roman über Tschulie und Karin, zwei Frauen aus zwei Parallelwelten unserer Gesellschaft. Biosupermarkt und Political Correctness versus Nagelstudio und Lebensentwürfen aus dem Fernsehen.

Empfehlungen aus dem Hause Milena

Christopher Just
DER MODDETEKTIV

Roman
978-3-903184-13-8

Augustin Jonny Sandemann ist ein Privatermittler in Wien. Nach einem verstörenden Traum erwacht er schweißgebadet in seinem Büro. Das Telefon läutet. Es ist Lieutenant Tenant-Tanner, Chef des Vienna Police Department, der ihn um Unterstützung in einem Mordfall in der Subkulturszene bittet. Der Ermordete ist ein Mod. Alle Hinweise deuten darauf hin, dass nur ein Ted der Mörder sein kann. Zwei Tage später wird bei einem Anschlag mit einer unbekannten Superwaffe beinahe die gesamte Immobilienszene der Stadt ausgerottet. Spätestens jetzt ist dem Moddetektiv klar, dass er einer weitaus größeren Sache auf der Spur ist – kein kleiner Bandenkrieg, sondern eine Bedrohung für die ganze Welt!

Zum Schreien komisch! Ein Buch für alle, die es noch nicht übers Herz gebracht haben, ihren Parka der Altkleidersammlung zu übergeben.
David Schalko

Das Buch wird Kult, so viel wissen wir.
Sebastian Fasthuber, Falter

Atemberaubend!
Joachim Lottmann

Gedruckt mit freundlicher Unterstützung durch

Umschlag: Boutique Brutal, www.boutiquebrutal.com
Druck und Bindung: finidr.cz

A–1080 Wien, Wickenburggasse 21/1–2

www.milena-verlag.at
ISBN 978-3-903184-33-6